utb 5584

Eine Arbeitsgemeinschaft der Verlage

Böhlau Verlag · Wien · Köln · Weimar
Verlag Barbara Budrich · Opladen · Toronto
facultas · Wien
Wilhelm Fink · Paderborn
Narr Francke Attempto Verlag / expert verlag · Tübingen
Haupt Verlag · Bern
Verlag Julius Klinkhardt · Bad Heilbrunn
Mohr Siebeck · Tübingen
Ernst Reinhardt Verlag · München
Ferdinand Schöningh · Paderborn
transcript Verlag · Bielefeld
Eugen Ulmer Verlag · Stuttgart
UVK Verlag · München
Vandenhoeck & Ruprecht · Göttingen
Waxmann · Münster · New York
wbv Publikation · Bielefeld
Wochenschau Verlag · Frankfurt am Main

Qualitative und interpretative Methoden in der Politikwissenschaft

Barbara Prainsack, Mirjam Pot

facultas

Bibliografische Information der Deutschen Nationalbibliothek
Die Deutsche Nationalbibliothek verzeichnet diese Publikation in der Deutschen Nationalbibliografie;
detaillierte bibliografische Daten sind im Internet unter http://d-nb.de abrufbar

Umschlag: Atelier Reichert, Stuttgart
Gestaltung und Satz: Atelier Tiefenthaler, Wien
Druck und Bindung: Friedrich Pustet, Regensburg
Printed in Germany

utb-Nummer 5584
ISBN 978-3-8252-5584-8 (Print-Ausgabe)
ISBN 978-3-8385-5584-3 (Online-Leserecht)
Online-Angebote oder elektronische Ausgabe sind erhältlich unter www.utb-shop.de

Inhalt

Teil II: Datenerhebung

Teil III: Datenanalyse

Teil IV: Verschriftlichung und Bewertung

Vorwort und Dank

Dieses Buch versteht sich als Einführung in die qualitative Forschung für Studierende der Politikwissenschaft, die noch keine Erfahrung mit qualitativen Methoden gemacht haben. Es dient neben einer generellen Einführung in die Thematik als Handreiche zur Durchführung studentischer Forschungsprojekte. Dabei folgt das Buch in seinem Aufbau den Phasen eines empirischen Forschungsprojektes: Es gibt einen Überblick darüber, welche Fragestellungen sich mit qualitativen Methoden beantworten lassen, wie man relevante forschungsethische Aspekte identifiziert und auf sie eingeht, welche unterschiedlichen Methoden der Datenerhebung und Datenanalyse es gibt sowie wie Forschungsergebnisse verschriftlicht und bewertet werden. Neben einer Einführung in „klassische" Methoden stellt das Buch auch innovative Methoden vor, die bisher in der Politikwissenschaft noch weniger Aufmerksamkeit erfahren haben, aber nützliche Ansätze darstellen, um Politik aus neuen Perspektiven zu erforschen. Der Fokus der vorgestellten Methoden liegt dabei auf interpretativen Ansätzen.

Wir setzen diesen Schwerpunkt aus folgenden Gründen: Wir sind davon überzeugt, dass ein interpretativer Blick – der den Fokus auf die soziale Bedeutung politischer Phänomene legt – unerlässlich ist, um Politik zu analysieren, zu verstehen und zu kritisieren. Interpretative Methoden ermöglichen es, politikwissenschaftliche Erkenntnisse zu erlangen, die durch andere Methoden und Formen der Wissensgenerierung nicht ersetzt werden können. Unserem Verständnis zufolge ist qualitative Forschung dort am fruchtbarsten, wo sie sich politischen Phänomenen mit einer ergebnisoffenen Haltung nähert und diese versucht in ihrem gesellschaftlichen Kontext zu verstehen.

Eine kleine qualitative Studie beispielsweise, die sich zum Ziel setzt, „aufzudecken", was Menschen über ein bestimmtes Thema „wirklich denken", und die die Aussagen der Studienteilnehmerinnen[1] nach vorgegebenen Themengebieten zusammenfasst, wirft die Frage auf, warum nicht gleich eine große repräsentative Umfrage durchgeführt wurde. Eine qualitative Studie hingegen, die sich frei von vorab bestimmten thematischen Grenzen mit der Frage beschäftigt, was politische Akteurinnen tun und warum, welche Handlungsmuster erkannt werden können und welche Bedeutung bestimmte Praktiken, Entwicklungen oder Phänomene in ihrem Leben sowie in einem spezifischen gesellschaftlichen Kontext für sie haben, liefert Einsichten, die mit anderen Methoden nicht gewonnen werden können. In diesem Sinne sind interpretative Ansätze besonders gut dazu geeignet, politikwissenschaftliches Wissen über soziale und politische Prozesse und Phänomene zu generieren, das neu und theoretisch gehaltvoll ist.

Neben der Vermittlung dessen, was interpretative Methoden zum Verständnis von Politik beitragen können, möchten wir Studierende mit diesem Buch dafür sensibilisieren, dass die Anwendung qualitativer Methoden an sich nicht leichter als die Anwendung quantitativer Methoden ist. Qualitative Forschung besteht nicht darin, „einfach" ein Interview durchzuführen und sich die Daten „anzuschauen", sondern sie verlangt Fertigkeiten, die systematisch erlernt und durch Praxis und Erfahrung weiter verbessert werden. Mit diesem Buch möchten wir Studierenden ein „Werkzeug" an die Hand geben, das sie bei der Durchführung eigener qualitativer Forschungsprojekte unterstützt und sie beim Lernen begleitet.

Wir bedanken uns bei allen, die an diesem Projekt mitgearbeitet oder es auf andere Weise ermöglicht und unterstützt haben. Allen voran danken wir Karen Lowton an der Universität Sussex, von der Barbara Prainsack während ihrer gemeinsamen Jahre am King's College London vieles über das Unterrichten qualitativer Methoden gelernt hat. Auch die Struktur einiger Kapitel ist ihrer didaktischen Erfahrung geschuldet. Einige Kolleginnen und Studierende haben uns zudem als Testleserinnen hilfreiches Feedback zu inhaltlichen und didaktischen Aspekten dieses Manuskripts gegeben: Wir bedanken uns dafür bei Maximilian Blaßnig, Kamala Deusch, Seliem El-Sayed, Antonia Modelhart, Matthias Neuböck, Lukas Schlögl und Bettina Zimmermann.

1 Aus Gründen der Lesbarkeit wird im Text auf die Verwendung der männlichen Form verzichtet, welche unter die weibliche Form subsumiert wurde.

Allen Gastautorinnen einzelner Kapitel in diesem Buch danken wir für das Einbringen ihrer Expertise, ihrer Zeit und ihrer Arbeit in dieses Gemeingut-Projekt (die Tantiemen für dieses Buch gehen an das Institut für Politikwissenschaft und werden zur Unterstützung von Weiterbildungs- und Reisetätigkeiten von Nachwuchsforscherinnen verwendet). Dem facultas Verlag bei utb, insbesondere Sabine Kruse, danken wir für die hervorragende Zusammenarbeit.

Barbara Prainsack & Mirjam Pot
Wien, am 31. Januar 2021

Teil I: Einführung

1 Was sind qualitative Methoden und wozu brauchen wir sie?

Barbara Prainsack & Mirjam Pot

1.1 Wozu brauchen wir Methoden?

Die wissenschaftliche Beschäftigung mit Politik unterscheidet sich von einer alltäglichen Auseinandersetzung mit Politik durch das Zusammenspiel zweier Merkmale: einerseits durch die Entwicklung und Verwendung von Theorien über Politik, andererseits durch eine regelgeleitete und strukturierte Herangehensweise bei der Erhebung und Analyse von Daten, aus denen wir theoretische Einsichten ableiten. Eine regelgeleitete und strukturierte Herangehensweise – das heißt eine wissenschaftliche Methode – bei der Auseinandersetzung mit Politik ist notwendig, um bei dieser Praxis überhaupt von Politik*wissenschaft* sprechen zu können. Daraus folgt, dass Kenntnisse über Methoden eine Voraussetzung dafür sind, selbst Forschung betreiben zu können. Ein grundlegendes Verständnis davon, wie Methoden angewandt werden und was sie zu leisten vermögen, ist jedoch auch dafür notwendig, die Aussagekraft von Forschungsergebnissen anderer Wissenschafterinnen einschätzen und kritisch beurteilen zu können. Methodenkenntnisse – unabhängig davon, ob sie in der eigenen Forschung angewandt werden – gehören folglich zu den Kernkompetenzen einer jeden Politikwissenschafterin.

Dieses Buch widmet sich der Vermittlung von qualitativen Methoden der empirischen politikwissenschaftlichen Forschung. Das sind auf der einen Seite Methoden zur Erhebung von Daten mittels Beobachtungen, Interviews oder Fokusgruppen. Auf der anderen Seite sind dies Methoden zur Analyse von Daten. Bevor wir uns einzelne dieser Methoden genauer ansehen, soll in diesem Kapitel geklärt werden, was das Spezifische an qualitativen Methoden ist und was man mit ihnen untersuchen kann. Das zweite Kapitel beschäftigt sich im Speziellen mit der Frage, was es bedeutet, interpretativ zu forschen.

1.2 Was zeichnet qualitative Forschung aus?

QUALITATIVE FORSCHUNG ZIELT DARAUF AB, die Bedeutung sozialer und politischer Praktiken, Entwicklungen und Phänomene zu verstehen. Sie beschäftigt sich damit, wie Menschen handeln, welchen Sinn sie ihren Handlungen beimessen und was diese Handlungen im gesellschaftlichen Kontext bedeuten.

Die Frage zum Beispiel, wie viele Wahlberechtigte, die älter als 70 waren, bei der letzten Nationalratswahl keinen Gebrauch von ihrem Wahlrecht gemacht haben, lässt sich mittels quantitativer Methoden beantworten. Um jedoch zu verstehen, *warum* dies der Fall ist und was dieses Phänomen zu bedeuten hat, brauchen wir qualitative Methoden.

Die Spezifika qualitativer Forschung werden häufig in der Gegenüberstellung mit jenen der quantitativen Forschung dargestellt. Ein wesentlicher Aspekt der qualitativen Forschung ist, dass sie bestrebt ist, die Erfahrungen von sozialen und politischen Akteurinnen aus ihrer eigenen Perspektive zu erfassen und zu verstehen. Über die Analyse von „Insider"-Wissen, macht sie etwa begreifbar, wie das Handeln und Denken von spezifischen Gruppen motiviert ist. Dazu greift die qualitative Forschung auf *thick descriptions* zurück. Dieser Begriff wurde vom Anthropologen Clifford Geertz geprägt und bedeutet, die Praktiken und Perspektiven von Menschen in ihrem Detailreichtum und ihrer Komplexität zu beschreiben und zu analysieren. Die qualitative Wissenschafterin hat die Aufgabe, von den Forschungsteilnehmerinnen Dinge zu erfahren, die noch nicht bekannt sind. Diese „Insider-Perspektiven" können dann – insofern die Qualität der Daten gut ist – zu Erklärungen für größere gesellschaftliche und politische Phänomene werden. So könnten die persönlichen Gründe einer Gruppe von Menschen, warum sie nicht zur Wahl gehen, zum Beispiel zeigen, dass die Nicht-Teilnahme dieser Gruppe an Wahlen mit ihrer prekären Position in der Gesellschaft zu tun hat.

Der quantitativen Forschung hingegen ist häufig daran gelegen, Aussagen über die Verteilung bestimmter Phänomene oder Verhaltensweisen in der Bevölkerung zu treffen oder statistische Assoziationen zu entdecken. Während die qualitative Forschung typischerweise nach dem „Wie" oder „Was" fragt, beschäftigt sich die quantitative oft mit der Frage nach dem „Wie viele" (siehe Abb. 1.1). Die Frage des „Warum" versucht sowohl die qualitative als auch die quantitative Forschung mit jeweils eigenen Instrumentarien und Zugängen zu ergründen. In der quantitativen Forschung geht es also darum, die Verteilung eines Phänomens in der Gesellschaft zu untersuchen, und herauszufinden, welche bereits bekannten Faktoren einen Einfluss auf das untersuchte Phänomen ausüben. Für die Abbildung der sozialen Realität greift die quantitative Forschung auf zählbare Kategorien und Berechnungen zurück. Deswegen sind zum Beispiel die Antwortmöglichkeiten in einer quantitativen Umfrage vorab definiert, während sie in der qualitativen Erhebung offen sind.

Forschungsinteresse	Qualitative Methoden	Quantitative Methoden
— Umgang mit den vorgeschriebenen Maßnahmen während der Corona-Pandemie	— Warum trugen Menschen in Österreich im April 2020 einen Mund-Nasen-Schutz? — Was bedeutete es für die Menschen, einen solchen Schutz zu tragen? — Mit welchen Begründungen trugen ihn manche Menschen nicht?	— Wie viele Menschen in Österreich hielten sich im April 2020 an die Verpflichtung, einen Mund-Nasen-Schutz zu tragen? — Welche Gruppen von Menschen (z. B. Alter, Geschlecht, Parteienpräferenz, Einkommenshöhe) hielten sich mehr als andere (oder weniger als andere) an die Vorschriften?

Abb. 1.1: Beispiel für Fragestellungen, die mit qualitativen beziehungsweise quantitativen Methoden beantwortet werden können

Weil qualitative Forschung soziale Phänomene in dichter Form und aus der Perspektive der involvierten Akteurinnen verstehen will, findet qualitative Forschung für gewöhnlich in „natürlichen Settings" statt. Wenn wir zum Beispiel verstehen möchten, wie verschiedene soziale Gruppen aushandeln, wie der städtische öffentliche Raum genutzt werden soll, müssen wir uns selbst an die Orte dieser Aushandlungen begeben. Dort können wir beobachten, was Menschen tatsächlich tun, und ihnen auf Basis dieser Beobachtungen Fragen stellen. Durch Forschung in natürlichen Settings erhalten wir Informationen, die uns unsere Interviewpartnerinnen eventuell verschweigen, weil sie ihre eigenen Praktiken als selbstverständlich wahrnehmen oder diese idealisieren. Für unser Beispiel bedeutet das, dass unsere Interviewpartnerinnen eventuell erzählen, dass sie sich regelmäßig mit Freundinnen zum Picknick im Park treffen, aber nicht, dass sie auch regelmäßig mit Hundebesitzerinnen streiten, die ihre Hunde frei im Park herumlaufen lassen.

Die quantitative Forschung versucht hingegen das Setting, in welchem Daten erhoben werden, so gut wie möglich zu vereinheitlichen. Das Ziel ist hier, jene Faktoren zu minimieren, die einen verzerrenden Einfluss auf die Daten haben könnten, sodass diese so generalisierbar wie möglich sind. Quantitative Forscherinnen würden also in unserem Beispiel eher eine Telefonumfrage mit einem standardisierten Fragebogen zur Nutzung des öffentlichen Raums machen. Während der Kontext für die qualitative Forschung eine wichtige Datenquelle ist, soll dessen Einfluss in der quantitativen Forschung reduziert werden. Heutzutage jedoch machen digitale Technologien das natürliche Setting auch quantitativ fassbar, zum Beispiel indem Smartphone-Apps die Bewegungen und Interaktionen von Menschen im öffentlichen Raum erfassen. Big-Data-Analysen heben folglich den Gegensatz von künstlichem und natürlichem Setting bis zu einem gewissen Grad auf.

In der Praxis werden qualitative und quantitative Methoden oftmals in Kombination miteinander angewandt. Sie schließen einander nicht aus, sondern ergänzen sich gegenseitig und bauen häufig aufeinander auf. Dies ist zum Beispiel der Fall, wenn wir durch quantitative Studien herausfinden, dass die Wahlbeteiligung von bestimmten gesellschaftlichen Gruppen stark abnimmt und mittels qualitativer Forschung die Gründe dafür besser verstehen. Umgekehrt kann quantitative Forschung auch auf qualitativer Forschung aufbauen. Dies ist zum Beispiel der Fall, wenn wir durch qualitative Forschung Barrieren für politische Partizipation identifizieren. Quantitative Forschung kann im Folgenden dazu beitragen zu erklären, welche sozialen Gruppen von bestimmten Barrieren besonders betroffen sind. Die Anwendung qualitativer und quantitativer Methoden ist in der Forschungspraxis häufig verschränkt. So wird mittels „Mixed methods"-Forschungsdesigns versucht, ein politisches Phänomen sowohl anhand qualitativer als auch quantitativer Methoden zu erklären und zu verstehen.

	Qualitative Forschung	Quantitative Forschung
Ziel	— Politische Phänomene in ihrer „Tiefe“ verstehen	— Politische Phänomene in ihrer „Breite“ verstehen
Fokus	— Prozesse und Dynamiken explorieren	— Beziehungen zwischen bekannten Variablen aufzeigen
Zugang	— Häufig induktiv	— Häufig deduktiv
Methode	— Interpretieren	— Messen und testen
Sample	— Wenige Fälle oder Teilnehmerinnen	— Viele Fälle oder Teilnehmerinnen
Daten	— Texte und Bilder	— Zahlen
Forschungs-design	— Offen und dynamisch	— Statisch
Ergebnisse	— Einsichten in Dynamiken, Deutungsmuster oder Ursachen für soziales und politisches Handeln, die auch auf andere Settings (Situationen, Gruppen, Länder etc.) übertragbar sind	— Generalisierbare Aussagen (z. B. hinsichtlich der Verteilung in einer bestimmten Population)

Abb. 1.2: Merkmale qualitativer und quantitativer Forschung

Die Gegenüberstellung qualitativer und quantitativer Methoden (siehe Abb. 1.2) kann hilfreich sein, sollte aber nicht überstrapaziert werden. Qualitative und quantative Zugänge unterscheiden sich zwar in vielen einzelnen Aspekten ihrer Herangehensweise, aber nicht immer kategorisch. Im breiten sozialwissenschaftlichen Methodenspektrum sind die Übergänge zwischen der qualitativen und quantitativen Logik manchmal fließend. Um jedoch noch besser zu verstehen, was qualitative Forschung ist und wie sie vorgeht, sehen wir uns im Folgenden weitere zentrale Eigenschaften an, die aus ihren philosophischen Grundlagen resultieren.

1.3 Induktion und Deduktion

Induktion und Deduktion sind die zwei zentralen Strategien, die uns als Forscherinnen zur Verfügung stehen, wenn wir versuchen, soziale und politische Phänomene zu verstehen. Diese beiden Strategien unterscheiden sich hinsichtlich des Verhältnisses von Empirie und Theorie zueinander (siehe Abb. 1.3). Praktisch bedeutet dies:

WISSENSCHAFTERINNEN, DIE INDUKTIV ARBEITEN, starten bei konkreten Beobachtungen über die Welt (Empirie) und entwickeln daraus abstrakte Erklärungen (Theorien). Bei der Deduktion hingegen bildet eine Theorie den Ausgangspunkt, die dann mithilfe empirischer Daten bestätigt oder widerlegt wird.

Induktion und Deduktion spielen in fast allen Wissenschaften eine zentrale Rolle und betreffen sowohl die qualitative als auch die quantitative Sozialforschung. Während in der qualitativen Forschung jedoch vermehrt induktiv gearbeitet wird, geht die quantitative Forschung hauptsächlich deduktiv vor. Induktion und Deduktion sind jedoch selbst keine sozialwissenschaftlichen Methoden im engeren Sinne.

Eine induktive Vorgehensweise ist immer dann sinnvoll, wenn es noch keine oder nur unzureichende Erklärungen – das heißt Theorien – über ein bestimmtes soziales Phänomen gibt. Induktive Forschung beginnt mit der Neugier über eine unerklärte Tatsache oder einer unerwarteten Beobachtung. Systematische Forschung erlaubt es uns folglich, diese Tatsache besser zu verstehen oder sogar zu erklären. Zum Beispiel: Wir möchten verstehen, wie Familien im Zuge der Covid-19-Pandemie ihre alltäglichen Praktiken geändert haben, um Kinder vor dem Corona-Virus zu schützen. Dazu wissen wir bisher wenig. Um diese Frage beantworten zu können, müssen wir folglich zuerst Daten erheben, indem wir zum Beispiel Interviews mit Familien machen oder deren Alltag beobachten.

Mittels der Analyse, das heißt der Abstraktion und Interpretation des empirischen Datenmaterials, können wir dann eine Theorie bilden. Die Regelmäßigkeiten, die wir aus dem Material herausarbeiten, sind die Grundlage dieser Theorie. Vielleicht stellen wir fest, dass es in Familien mit niedrigem Einkommen andere Praktiken gibt als in jenen mit hohem Einkommen und dass der Begriff des „Gesundheitsschutzes" eine unterschiedliche Bedeutung für diese beiden Gruppen hat. Das Ergebnis unserer Forschung wäre ein besseres theoretisches Verständnis persönlicher, familiärer und gesellschaftlicher Praktiken in Zeiten einer Pandemie. Die Resultate der Forschung könnten auch zur Politikgestaltung beitragen, indem sie anzeigen, wo unterschiedliche gesellschaftliche Gruppen Unterstützung benötigen oder welche Maßnahmen besser oder schlechter befolgt werden.

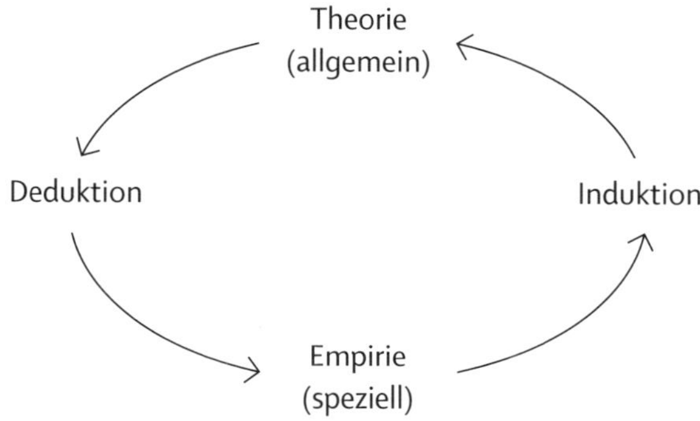

Abb. 1.3: Der Zusammenhang von Empirie und Theorie

Ein weiteres Beispiel für eine induktive Vorgehensweise ist die Studie Deliberative policy analysis, interconnectedness and institutional design: Lessons from 'Red Vienna' *von Hendrik Wagenaar und Florian Wenninger (Wagenaar & Wenninger 2020). Sie gehen der Frage nach, wie eine administrative Praxis aussieht, die es schafft, über die Grenzen unterschiedlicher Politikfelder hinweg lang anhaltende soziale Reformen durchzusetzen. Zur Beantwortung dieser Frage analysieren die beiden Wissenschafter historisches Material zur Entstehung des „Roten Wien", worunter das Wohnbau-, Gesundheits- und Sozialprogramm dieser Stadt im frühen 20. Jahrhundert verstanden wird.*

Sie arbeiten heraus, dass die administrative Praxis, die das Projekt des „Roten Wien" als gesamtgesellschaftliches Reformprojekt zum Erfolg geführt hat, durch drei Kriterien gekennzeichnet war. Das erste Merkmal ist ein Verständnis von Institutionen (das heißt Gesetzen, Normen und Organisationen) als Gebilde, die durch menschliches Handeln geformt und damit veränderbar sind. Das zweite Kennzeichen ist ein progressiver Humanismus, der politische Vorhaben nicht von oben herab konzipiert und umsetzt, sondern diese mit allen Beteiligten gemeinsam ausverhandelt und während der Implementierung noch weiterentwickelt. Als drittes Charakteristikum nennen die Forscher institutionelles scaffolding, *wörtlich übersetzt „Gerüst-bauen"; damit meinen sie den schrittweisen Aufbau einer Infrastruktur, die über unterschiedliche Politikbereiche hinweg die Schaffung von Großprojekten wie sozialen Wohnbau ermöglichte.*

Am Beginn der induktiven Forschung steht eine Frage zu einem bestimmten sozialen oder politischen Phänomen, zu dem es noch keine Erklärung gibt. Wie die beiden Beispiele zeigen, besteht die induktive Vorgehensweise darin, mit der empirischen Forschung zu beginnen und aus den gesammelten Daten ein neues Konzept oder eine Theorie zu entwickeln. Das heißt jedoch nicht, dass induktive Forschung ganz theoriefrei beginnt. Wenn Wagenaar und Wenninger die Frage stellen, wodurch sich administrative Praxis auszeichnet, die politikfeldübergreifend sozial innovativ arbeiten kann, dann gehen sie bereits von bestimmten Konzepten aus: Sie haben eine Vorstellung davon, was administrative Praxis und soziale Innovation bedeuten und wie man diese von anderen Praktiken und Begriffen abgrenzen kann. Theorie fließt in Form von Konzepten in die Forschungsfrage ein, definiert diese jedoch im Falle induktiver Forschung nicht vollständig. Die Forschung ist motiviert durch ein besseres Verständnis eines bisher unerklärten Phänomens, zu dem es selbst bisher noch keine Theorie gibt. Induktion schließt also vom Besonderen auf das Allgemeine. Das heißt, dass auf Basis der konkreten Fälle, die empirisch beforscht werden (das Besondere), eine Theorie entwickelt wird (das Allgemeine).

In diesem Zusammenhang stellt sich die Frage der Generalisierbarkeit induktiv generierter Forschungsergebnisse. Sind die drei Kriterien guter administrativer Praxis, die Wagenaar und Wenninger für das „Rote Wien" identifiziert haben, auch für andere Städte, Länder und Zeiten gültig? Vorrangiges Ziel induktiver Forschung ist es, ein politisches Phänomen auf einer theoretischen Ebene besser zu verstehen. Obwohl induktive Forschung also der Theorieentwicklung dient – und damit immer auch zum Ziel hat, abstrakte Aussagen über politische Prozesse zu treffen –, ist es nicht ihre oberste Priorität, möglichst generalisierbare Aussagen zu treffen. Wichtiger ist es, eine gute Erklärung für den einen Fall oder die wenigen Fälle anzubieten, die man tatsächlich untersucht hat. Die Induktion lässt sich noch besser verstehen, wenn wir die zweite Forschungsstrategie – die Deduktion – kennen.

Wissenschafterinnen, die deduktiv arbeiten, beginnen ihre Forschung mit einer bestimmten Theorie. Auf Basis dieser Theorie entwickeln sie Forschungsfragen und Hypothesen. Hypothesen sind Vermutungen über den Forschungsgegenstand, die auf Basis von empirischen Daten bejaht oder verneint werden können. Im weiteren Verlauf der Forschung werden empirische Daten analysiert und die Hypothesen auf Basis der Analyseergebnisse bestätigt oder widerlegt. Damit kann gleichzeitig festgestellt werden, ob die der Forschung zugrundeliegende Theorie weiterhin als richtig gelten kann oder nicht. Die oben genannte Studie von Wagenaar und Wenninger ist ein Beispiel für induktive Forschung. Wenn eine Gruppe von Forscherinnen nun beschließen würde zu untersuchen, ob die von den beiden Forschern entwickelte Theorie auch auf andere Städte zutrifft, würde es sich um ein deduktives Vorgehen handeln. Im konkreten Fall würde dies so aussehen, dass man sich andere erfolgreiche, sozial innovative Projekte in der Stadtpolitik – idealerweise aus anderen Zeiten und anderen Ländern – ansieht und prüft, ob die drei von Wagenaar und Wenninger entwickelten Kriterien innovativer und pragmatischer administrativer Praxis auch für sie gültig sind.

Deduktive Forschung ist dadurch gekennzeichnet, dass sie bei einer Theorie beginnt und mit dieser Theorie Annahmen über konkrete Fälle in der sozialen Welt trifft. Deduktion heißt, vom Allgemeinen auf das Besondere zu schließen, also von der Theorie auf die Empirie. Generalisierbarkeit spielt bei der Deduktion eine wichtige Rolle. Die Analyse empirischer Daten dient vor allem dazu zu überprüfen, ob die allgemeinen Aussagen einer Theorie weiterhin gültig sind. Letztendlich haben beide Vorgehensweisen zum Ziel, soziale und politische Phänomene zu erklären. Während die induktive Forschung dafür neue Konzepte entwickelt, überprüft und spezifiziert die deduktive Forschung bestehende Theorien. Damit trägt letzten Endes auch die deduktive Forschung zur Weiterentwicklung und Neubildung von Theorien bei, indem sie etwa zeigt, dass Hypothesen nicht bestätigt werden können. Wie bereits erwähnt, geht qualitative Forschung typischerweise induktiv und quantitative Forschung häufig deduktiv vor – auch wenn es Ausnahmen gibt.

Im nächsten Teil beschäftigen wir uns mit einem weiteren Spezifikum qualitativer Forschung, nämlich den ontologischen und epistemologischen Annahmen, auf denen sie beruht.

1.4 Ontologie und Epistemologie qualitativer Methoden

Qualitative und quantitative Methoden – aber auch verschiedene qualitative Methoden – basieren auf unterschiedlichen philosophischen Annahmen darüber, wie die soziale und politische Welt beschaffen ist (Ontologie) und wie Politikwissenschafterinnen etwas über diese Welt wissen können (Epistemologie). Hierbei handelt es sich um philosophische Fragen, weil es keine empirisch überprüfbaren Antworten auf sie gibt. Es gibt jedoch verschiedene philosophische Positionen zu diesen beiden Fragen, woraus sich auch die Vielfalt an empirischen Methoden ergibt, mit denen Politikwissenschafterinnen arbeiten. Ein grundlegendes Verständnis über Ontologie und Epistemologie der qualitativen Forschung ist wichtig, um zu verstehen, mithilfe welcher Methoden die eigenen Forschungsfragen beantwortet werden können. Denn stimmen die in der Forschungsfrage enthaltenen Annahmen darüber, wie die soziale und politische Welt beschaffen ist, nicht mit den Annahmen der gewählten Methoden überein, führt dies notwendigerweise zu Problemen, dabei das eigene Forschungsthema angemessen zu verstehen.

DIE ONTOLOGIE BESCHÄFTIGT SICH mit den Fragen, was und wie die Welt ist; sie ist die Lehre vom Sein. Die Epistemologie oder Erkenntnistheorie fragt danach, wie wir Wissen über die Welt erlangen können.

Die wichtigsten ontologischen Fragen für die sozial- und politikwissenschaftliche Methodologie lauten: Woraus bestehen die soziale Wirklichkeit und woraus die politische Wirklichkeit als Teilmenge davon? Besteht die soziale Welt nur aus individuellen Menschen, die miteinander interagieren, oder gibt es darüber hinaus auch soziale Einheiten? Wird unsere soziale Realität durch kulturelle Bedeutungen geprägt – oder sogar konstituiert?

Die damit verknüpften wichtigsten epistemologischen Fragen lauten: Wie können wir wissenschaftliche Erkenntnisse über die soziale und politische Realität erlangen? Können Forscherinnen diese Wirklichkeit objektiv erfassen und sie verstehen, ohne sie zu beeinflussen? Oder lässt sich soziale Wirklichkeit nur interpretieren? Dass es in den Sozialwissenschaften viele unterschiedliche Methoden gibt, kommt daher, dass Forscherinnen diese Fragen unterschiedlich beantworten. Qualitative Methoden basieren häufig auf ontologischen Annahmen, die dem Konstruktivismus zugerechnet werden, sowie auf epistemologischen Annahmen, die als interpretativ gelten.

Konstruktivismus und Interpretativismus

KONSTRUKTIVISMUS BEZEICHNET DIE ANNAHME, dass die soziale und politische Welt durch Praktiken und Sprache geschaffen wird und aus den Bedeutungen besteht, die Menschen ihr kollektiv geben. Das bedeutet nicht, dass die soziale Welt „erfunden" oder „nicht real" ist. Konstruktivistinnen nehmen vielmehr an, dass die soziale Welt – und dazu gehören auch materielle Objekte – durch menschliche Praktiken und Bedeutungen mitgeformt wird.

So erschöpft sich die Antwort auf die Frage, was ein Tisch ist, nicht in der Beschreibung seines Materials sowie seiner Höhe, Breite und Tiefe. Was ein Tisch ist, ergibt sich daraus, was man mit einem Tisch normalerweise macht:

man isst und trinkt an ihm, sitzt um ihn herum und so weiter. Was der Tisch *ist*, wird folglich auch durch seine soziale Bedeutung bestimmt. Und dies trifft natürlich nicht nur auf Tische, sondern auch auf politische und soziale Beziehungen, Phänomene und Prozesse zu.

Konstruktivismus ist also die Annahme darüber, wie die Welt beschaffen ist (Ontologie) und geht davon aus, dass die soziale Welt aus Praktiken und Bedeutungen besteht. Der Interpretativismus hingegen sagt etwas darüber aus, wie wir als Menschen und als Wissenschafterinnen etwas über diese Welt wissen können (Epistemologie). Er bezeichnet die Annahme, dass Wissen über die Welt nicht unmittelbar zugänglich ist, sondern dass wir als Menschen notwendigerweise die soziale und politische Wirklichkeit immer auch *interpretieren* – also mit den Werten, Erfahrungen und Praktiken in unserem Leben und der Gesellschaft, in der wir leben, in Bezug setzen. Das heißt: Um zu begreifen, was ein Tisch ist, und zu verstehen, dass an einer bestimmten Art von Tisch für gewöhnlich gegessen wird, muss man die sozialen Praktiken und deren Bedeutung verstehen, in die der Tisch als materielles Objekt eingebettet ist. Deshalb untersuchen qualitative Forscherinnen Praktiken und Bedeutungszuschreibungen. Dass es in der qualitativen Forschung um Bedeutungen geht, heißt jedoch nicht, dass sie sich nur mit „subjektiven Eindrücken" beschäftigt, wie manchmal fälschlicherweise behauptet wird. Dass man einen Esstisch eben beim Einnehmen von Mahlzeiten verwendet und dass an einem Tisch zu essen in westlichen Gesellschaften akzeptierter ist als auf dem Boden zu essen, ist ein Wissen, dass wir miteinander teilen. Es ist nicht rein „subjektiv".

Als Menschen interpretieren wir nicht nur materielle Objekte, sondern auch die Handlungen anderer und uns selbst. In der Sozialwissenschaft bedeutet interpretatives Vorgehen, dass man die gemeinsamen und geteilten Bedeutungen von Dingen, Praktiken und Phänomenen erarbeitet. Wenn Menschen in qualitativen Interviews zum Beispiel gefragt werden: „Was bedeutet dieses Wahlplakat für Sie? Welche Themen sehen Sie hier vertreten?" oder „Was bedeutet Integration für Sie?", dann geht es auf den ersten Blick darum, mehr darüber zu erfahren, was einzelne Personen von bestimmten Plakatsujets oder dem Thema Integration halten. Dies geschieht jedoch immer mit der Annahme, dass persönliche Bedeutungen Aufschluss über soziale Bedeutung geben. Das Ziel qualitativer Forschung ist es, zum Beispiel aus einer Vielzahl von Aussagen über die Bedeutung des Begriffs „Integration" von Menschen mit unterschiedlichen lebensgeschichtlichen und politischen Perspektiven die Gemeinsamkeiten herauszuarbeiten und diese vor dem Hintergrund der aktuellen Diskussionen und Praktiken der Integration zu analysieren. Interpretativismus leugnet natürlich nicht, dass Phänomene wie Tische, Wahlplakate oder Integration eine materielle Wirklichkeit haben. Eine interpretativ arbeitende Forscherin wird aber sagen, dass wir auch Informationen über die soziale Bedeutung dieser Dinge und Phänomene brauchen, um zu verstehen, was es mit Tischen, Wahlplakaten und Integration tatsächlich auf sich hat.

Konstruktivismus und Interpretativismus sind stark miteinander verschränkt, was wir an folgendem Beispiel sehen können.

Der Begriff „Arbeitgeber" bezeichnet im gewöhnlichen Sprachgebrauch ein Unternehmen, für das Menschen Lohnarbeit verrichten. Der Begriff wird so verwendet, dass er quasi das Unternehmen ist, das Menschen Arbeit gibt. Ebensogut könnte man jedoch sagen, dass es die beschäftigten Personen sind, die Arbeit verrichten und daher „Arbeit geben". Rein grammatikalisch kann man unter „Arbeitgeber" sowohl die Person verstehen, die arbeitet und dafür bezahlt wird, als auch das Unternehmen, bei dem die arbeitende Person angestellt ist. In unserem Sprachgebrauch hat der Begriff jedoch letztere Bedeutung und diese beinhaltet eine bestimmte Wertung: Wenn es die Unternehmen sind, die Menschen Arbeit geben, dann bedeutet das auch, dass diese Unternehmen den Menschen etwas Gutes tun. Unternehmen geben Menschen Arbeit, sodass diese sich ihren materiellen Lebensunterhalt leisten können. Würden wir den Begriff „Arbeitgeber" anders verwenden und damit die Menschen bezeichnen, die arbeiten, dann würden wir damit einen anderen Aspekt stärker in den Vordergrund stellen, nämlich dass es Arbeiterinnen sind, die die Arbeit von Unternehmen leisten.

Keine der beiden Begriffsverwendungen ist falsch, sie betonen aber gegensätzliche Aspekte und transportieren damit eine unterschiedliche Wertung, das heißt, sie beruhen auf unterschiedlichen Interpretationen. Konstruktivistinnen gehen davon aus, dass durch die Verwendung von Sprache die Welt nicht nur beschrieben wird, sondern Sprache soziale Realität schafft. In unserer Gesellschaft ist die Interpretation vorherrschend, dass Unternehmen Arbeit geben. Diese Interpretation hat eine bestimmte soziale Realität geschaffen. Würden wir in einer Gesellschaft leben, in der die Interpretation vorherrschte, dass Arbeiterinnen Arbeit geben, würden wir in einer anderen sozialen Realität leben.

Wie bereits erwähnt, ist qualitative Forschung tendenziell konstruktivistisch und interpretativ. Das bedeutet einerseits, dass davon ausgegangen wird, dass Menschen die soziale und politische Welt interpretieren und konstruieren. Da Wissenschaft ebenfalls eine soziale Aktivität ist, trifft dies auch hier zu. Qualitative Forscherinnen analysieren, welche Bedeutung Forschungsteilnehmerinnen ihren eigenen Handlungen sowie anderen sozialen und politischen

Phänomenen beimessen und wie diese politische und soziale Praktiken formen. In diesem Prozess interpretieren Forscherinnen die Aussagen und Praktiken der Forschungsteilnehmerinnen und „konstruieren" daraus Forschungsergebnisse.

Kenntnisse über ontologische und epistemologische Annahmen, die verschiedenen Methoden zugrunde liegen, bilden die Basis für deren selbständige Anwendung. Denn bevor wir Methoden in der eigenen Forschungspraxis zielführend und sinnvoll einsetzen können, müssen wir wissen, ob damit überhaupt jene Aspekte der sozialen und politischen Welt untersucht werden können, die uns interessieren. Außerdem kennzeichnen sich verschiedene ontologische und epistemologische Positionen auch durch die spezifische Rolle, die den Forscherinnen im Forschungsprozess zukommt. Im Folgenden beschäftigen wir uns mit der Position der Forscherin in der qualitativen Forschung und warum Reflexion darüber so wesentlich ist.

1.5 Reflexion über die Rolle der Forscherin

Der Forschungskontext sowie kulturelle, politische oder ökonomische Unterschiede zwischen uns und unseren Forschungsteilnehmerinnen beeinflussen die Daten, die wir in unserer Forschung generieren. Deshalb sind Sensibilität für und Reflexion über diesen Umstand in der qualitativen Forschung essenziell. So ist es zum Beispiel wichtig von Anfang an zu überlegen, wie das eigene Forschungsthema in einem spezifischen kulturellen Kontext besetzt ist. Insbesondere Forschung zu sensiblen Themen, prinzipiell jedoch jede Forschung, muss berücksichtigen, dass diese in verschiedenen Kontexten eine unterschiedliche Bedeutung haben kann. Dies beeinflusst zum Beispiel, wie Menschen in Interviews auf unsere Fragen reagieren, worüber sie ausführlich sprechen oder bei welchen Themen sie zurückhaltend sind. Reflexion über den Kontext der Forschung kann zum Beispiel bedeuten, auf nationale Besonderheiten, kulturelle Spezifika, die konkrete Lebenslage der Forschungsteilnehmerinnen oder aktuelle gesellschaftliche Ereignisse, die einen Bezug zum Forschungsgegenstand haben, zu berücksichtigen.

Auch wir als Forscherinnen beeinflussen die in qualitativen Projekten generierten Daten. Verschiedene Merkmale, die wir als Personen aufweisen, wie zum Beispiel unser Alter oder Geschlecht, beeinflussen die Forschung. Für gewöhnlich macht es einen Unterschied in den Daten, zum Beispiel bei Interviews, ob Forscherin und Forschungsteilnehmerin das gleiche Geschlecht haben oder nicht. Das heißt, dass sich in den Interaktionen mit unseren Forschungsteilnehmerinnen oftmals bestimmte kulturell geprägte Dynamiken entwickeln. In der qualitativen Forschung wird davon ausgegangen, dass die Person der Forscherin immer einen Einfluss auf die Forschung hat. Reflexion bedeutet in diesem Zusammenhang also nicht zu versuchen, diesen Einfluss zu verhindern – weil dies nicht möglich ist –, sondern zu überlegen, wie genau sich dieser Einfluss gestaltet, dies offenzulegen und eventuell problematische Einflussnahmen wie implizite Vorurteile zu reduzieren. Es gibt jedoch Themen, wenn auch wenige, bei denen explizit darauf geachtet werden sollte, dass – um beim Merkmal Geschlecht zu bleiben – zum Beispiel Männer keine Frauen interviewen sollten. Dies ist beispielsweise der Fall, wenn man mit Frauen arbeitet, die sexualisierte Gewalt durch Männer erfahren haben.

Als Forscherinnen beeinflussen wir die Forschung einerseits durch unsere Personenmerkmale, das heißt durch unsere eigene Positionalität und unsere unbewussten Annahmen. Andererseits beeinflussen wir die Forschung jedoch auch durch unser Verhalten. Wenn wir zum Beispiel Beobachtungen in der Werkhalle einer Fabrik durchführen und uns dafür Kostüm und Stöckelschuhe oder Anzug und Krawatte anziehen, hat das einen anderen Effekt auf die Datenerhebung, als wenn wir uns für legere Kleidung entscheiden. Sprache ist ein weiterer wichtiger Aspekt in dieser Hinsicht. Wenn wir im Interview mit einer Sektionschefin aus einem Bundesministerium auf informelle Alltagssprache zurückgreifen, wird dies zu einer anderen Reaktion und damit anderen Daten führen, als es der Fall ist, wenn wir uns formaler Sprache bedienen. Folglich ist eine Anpassung an den Kontext und unsere Forschungsteilnehmerinnen bis zu einem gewissen Grad wichtig, um hochwertige empirische Daten zu generieren. Das bedeutet jedoch nicht, dass Forscherinnen sich gänzlich anpassen sollten. In Untersuchungen zu Jugendsubkulturen zum Beispiel sollten wir nicht versuchen, den Kleidungstil und die Ausdrucksweise von Jugendlichen nachzuahmen. Dies würde unserer Forschung sehr wahrscheinlich nicht zugutekommen, da es die eigene Rolle als Forscherin unterminiert. Es gilt also die Balance zu finden und sich einerseits auf den spezifischen Kontext der Forschung und die Teilnehmerinnen einzulassen, andererseits gleichzeitig der eigenen Rolle als Forscherin treu zu bleiben.

1.6 Die Frage der Objektivität

In der qualitativen Forschung beeinflussen also der Kontext, die Forscherin sowie ihr Verhalten die Datengenerierung. Warum Reflexivität wichtig ist, haben wir bereits erörtert. Doch was bedeutet Objektivität in diesem Zusammenhang? Kann qualitative Forschung damit jemals objektiv sein? In der qualitativen Forschung gelten teilweise andere Qualitätskriterien als in der quantitativen Forschung. Diese werden ausführlich in Kapitel 14 besprochen. Hier sei jedoch vorweggenommen, dass Reflexion und Objektivität zwei dieser Qualitätskriterien sind. Objektivität bedeutet hier nicht die Idee, dass die Forscherin eine vollkommen neutrale und an der Welt, die sie analysiert, unbeteiligte Beobachterinnenposition einnehmen kann oder soll. Objektivität bedeutet hier vielmehr, dass es nicht bloß um „subjektive", „zufällige" Einschätzungen geht – weder seitens der Forschungsteilnehmerinnen noch der Forscherin.

Subjektivität seitens der Forschungsteilnehmerinnen kann man vermeiden, in dem man in der Analyse von qualitativen Daten auf gemeinsame, in einer Gruppe oder in einer Gesellschaft geteilte Bedeutungsmuster fokussiert. Genau deshalb besteht qualitative Forschung nicht einfach darin, dass wir beispielsweise mit unseren Interviewpartnerinnen reden und lediglich aufschreiben, was sie uns erzählen. Ein gutes Forschungsdesign, hochwertige Leitfäden und andere Instrumente der Datenerhebung stellen sicher, dass qualitative Forschung nicht nur die subjektiven Meinungen einzelner Personen abfragt, sondern zu den tiefer liegenden Referenzpunkten und Deutungsmustern vordringt. Gleichzeitig hilft ein gut durchdachtes und sorgfältig umgesetztes qualitatives Forschungsdesign auch dabei, Objektivität seitens der Forscherinnen sicherzustellen. Zwei Personen, die an derselben qualitativen Studie arbeiten, generieren notwendigerweise unterschiedliche Daten. Doch wenn beide Forscherinnen mit demselben wohlüberlegten Interviewleitfaden oder anderen Instrumenten der Datenerhebung arbeiten, ihre eigene Positionalität reflektieren und eine systematische Analyse der Daten durchführen, kommen sie trotzdem zu sehr ähnlichen Ergebnissen.

Barbara Prainsack hat zum Beispiel eine Studie mit Insassen von zwei Haftanstalten in Österreich durchgeführt, um herauszufinden, wie verurteilte Straftäter über DNA-Technologien denken und ob die Existenz von DNA-Technologien Einfluss auf ihr eigenes Handeln hat. Diese Studie wurde in Portugal repliziert und hat sehr ähnliche Ergebnisse zutage gebracht. Obwohl die Studie in zwei unterschiedlichen Ländern durchgeführt wurde und die Interviews von unterschiedlichen Personen durch-

geführt wurden, war es erstaunlich, wie ähnlich die Ergebnisse waren. Die Aspekte, die tatsächlich anders waren, ließen sich aus den Unterschieden im österreichischen und portugiesischen Justizsystem erklären (Machado & Prainsack 2016).

Obwohl die qualitative Forschung also nicht „objektiv" in dem Sinne ist, dass die Forscherin vorgibt, eine völlig unbeteiligte Beobachterin zu sein, liefert gute qualitative Forschung wissenschaftliche Einsichten in Phänomene und Prozesse, die systematisch und nachvollziehbar generiert wurden und auch auf Situationen oder Länder übertragbar sind, in denen die wesentlichen Rahmenbedingungen dieselben sind. Um dies zu gewährleisten, ist es neben der sorgfältigen Anwendung qualitativer Methoden wichtig, die einzelnen Schritte in der Datenerhebung und -auswertung klar und verständlich darzulegen.

Lernfragen

- Weshalb brauchen wir Methoden in der Politikwissenschaft?
- Was sind die zentralen Unterschiede zwischen qualitativen und quantitativen Methoden?
- Wodurch unterscheiden sich die beiden Forschungsstrategien der Induktion und der Deduktion?
- Was bedeuten die Begriffe Ontologie und Epistemologie?
- Was heißt es, dass qualitative Methoden tendenziell konstruktivistisch und interpretativ sind?

Literatur

Machado, Helena & Prainsack, Barbara (2016). *Tracing technologies: Prisoners' views in the era of CSI*. London: Routledge.

Wagenaar, Hendrik & Wenninger, Florian (2020). *Deliberative policy analysis, interconnectedness and institutional design: Lessons from "Red Vienna"*. In: *Policy Studies*, 41(4), 411–437.

Weiterführende Literatur

Blatter, Joachim; Langer, Phil C. & Wagemann, Claudius (2018). *Qualitative Methoden in der Politikwissenschaft*. Wiesbaden: Springer VS.

Della Porta, Donnatella & Keating, Michael (2008). *How many approaches in the social sciences? An epistemological introduction.* In: Della Porta, Donnatella & Keating, Michael (Eds.). *Approaches and methodologies in the social sciences.* Cambridge: Cambridge University Press, 19–39.

Fay, Brian (1996). *Contemporary philosophy of social science: A multicultural approach.* Malden: Blackwell.

Kelle, Udo (2008). *Die Integration qualitativer und quantitativer Methoden in der empirischen Sozialforschung.* Wiesbaden: VS Verlag für Sozialwissenschaften.

—— Kapitel 2: *Qualitative vs. quantitative Forschung – die Debatte,* 25–55.

Silverman, David (2013). *Doing qualitative research: A practical handbook.* Los Angeles: Sage.

Silverman, David (2015). *Interpreting qualitative data.* Los Angeles: Sage.

2 Interpretative Ansätze in der qualitativen Forschung

Hendrik Wagenaar

2.1 Einleitung: Möglichkeiten und Herausforderungen in der interpretativen Analyse

Was bedeutet es, qualitative Daten „interpretativ“ zu analysieren? Die britischen Politologen Mark Bevir und Rod Rhodes haben Ansätze, die wir im Folgenden als „interpretative Analyse“ (IA) zusammenfassen, wie folgt definiert: „Interpretive approaches to political studies focus on meanings that shape actions and institutions, and the ways in which they do so“ (Bevir & Rhodes 2004, 130). Dies kommt einer Standarddefinition der IA in der Politikwissenschaft insofern nahe, als sie auf alle wesentlichen Elemente Bezug nimmt: auf politische Handlungen, Institutionen, Bedeutungen und die realitätsgestaltende Kraft dieser Bedeutungen. Unter Bedeutungen sind nicht nur Überzeugungen und Gefühle der Menschen gegenüber politischen Phänomenen zu verstehen, sondern Bedeutungen formen diese Phänomene. Um ein Beispiel zu geben: Ob wir Kleinkriminalität als Effekt von Armut und Ausgrenzung verstehen oder als individuelle und freie Entscheidung der Betroffenen, die für ihr Verhalten zur Verantwortung zu ziehen sind, wirkt sich auch auf die politischen Strategien aus, mit denen wir diesem gesellschaftlichen Phänomen begegnen.

Oberflächlich betrachtet klingt diese Definition wohl für die meisten Menschen sehr plausibel. Sie legt nahe, dass es für die Analyse insbesondere von Public Policy (also der inhaltlichen Ausgestaltung staatlicher Politik) wichtig ist, über offensichtliche Akte politischen Verhaltens hinauszugehen, wie zum Beispiel die Wahl einer bestimmten Partei oder die Unterstützung einer bestimmten politischen Maßnahme.

UM ZU VERSTEHEN, warum etwa ein bestimmtes Politikinstrument nicht die beabsichtigten Wirkungen erzielt oder warum Menschen eine bestimmte Kandidatin wählen, ist es wichtig herauszufinden, was diese politische Maßnahme oder Kandidatin für diese Menschen *bedeutet*; welche Auswirkungen sie auf das Leben von Menschen haben.

Zu diesem Zweck ist es notwendig, andere Methoden als standardisierte Erhebungsinstrumente einzusetzen. Wir brauchen Methoden, die es uns ermöglichen zu erfassen und zu analysieren, auf welche Weise Menschen ihre Gefühle, Überzeugungen, Ideale, Bedürfnisse, Ängste und Wünsche zum Ausdruck bringen – und wie diese mit sozialen und politischen Praktiken verbunden sind.

Methoden zur Erfassung von Bedeutungen sind mittlerweile weit verbreitet. Denken Sie an qualitative Forschungsinterviews (siehe Kapitel 6) oder ethnographisch inspirierte Methoden wie die Beobachtung (siehe Kapitel 5). Es scheint alles darauf hinauszulaufen, einfach die Methode auf die Frage abzustimmen: Wenn wir eine zuverlässige Schätzung darüber haben wollen, wie ein politisches Phänomen in einer Bevölkerung verteilt ist oder inwieweit es statistisch mit einem anderen Phänomen in Verbindung steht, verwenden wir quantitative Forschungsmethoden. Wenn wir andererseits verstehen wollen, was bestimmte Politikinhalte für die von diesen betroffenen Menschen *bedeuten*, oder wie Menschen die Bemühungen einer staatlichen Institution zur Verbesserung ihrer Lebensumstände *erleben*, setzen wir interpretative, qualitative Forschungsmethoden ein. Das klingt doch ganz einfach, oder?

Wenn es nur so einfach wäre! Tatsächlich stoßen diejenigen, die sich von einem interpretativen Ansatz der Politikanalyse angezogen fühlen, schnell auf eine Reihe von Hindernissen, die einem Verständnis dieses Ansatzes im Wege stehen. Erstens umfasst die IA nicht einen Ansatz, sondern viele Ansätze. Bezeichnungen wie Rahmenanalyse *(Frame Analysis)*, Ethnomethodologie, Diskursanalyse (oder neuerdings auch *Critical Policy Discourse Analysis* – ein Begriff, der keine präzise deutschsprachige Entsprechung hat), narrative Analyse, genealogische Analyse, Hermeneutik (mit oder ohne das Adjektiv „philosophische"), Phänomenologie, Strukturalismus und Poststrukturalismus oder Praxistheorie weisen auf eine enorme Vielfalt von Interpretationsansätzen und konkreten Methoden in der Sozialforschung hin, die nicht nur für Studentinnen verwirrend sein können. Darüber hinaus unterscheiden sich diese Ansätze nicht nur im Hinblick auf den Untersuchungsgegenstand oder die spezifische Vorgehensweise bei der Analyse, sondern auch in ihren philosophischen Annahmen. Diese Annahmen betreffen eine Reihe von erkenntnistheoretischen und ontologischen Fragen – betreffend das Wesen der politischen Realität, die Rolle der Sprache in unserer Wahrnehmung der Welt oder den Platz der Werte in unserem politischen Diskurs. Jede einzelne von ihnen reicht aus, um eine ausgebildete Philosophin ins Schwitzen zu bringen – ganz zu schweigen von Menschen, die mit ihrer wissenschaftlichen Arbeit gerade erst beginnen.

Zweitens ist eine interpretative Analyse intellektuell anspruchsvoll und praktisch herausfordernd. Es gibt Hunderte von Lehrbüchern zur qualitativen Forschung und ein paar gute zur interpretativen Analyse. Dennoch bleibt ihre Verwendung für viele Studierende frustrierend. Im Allgemeinen erklären diese Lehrbücher, wie man Daten sammelt, wie man deren Qualität sicherstellt, wie man die Daten für die Analyse organisiert und wie man sie schließlich analysiert. Was jedoch fehlt, ist der wesentliche Bestandteil der IA: die spezielle Interpretationstheorie, die das analytische Problem definiert, die die Datenerhebung vorantreibt und die der Analyse eine Richtung gibt. Diese Lücke entsteht nicht, weil die Autorinnen bei ihrer Aufgabe, die Methode gut zu erklären, versagen, sondern weil sie versuchen, etwas zu tun, was letztlich unmöglich ist: eine komplexe Fähigkeit durch ein Handbuch zu lehren. Es fällt uns nicht schwer zu verstehen, dass man das Segeln oder Klavierspielen nicht allein dadurch erlernen kann, indem man Bücher darüber liest. Man muss üben. Deshalb engagiert man eine Segel- oder Klavierlehrerin. Dasselbe gilt für die IA: Man kann sie nur erlernen, indem man sie unter der Anleitung einer erfahrenden Forscherin selbst öfters durchführt.

Ein weiteres Problem besteht darin, dass die IA (und die qualitative Forschung im Allgemeinen) Gegenstand erheblicher Missverständnisse ist, und das nicht nur unter Nachwuchswissenschaftlerinnen. Das bei Weitem größte Missverständnis besteht darin, dass sie oftmals als „subjektiv" betrachtet wird. Dies ist ein großes Problem. Gutachterinnen wissenschaftlicher Fachpublikationen oder Forschungsförderungsanträge und auch Betreuerinnen von Abschlussarbeiten äußern regelmäßig ihre Bedenken über die angebliche Subjektivität eines interpretativen Forschungsdesigns. Andere wiederum schlagen vor, man solle das Design „verbessern", indem man eine größere oder repräsentativere Stichprobe auswählt, Hypothesen formuliert oder Variablen formal operationalisiert. Einige meiner eigenen Forschungsanträge wurden abgelehnt, weil die Gutachterinnen offensichtlich qualitative Fallstudien mit quantitativen Stichproben verwechselten: Qualitative Fallstudien zielen auf theoretische Vielfalt ab, quantitative auf statistische Repräsentativität. Was diese Gutachterinnen also verlangen, basiert in der Tat auf einem Kategorienfehler: nämlich darauf, die Logik der quantitativen Forschung auf die qualitative Forschung zu übertragen. Damit tragen sie zum Missverständnis bei, die qualitative Forschung sei quasi eine einfachere, „schwammigere" Variante der quantitativen. Wenn es wirklich so wäre, dann könnten wir uns qualitative Forschung eigentlich ganz sparen. Aber so ist es glücklicherweise nicht.

Im nächsten Abschnitt werde ich argumentieren, dass *Bedeutung*, das Kernelement der IA, nicht subjektiv, sondern „situiert" ist – was in vielen Fällen darauf hinausläuft, dass die Bedeutung faktisch objektiv ist.

2.2 Was ist Bedeutung?

Interpretative Erklärungen können am besten als Gegenbegriff zu kausalen Erklärungen verstanden werden. Wenn wir einen heißen Ofen berühren oder uns schneiden, verspüren wir Schmerzen. Dies ist ein alltägliches Beispiel für einen kausalen Zusammenhang: Die an den Händen wahrgenommene Hitze löst über neurale Wege das Schmerzempfinden aus – und wir ziehen reflexartig unsere Hand zurück, um Gewebeschäden zu vermeiden. Obwohl solche Beispiele ganz logisch klingen, sind kausale Zusammenhänge in der sozialwissenschaftlichen Forschung schwer nachzuvollziehen. Philosophinnen argumentieren, dass drei Bedingungen erfüllt sein müssen, damit eine Beziehung als kausal gelten kann:

1. Die unabhängige Variable X korreliert mit der abhängigen Variable Y,
2. X geht Y voraus,
3. es muss ein Mechanismus angegeben werden können, der zeigt, wie Variable X sich auf Variable Y auswirkt.

In den Sozialwissenschaften ist die erste Bedingung relativ leicht nachzuweisen. So kovariieren beispielsweise Bildungsniveau und Stimmabgabe: Personen mit höherem Bildungsniveau neigen eher dazu, wählen zu gehen. Doch der Nachweis der beiden anderen Bedingungen gestaltet sich in der Regel schwieriger. In solchen Fällen neigt man dann dazu, die Kausalität auf einen rein statistischen Zusammenhang zurückzuführen. Zum Beispiel schneiden Mädchen in der Schule besser ab als Jungen. Dies ist eine Korrelation, die über alle Altersstufen und Kulturen hinweg besteht. Bedeutet das, dass Mädchen klüger sind als Jungen? So attraktiv diese Hypothese für manche Menschen auch sein mag, so ungerechtfertigt ist sie doch. (Ein Hinweis auf die wahre Ursache des unterschiedlichen schulischen Abschneidens ist, dass die geschlechtsspezifische Korrelation klassenabhängig ist. In niedrigeren sozioökonomischen Schichten ist die Korrelation stärker. Forscher glauben, dass die niedrigeren Bildungsergebnisse von Jungen etwas mit der größeren Widerstandsfähigkeit von Mädchen gegenüber sozialem Stress zu tun haben (siehe etwa Figlio et al. 2019). Jungen sind sensibler! ;-)

ETWAS IN BEZUG AUF SEINE BEDEUTUNG zu erklären, das heißt – im Gegensatz zu einer kausalen Erklärung –, es in Bezug auf seine Absichten zu erklären.

Das klingt vielleicht kompliziert, aber in unserem täglichen Leben machen wir das die ganze Zeit, und wir sind sehr gut darin. Führen Sie sich das folgende Beispiel aus dem Alltagsleben vor Augen: Sie sitzen spätabends in einer Bar. Plötzlich öffnet sich die Tür und eine Frau kommt herein. Sie schreit einen Mann an, der an der Bar sitzt, und schlägt ihm auf den Kopf. (Ich habe diese Szene vor vielen Jahren in einer Bar in Amsterdam selbst erlebt.) Das Opfer der Attacke senkt den Kopf, murmelt etwas und verlässt die Bar, ohne sich zu wehren. Eine andere Frau folgt den beiden im Eilschritt aus der Bar, und wir hören ein undeutliches Geschrei durch die geschlossene Tür. Alle in der Bar sind plötzlich still. Was ist passiert? Zunächst stockend, beginnen die Leute miteinander zu reden, und gemeinsam basteln wir eine Erklärung für die verwirrenden Ereignisse. Es stellt sich heraus, dass die wütend hereinstürmende Frau die Ehefrau des Mannes war. Dieser hatte den Abend mit seiner Freundin verbracht – jener Frau, die den beiden nachlief. Die Absicht der Ehefrau war es, das Tête-à-Tête ihres Mannes mit einer anderen Frau zu unterbrechen und ihn nach Hause zu bringen. Sobald die Handlungen der Protagonistinnen zur Zufriedenheit aller im Lokal Anwesenden erklärt wurden, kehrten wir wieder zu unseren eigenen Gesprächen zurück. Während der gesamten Szene und ihrer Nachwirkungen war keiner der Besucherinnen der Bar bewusst, dass sie eine interpretative Analyse vollzogen. Sie taten es einfach. Ganz natürlich.

Aus dieser kleinen Szene lassen sich zwei Lehren ziehen. Die erste ist, dass die Interpretation von Ereignissen und Aussagen von der Art und Weise abhängt, wie sich Menschen in der Welt orientieren. Genauer gesagt, in einer Welt, die im Wesentlichen unvorhersehbar, überraschend, offen und oft schwer zu begreifen ist. Die zweite ist, dass an einem bestimmten Punkt eine interpretierende Erklärung „gut genug" ist. Im Alltag geht es uns oft nicht um die absolute Wahrheit oder Gewissheit. Wir sind uns bewusst, dass unsere Erklärungen für Phänomene insofern vorläufig sind, als sie nur so lange gelten, bis wir mehr über die Situation erfahren, und wir gezwungen sind, sie zu ändern oder zu ergänzen. Interpretation ist damit ein wunderbar vielseitiges, anpassungsfähiges Werkzeug, um sich in einer unbestimmten Umgebung zurechtzufinden. Wir Menschen lernen solch interpretatives Arbeiten von klein auf – es ist Teil davon, wie wir in der Welt sind. Ohne uns dessen bewusst zu sein, sind die meisten von uns zu sehr kompetenten „Interpretativistinnen" der Welt geworden. IA ist nichts anderes als eine systematischere, wissenschaftliche Version dieser alltäglichen Interpretationsarbeit.

Eine Handlung wird *intentional* erklärt, wenn wir in der Lage sind zu sagen, was der zukünftige Stand der Dinge (die Intention) sein soll, der die spezifische Handlung erfordert. Die interpretativ arbeitende Politikwissenschafterin Dvora Yanow untersuchte zum Beispiel den Bau von Gemeindezentren in Israel in den 1970er Jahren (Yanow 1996) und unterzog diese einer intentionalen Erklärung: Die Regierung hatte beschlossen, dass alle Städte in Israel ein Gemeindezentrum haben sollten. Dabei handelte es sich um modern aussehende Gebäude aus Glas und Stahl, die eine Bibliothek, Räumlichkeiten für soziale Dienste, Veranstaltungen und so weiter beherbergten. Allerdings wurden die mit großem Aufwand errichteten Zentren von der Bevölkerung kaum genutzt. Dennoch investierte die Regierung weiterhin Geld in deren Bau.

Yanow kam zu dem Schluss, dass es falsch sei, den Erfolg oder das Scheitern dieser Politik an ihren erklärten instrumentellen Zielen zu messen, nämlich Orte zu schaffen, an denen Menschen zusammenkommen. Stattdessen schlug sie vor, das Augenmerk darauf zu legen, was diese Gemeindezentren für unterschiedliche Akteurinnen *bedeuten*. Sie kommt zu dem Schluss, dass ihre Bedeutung symbolisch sei: Die Zentren projizierten ein Bild der Modernität im amerikanischen Stil in Städten und Orten, die oft sehr traditionell waren und deren Bewohnerinnen sich lieber in Souks oder Basaren aufhielten und dort Tee tranken, als sich in einem Neubau mit Glasfassade zu treffen. Letzteres traf insbesondere auf neue Einwanderinnen zu, die gerade aus dem Ausland nach Israel gekommen waren. Die Gemeindezentren waren eine Nachricht an die neuen Immigrantinnen: Eure neue Heimat ist ein modernes Israel! Dies ist eine intentionale Erklärung, weil sie besagt, dass die Bedeutung der Zentren nicht in ihrem vorgesehenen Gebrauch liegt, sondern in ihrer impliziten Botschaft der Modernität.

Wie die oben erwähnten Gutachterinnen oder die Betreuerinnen könnten Sie hier einwenden, dass dies alles sehr subjektiv für Sie klingt. Dies wäre aus verschiedenen Gründen ein Fehlschluss, wie ich im nächsten Abschnitt erläutern werde. Lassen Sie mich aber gleich hier einen ersten Versuch unternehmen, Sie umzustimmen. Wie wir gesehen haben, sind wir in unserem Alltag ständig mit intentionalen Erklärungen beschäftigt, und es stört uns nicht allzu sehr, dass wir dabei „subjektiv" sind. Unsere Erklärungen fühlen sich nicht subjektiv an. Sie ergeben für uns Sinn – und zwar nicht nur für uns selbst als Individuen, sondern als Mitglieder einer Gemeinschaft, wie die kleine Gemeinschaft von Barbesucherinnen im oben genannten Beispiel zeigt. Unsere Alltagsinterpretationen wurzeln in der Detailfülle des Kontextes, aus dem sie hervorgehen.

Auch Dvora Yanow hat ihre Erklärung nicht aus dem Nichts gezaubert. Sie führte sorgfältige Analysen durch und befragte zahlreiche Personen (Beamtinnen, Stadtbewohnerinnen, Neueinwandererinnen), besuchte viele dieser Zentren selbst und hielt sich in diesen kleinen israelischen Städten auf, um über die Gewohnheiten und Präferenzen der Menschen zu lernen. Aus diesen reichhaltigen Daten entwickelte sie ihre Interpretation der israelischen Gemeindezentrumspolitik. Die IA ist immer empirisch fundiert und basiert auf umfangreichen und sorgfältigen Untersuchungen dessen, was Menschen sagen und tun. Oder, wie der berühmte Anthropologe Clifford Geertz es ausdrückte: „Behaviors must be attended to, and with some exactness, because it is through the flow of behavior – or more precisely social action – that cultural forms find articulation" (Geertz 1973, 17).

2.3 Warum Bedeutung nicht subjektiv ist

Philosophinnen sagen, dass wir, wenn wir etwas intentional – also in Bezug auf seine Bedeutung – erklären, in Wirklichkeit eine Handlung erklären. Eine Handlung wird immer durch ihre Absicht definiert. Denken Sie an Handlungen in Ihrem Leben, wie die Teilnahme an einer Wahl, eine Eheschließung oder den Besuch einer Sportveranstaltung. All dies sind Handlungskonzepte *(action concepts)*, die vollständig durch eine implizite oder explizite Absicht definiert sind. Nimmt man die Absicht heraus, löst sich das Konzept in Rauch auf. (Was ist heiraten ohne die Absicht, sich zu binden? Das wäre wahrscheinlich Täuschung.) Charakteristisch für die qualitative Sozialforschung ist, dass ihre Analyseeinheit meist aus Handlungskonzepten – also aus Absichten – besteht. Das bedeutet nicht, dass man Handlungskonzepte nicht zählen kann. (Wir können zum Beispiel die Zahl der Menschen zählen, die bei einer Wahl für eine bestimmte Partei gestimmt haben.) Aber in den qualitativen Sozialwissenschaften geht es darum, mehr über die intentionale Dynamik hinter bestimmten Praktiken oder Prozessen zu analysieren, um das Phänomen tiefergehend zu verstehen – wie im oben erwähnten Beispiel des besseren Abschneidens von Mädchen im Bildungssystem.

Diese Herangehensweise wird manchmal als Interpretativismus bezeichnet. Der Philosoph Brian Fay definiert diesen als „the view that comprehending human behavior, products and relationships consists solely in reconstructing the self-understandings of those engaged in creating or performing them" (Fay 1996, 113). Wenn ich diese Dinge meinen Studentinnen erkläre, dauert es nicht lange, bis eine von ihnen aufzeigt und sagt: „Aber Herr Professor, wenn Sie sich auf das Selbstverständnis der Menschen verlassen, haben Sie dann nicht erst wieder die Tür zum Subjektivismus geöffnet? Die Kritikerinnen hatten Recht. Die IA ist also doch subjektiv. Es ist alles in den Köpfen der Menschen."

Kommen wir als Antwort auf den Einwand der Studentin auf den Begriff der Absicht, der Intention zurück. Was tun wir, wenn wir diese zum Zweck der Interpretation einer Handlung ableiten oder rekonstruieren? Nehmen wir zum Beispiel an, ich komme zu spät zu meiner Vorlesung. Ich betrete den Hörsaal zehn Minuten zu spät, außer Atem, unrasiert und zerzaust und sage: „Tut mir leid, liebe Kolleginnen, ich wollte eigentlich pünktlich sein." Für wie glaubwürdig halten Sie meine Erklärung? Für nicht sehr glaubwürdig, nehme ich an. Vor allem dann nicht, wenn es nicht das erste Mal war, dass ich zu spät gekommen bin – und mich außerdem einige Studentinnen schon des Öftern nicht mehr ganz nüchtern spätabends in einer Bar gesehen haben.

Was dieses kleine und völlig fiktive Beispiel illustriert, ist, dass der Begriff der Absicht sich nicht auf meinen psychischen Zustand bezieht, der nur mir selbst zugänglich ist und den nur ich bekennen oder leugnen kann. Intention hat keinen erfahrungsbasierten Kern (*„no experiential essence"*), wie der Soziologe Jeffrey Coulter es bezeichnet. Stattdessen bezieht sich das Wort „Absicht" oder Intention auf Handlungen, die für andere Menschen beobachtbar sind. Um die Wahrheit oder Gültigkeit der Aussage „Ich hatte die Absicht, pünktlich zu sein" zu beurteilen, sollten Sie sich nicht auf das verlassen, was ich – der zu spät Gekommene – Ihnen sage; sondern Sie – als Beobachterin – spinnen ein Netz aus Beweisen und Beobachtungen, die andere Beobachterinnen gemacht haben.

Stellen Sie sich etwa vor, dass es zusätzlich zu den Sichtungen meinerseits spätabends in Bars auch das hartnäckige Gerücht gibt, dass ich ein Alkoholproblem habe, dass ich manchmal nicht zur Arbeit auftauche etc. Meine Aussage, ich hätte vorgehabt, pünktlich zu sein, hätte vor diesem Hintergrund eine völlig andere Bedeutung, als wenn ich als pünktlicher und verlässlicher Mensch bekannt wäre, der diesmal vielleicht aufgrund einer Panne zu spät gekommen ist. So gelangt Coulter zu dem Schluss: „Avowals and ascriptions of intentions, then, are organized by, and gain their intelligibility from, not some mental divinations but from the particulars of public states of affairs" (Coulter 1979, 40f.). Anders ausgedrückt: Bei der Konstruktion von Absichtserklärungen, von Intentionen, untersuchen wir nicht nur die Akteurin, die die

Absicht hat, sondern auch den weiteren Kontext, der die Absicht für andere verständlich macht.

Diese Argumentationslinie ebnet den Weg für das wichtige Konzept der „objektiven Bedeutung". Yanows Studie, die ich oben genannt habe, beschreibt das scheinbare Paradox, dass Gemeindezentren in Israel weiterhin gebaut wurden, obwohl sie nur wenig genutzt wurden, im Hinblick auf das Motiv der Regierung: Sie wollte den neuen Einwanderinnen das Bild eines modernen Israels vermitteln. Dabei ist interessant, dass Mitglieder der israelischen Regierung das vermutlich nicht so formuliert hätten, hätte man sie gefragt. Sie hatte kein bewusstes Verständnis dieses Motivs. Aber sobald man ihnen diese Interpretation darlegt, erkennen sie sie wieder: Es macht für sie Sinn. In diesem Moment treffen einander die subjektiven (also einzelnen, partikularen) Bedeutungen und die geteilte und in dieser Hinsicht „objektive" Bedeutung am selben Punkt.

OBWOHL DIE BEDEUTUNG VON HANDLUNGEN an die Absichten der Akteurinnen gebunden ist, braucht es immer noch die Forscherin, um sie zu rekonstruieren. Das ist genau der Mehrwert, den gute Forschung bietet. Sonst könnte man ja einfach die Menschen zu ihren Motiven befragen und nacherzählen, was diese sagen. IA rekonstruiert hingegen, warum Politikerinnen, Verwaltungsbeamtinnen oder andere Akteurinnen bestimmte Handlungen setzen – insbesondere auch dann, wenn sie von erwartbarem, „rationalem" Verhalten abweichen.

Neben den persönlichen Gründen, die für jede individuelle Akteurin unterschiedliche sein können, gibt es darüber hinaus eine geteilte, objektive Bedeutung. Einige der „Gründe" für eine Handlung sind den betroffenen Akteurinnen nämlich nicht bewusst, obwohl sie unbestreitbar ihr Handeln prägen. Wenn ich zum Beispiel mit meiner Bank einen Kredit ausverhandle, dann wird mein Handeln von den Konzepten, Regeln und Konventionen beeinflusst, die den Abschluss eines Bankkredits umgeben. Oder genauer gesagt, die es ermöglichen, dass Banken Kredite vergeben und Menschen Kredite aufnehmen. Diese Konventionen, die der Tätigkeit einer Kreditaufnahme implizit innewohnen, haben objektive Bedeutungen. Objektive Bedeutungen sind nicht nur in Individuen verortbar, sondern in der Gemeinschaft oder Kultur, in der wir leben. Sie sind die grundlegenden Annahmen und Konzeptualisierungen, die eine bestimmte Tätigkeit ermöglichen; daher der Begriff „konstitutiv", der oft mit objektiven Bedeutungen verbunden wird.

Um zum Beispiel eine Hypothek aufzunehmen, brauchen wir ein grundlegendes Verständnis davon, was Eigentum bedeutet, was ein Darlehen und

Zinsen sind oder was einen Vertrag ausmacht. Auch wenn ich meine Entscheidung, eine Hypothek aufzunehmen, vielleicht subjektiv beschreibe (etwa der Kauf eines Hauses ist in der Summe günstiger als die Miete, und auf diese Weise erwerbe ich Eigentum, von dem ich meinen Kindern einen Teil hinterlassen kann), so setzt doch schon der Begriff der Hypothek die oben beschriebenen Konzepte voraus. Der Wissenschaftsphilosoph Brian Fay nennt diese Voraussetzungen „Konzepte, mit denen wir denken" (im Gegensatz zu den subjektiven Konzepten, die wir beim Denken verwenden, oder über die wir nachdenken; siehe Fay 1996, 116). Diese konstitutiven – also grundlegenden – Konzepte sind implizit; sie liegen unter der Oberfläche unserer bewussten Aktivitäten. Sie sind eine Art stillschweigendes Hintergrundwissen, über das wir als kompetente Akteurinnen in unserer Gesellschaft verfügen.

Objektive Bedeutungen erklären nicht so sehr die Handlungen eines Individuums – also warum ich einen Kredit aufnehme oder nicht –, sondern vielmehr die Bedeutung, die ein Handlungsmuster im und für den größeren kulturellen Kontext hat. Handelnde Personen nehmen auf objektive Bedeutungen Bezug, in dem Sinn, dass diese Bedeutungen die begrifflichen Voraussetzungen darstellen, die eine bestimmte Aktivität möglich machen. Trotzdem sind die meisten Bedeutungen implizit, da sie nicht Teil der bewussten Intention, oder des Motivs, dieser Akteurinnen sind. Diese Beobachtung ist besonders wichtig für interpretative Analysen von Politik – denn die Erfassung objektiver Bedeutungen erfordert eine beträchtliche Menge interpretativer Arbeit seitens der Analytikerin selbst.

2.4 Was tun wir, wenn wir interpretative Analyse betreiben?

Obwohl es viele Varianten der IA gibt, haben sie eines gemeinsam: die hermeneutische Analyse. Diese hat ihren Ursprung vor Jahrhunderten in der Auslegung biblischer Texte (Exegese), die zum Teil sehr schwer verständlich waren. Um die unverständlichen biblischen Passagen zu klären, stellten die Exegeten sie in einen breiteren Kontext – andere biblische Bücher, verwandte Texte aus der gleichen Zeit, historische Studien. Dadurch hofften sie, Hinweise auf die Bedeutung der unverständlichen Stellen zu finden. Genau darum geht es auch bei der hermeneutischen Analyse: Die Analytikerin wird mit einer rätselhaften Situation konfrontiert. Um ihr einen Sinn zu geben, stellt sie sie in ihren weiteren sozialen, kulturellen oder historischen Rahmen.

Für meine eigene Doktorarbeit (vor mehreren Jahrzehnten) habe ich zum Beispiel versucht, eine auffällige, aber unbeabsichtigte Folge der so genannten Politik der Deinstitutionalisierung in den USA zu verstehen. Die Deinstitutionalisierung war ein Versuch seitens der Gesundheitspolitik, die psychiatrische Klinik von einer Einrichtung, in der Patientinnen sich für sehr lange Zeit aufhalten, zu einer Institution zu machen, in der Menschen nur kurzzeitig – während einer akuten Krise – verbleiben. Anstatt monate- oder manchmal jahrelang stationär behandelt zu werden, sollten die Patientinnen in ambulanten Einrichtungen in der Nähe ihres Wohnortes und ihres sozialen Umfeldes versorgt werden. Diese Strategie war teilweise erfolgreich – in dem Sinn, dass die meisten Patientinnen nur wenige Tage nach ihrer Einweisung in die Klinik wieder entlassen wurden.

Das Problem dabei war aber, dass die versprochenen psychiatrischen Zentren in den Gemeinden, die als Ersatz dienen sollten, nicht geschaffen wurden. Das bedeutete, dass Menschen nach ihrer Entlassung aus der Psychiatrie sich selbst oder ihren Familien überlassen wurden. Oft mussten sie daraufhin bald wieder zurück in eine psychiatrische Anstalt. Eine der unbeabsichtigten Folgen dieser Politik war damit eine enorme Zunahme der wiederholten Einweisungen von Patientinnen. Einige wurden so oft wieder aufgenommen, dass Expertinnen von einem Drehtür-Phänomen sprachen. (Ein weiterer Nebeneffekt der Deinstitutionalisierung war Obdachlosigkeit.) Wenn man die Patientinnen oder ihre Angehörigen fragte, warum sie immer wieder ins Krankenhaus zurückkehrten, erhielt man alle möglichen Antworten: „Ich hatte keine Bleibe", „Ich fühlte mich einsam", „Unser Sohn bedrohte uns mit einem Messer", „Ich hatte drei Tage lang ununterbrochen getrunken" etc. Aber die interpretative Analytikerin will über diese Selbstberichte hinausgehen. Sie benutzt diese Aussagen, um nach der „Intentionalität zu suchen, die in der Handlung selbst enthalten ist, nicht nach dem, was im Kopf des Akteurs vorgeht" (Fay 1996, 140; Übersetzung durch den Autor). Und dies setzt voraus, dass die Analytikerin die Handlung in den weiteren Kontext des sozialen Umfelds des Akteurs stellt (ebd.).

DIESER ANSATZ ZUM VERSTÄNDNIS geteilter („objektiver") Bedeutung stützt sich auf den wichtigen Begriff des hermeneutischen Kreises. Um einen Teilaspekt eines Phänomens zu verstehen (etwa einen Anstieg der Wiedereinweisungen in die Klinik), muss die Forscherin das Phänomen in seiner Gesamtheit erfassen.

Bei meinem Beispiel etwa geht es um das Leben von psychiatrisch gefährdeten Patientinnen mit wenig Geld in einem städtischen Umfeld, in dem gerade das psychiatrische Versorgungssystem umgestaltet wird. Um das Phänomen in seiner Gesamtheit zu verstehen, führte ich ein Jahr lang detaillierte empirische Untersuchungen über das psychiatrische Versorgungssystem in Chicago durch. Ich untersuchte dafür auch die Geschichte der psychiatrischen Versorgung und des Wohlfahrtssystems in den USA. Vor allem aber befragte ich zahlreiche Patientinnen, ihre Familien und Freundinnen sowie jene, die sie innerhalb und außerhalb des Krankenhausbetriebes versorgten. Dabei stellte ich fest, dass es für diese Patientinnen drei übliche Wege ins Krankenhaus gab: Selbsteinweisung, Einweisung durch Familienangehörige und Einweisung durch Dritte, etwa durch Reha-Kliniken oder die Polizei. Bei der Selbsteinweisung nutzten die Patientinnen ihr eigenes Erfahrungswissen über die Funktionsweise des Systems, um Zugang zum Krankenhaus zu erhalten – zum Beispiel wenn sie eine Pause von den Strapazen eines Lebens brauchten. Durch die Einordnung des Phänomens der Wiedereinweisungen psychiatrischer Patientinnen in den breiteren Kontext der städtischen Armut wurde das anfängliche Rätsel gelöst.

Vielleicht ist dies also der richtige Ort, um die am häufigsten zitierte Aussage IA anzubringen. Sie stammt wieder von Clifford Geertz: „Hopping back and forth between the whole conceived through the parts that actualize it and the parts conceived through the whole that motivates them, we seek to turn them, by a sort of intellectual perpetual motion, into explications of one another" (Geertz 1983, 69).

DIESES KONTINUIERLICHE HIN UND HER zwischen einzelnen Details und der Interpretation in ihrer Gesamtschau ist ein „hermeneutischer Kreis". Welche Methode der interpretativen Analyse wir auch immer wählen, der hermeneutische Kreis steht im Mittelpunkt.

„Aber was ist mit der Wahrheit?", fragen mich Studierende oft an diesem Punkt. „Ist es nicht der Zweck der wissenschaftlichen Forschung, die Wahrheit zu finden?" Darauf sage ich: „Die Wahrheit ist eines der großen Schreckgespenster der Philosophie." Philosophinnen scheinen sich einfach nicht darüber einig zu sein, was Wahrheit ist. Ganze Bibliotheken sind über diese Frage geschrieben worden – und dieses Kapitel ist nicht der richtige Ort, um auch nur ansatzweise die vielen Fragen im Zusammenhang mit dem Ideal und dem Begriff der Wahrheit zu diskutieren. Lassen Sie mich nur sagen, dass, wie wir oben gesehen haben, der Zweck der hermeneutischen Analyse darin besteht zu *plausiblen Erklärungen* zu gelangen. Plausibel bedeutet, dass sie genau und präzise sind (sie passen zu den empirischen Daten) und dass sie von fachkundigen Menschen als solche erkannt werden. Es reicht also nicht, wenn nur ich selbst sie plausibel finde. Das ist übrigens bei quantitativer Forschung nicht anders. Auch „harte" Zahlen müssen interpretiert und erklärt werden, und diese Erklärungen müssen Menschen, die sich mit dem Thema auskennen, plausibel sein. Alle Ergebnisse interpretativer Forschung sind vorläufig; die Welt bewegt sich weiter und damit unser Verständnis von ihr.

„Aber öffnet dies nicht dem Relativismus Tür und Tor?", ist ein weiterer Vorwurf, der oft gegen die IA erhoben wird. „Unterscheidet sich Ihre Version der Plausibilität nicht von meiner, und sind nicht beide gleich plausibel? Ohne objektive Kriterien, nach denen zwischen unseren beiden Erklärungen vermittelt werden kann, können wir nicht entscheiden, was plausibel ist – oder?" Dies ist eine weitere dieser scheinbar unlösbaren Fragen, von denen Philosophinnen leben. Ohne ins Detail zu gehen, lautet meine Antwort: Nicht unbedingt. Relativistische Positionen neigen dazu, Unterschiede zwischen Menschen überzubewerten. Wenn Sie und ich in Chicago über die Auswirkungen der Deinstitutionalisierung forschen, haben wir Zugang zu derselben Welt. Wir können nicht einfach *irgendetwas* über diese Welt sagen – weil diese uns eines Besseren belehren wird. Die Patientinnen oder das psychiatrische Personal, das wir befragen, die Vorschriften, die wir untersuchen, die Zahlen, die wir tabellieren – all das wird uns schnell in die Schranken weisen, wenn wir einfach nur etwas „Subjektives" über diese Welt sagen.

Dies zeigt wiederum, wie wichtig es ist, unsere interpretative Forschung auf sorgfältiger, gewissenhafter empirischer Analyse zu gründen. Ideen sind nicht dasselbe wie die materielle Welt. Und selbst wenn wir mit den Erklärungen anderer Menschen nicht einverstanden sind, brauchen wir einen gemeinsamen Hintergrund, um überhaupt eine Meinungsverschiedenheit haben zu können – denn wir müssen uns zumindest darüber im Klaren sein, worüber wir uns uneinig sind. Wir teilen mehr Überzeugungen, Wünsche, Haltungen, Werte und Denkprinzipien mit anderen Menschen, als uns bewusst ist. Ohne die Fähigkeit, dieses Wissen zu teilen, wären wir überhaupt nicht in der Lage, miteinander zu kommunizieren (Fay 1996, 76–91). Es wäre, als ob wir mit Außerirdischen sprechen würden.

2.5 Die drei Gesichter der Bedeutung

In der Einleitung zu diesem Kapitel habe ich gesagt, dass eines der Hindernisse für das Verständnis von IA darin besteht, dass es viele unterschiedliche Ansätze der IA gibt, die komplizierte Namen haben und deren Unterschiede nicht immer klar sind. Wie ich aus meiner eigenen Lehrerfahrung weiß, ist es für viele Studierende sehr schwierig, ihren Weg durch diesen Begriffsdschungel zu finden. Andere kommen hingegen mit einer festen Überzeugung in meine Lehrveranstaltung, eine ganz bestimmte Methode oder einen spezifischen Ansatz anwenden zu wollen und schneiden ihr Forschungsprojekt dann auf diese Modelle zu. Aber in der IA ist es, wie in der gesamten sozialwissenschaftlichen Forschung, klug, die Methode zu wählen, mit der Sie Ihre Frage beantworten können und nicht umkehrt.

Die häufige Verwirrung über interpretative Ansätze war einer der Gründe, warum ich mich entschlossen habe, mein Buch *Meaning in Action: Interpretation and Dialogue in Policy Analysis* zu schreiben (Wagenaar 2011).

ICH HABE DAFÜR DIE FÜLLE der Interpretationsmethoden um drei Arten von Bedeutung organisiert: die hermeneutische, die diskursive und die dialogische Bedeutung. Alle drei sind in den allgemeinen Prinzipien der Interpretation verwurzelt, die ich bisher skizziert habe. Sie repräsentieren unterschiedliche Zugänge und Präferenzen von Forscherinnen, die sich mit praktischen Fragen der Interpretation befassen.

Die drei Typen veranschaulichen aber auch beträchtliche methodologische Unterschiede und in einigen Fällen Unterschiede in den erkenntnistheoretischen und sogar ontologischen Prämissen der Interpretation.

Die *hermeneutische* Bedeutung konzentriert sich auf die Art und Weise, wie sich einzelne Akteurinnen in einem Umfeld gemeinsamer Routinen und eines geteilten Erlebens und Verstehens von Wirklichkeit bewegen, und darauf, wie sie Handlungen und Phänomene im Lichte dieser Routinen und Verständnisse interpretieren. Die Aufgabe der hermeneutischen Forscherin besteht darin, die Handlungen der einzelnen handelnden Personen vor diesem Hintergrund verständlich zu machen. Der wichtigste Ansatz, der sich auf die Rekonstruktion der hermeneutischen Bedeutung stützt, ist die traditionelle qualitative Sozialforschung. Indem ich, wie in meiner oben geschilderten Studie zur Deinstitutionalisierung, Personen befragte oder beobachtete und die Interviews einer induktiven, fundierten Analyse basierend auf den Prinzipien der Constructivist Grounded Theory (Charmaz 2014; siehe auch Kapitel 9 und 10) unterzog, konnte ich erklären, wie es zu den häufigen Wiedereinweisungen von Patientinnen in Chicago kam. Die narrative Analyse (die Analyse der Geschichten, mit denen Menschen die Realität strukturieren) basiert ebenfalls auf hermeneutischer Bedeutung.

Die *diskursive* Bedeutung konzentriert sich auf die großen sprachlich-praktischen Rahmen, die, meist unbemerkt von einzelnen Akteurinnen, die Kategorien und Objekte unserer Alltagswelt ausmachen. Um bei meinem Beispiel zu bleiben: Die Versorgung in psychiatrischen Kliniken erfolgt durch Berufsgruppen wie Psychiaterinnen und Psychologinnen, die zur Diagnose psychiatrischer Probleme das *Diagnostische und statistische Handbuch für psychische Störungen* verwenden. Dieser Komplex von Institutionen, Berufen, Sprache und Instrumenten bildet die Perspektive, durch die unsere Gesellschaft psychische Erkrankungen versteht und auf sie reagiert. Wenn ich von einem „Rahmenwerk" spreche, dann ist es dieser Komplex, den ich vor Augen habe. Solche Rahmen wirken sowohl als Raster von Möglichkeiten (indem sie bestimmte Praktiken und Überzeugungen möglich, natürlich und selbstverständlich machen) als auch als konzeptuelle Horizonte (indem sie andere Praktiken und Überzeugungen unverständlich, bizarr oder unrechtmäßig scheinen lassen). Die Aufgabe der Forscherin liegt in der Klärung der Frage, wie diese unbemerkten Raster historisch entstanden sind und wie sie Akteurinnen einschränken oder befähigen, oft auf schleichende Weise.

Der Fokus auf die diskursive Bedeutung ist ein sehr wichtiger Ansatz innerhalb der I A. Er umfasst die genealogische Analyse, für die der französische Philosoph Michel Foucault die Grundlage legte. In der Genealogie ist die zu erfassende Bedeutung gleichsam über ein breites Spektrum von Institutionen verteilt, die gemeinsam die Art und Weise, wie wir die Gesellschaft erfassen, gestalten und aufrechterhalten, formen. So entstand beispielsweise der Komplex psychiatrischer Krankenversorgung langsam ab etwa der Mitte des 19. Jahrhunderts. Davor wurden Menschen mit psychiatrischen Problemen als „Besessene" gesehen, die von bösen Geistern überwältigt oder einfach nur „verrückt" waren. Sie wurden unter entsetzlichen Bedingungen in Anstalten eingesperrt, wo sie oft für Zuschauerinnen wie Tiere in einen Zoo ausgestellt wurden. Die genealogische Analyse zeigt, dass das, was wir heute für selbstverständlich halten, in Wirklichkeit das Ergebnis einer Vielzahl von Entscheidungen und sozialen Innovationen ist, die das Alte langsam verdrängt und durch eine neue Realität ersetzt haben. Die vom Werk Foucaults inspirierte Diskursanalyse ist ein weiterer populärer Interpretationsansatz, bei dem die diskursive Bedeutung im Mittelpunkt steht. In der Diskursanalyse zeichnet die Forscherin nach, wie unser Verständnis sozialer und politischer Phänomene durch die Sprache, in der es zum Ausdruck kommt, geprägt wird (siehe auch Kapitel 12).

Die *dialogische* Bedeutung schließlich konzentriert sich auf die grundlegende soziale und praktische Natur von Bedeutung. Wie wir gesehen haben, geht der Interpretativismus davon aus, dass Akteurinnen Absichten haben, diese jedoch nicht nur in ihren Köpfen sind und es oft eine Forscherin braucht, um sie zu artikulieren (wie das in der Studie von Dvora Yanow der Fall war). Bedeutung entsteht durch Individuen (Philosophinnen sprechen von „Autorinnenabsichten") und kann von anderen „gelesen" werden. Im dialogischen Sinn ist das anders. Da liegt der Schwerpunkt der Analytikerin auf der Frage, wie Bedeutung in der Interaktion zwischen den Akteurinnen und zwischen den Akteurinnen und der Welt in Alltagssituationen konstruiert wird. Die Analyse der Bedeutung wird von den interpretativen Forscherinnen gemeinsam mit den Akteurinnen durchgeführt. „Gemeinsam" ist manchmal wörtlich zu nehmen wie in der partizipativen Aktionsforschung: Sie verbindet Forschung und demokratische soziale Transformation. Hier arbeiten betroffene Menschen mit professionellen Forscherinnen zusammen, um verwertbares Wissen zu produzieren und sozialen Wandel zu bewirken (Greenwood & Levin 1998).

Schließlich ist ein wichtiger Ansatz, der sich auf dialogische Bedeutung stützt, die Praxistheorie. Eine Praxis ist eine Konfiguration von Kompetenzen (Fachwissen, Fertigkeiten, Know-how), Materialien (Artefakte, Technologien) und Bedeutungen (symbolische Elemente, Ideen, Bestrebungen) (Shove et al. 2012, 29). Eine Praxis, auch wenn sie von Einzelpersonen geübt wird, ist nichts Individuelles, sondern ist vielmehr etwas Soziales. Wenn ich zum Beispiel unterrichte, bin ich es, der die Vorlesung hält und die Prüfungen benotet. Aber ich muss nicht erst neu erfinden, wie ich unterrichte; dafür gibt es etablierte Modelle und Formate, an denen ich mich anlehnen kann – auch wenn ich es nicht formal gelernt habe. Unterrichten ist eine Praxis. Sie besteht aus meinen Fähigkeiten und Erfahrungen im Unterrichten großer Klassen, im Entwickeln einer Prüfung, in der fairen Benotung etc. Wenn ich an der Universität ankomme, betrete ich einen Hörsaal mit Sitzreihen, einem Beamer, einem Computer und einer Tafel. Sie, die Studierenden, betreten den Hörsaal in der Erwartung, dass ich mein Bestes tun werde, um Ihnen Wissen zu vermitteln, Ihre Fragen zu beantworten, und dass von Ihnen erwartet wird, dass Sie irgendwann bewertet werden, wie gut Sie sich dieses Wissen zu eigen gemacht haben. All dies zusammengenommen bildet die Praxis des Lehrens.

Die Bedeutung der Praxistheorie liegt darin, dass sie sich der Welt als ein Bündel verschachtelter Praktiken nähert. Durch eine Praxis interagieren wir mit einer unberechenbaren und unbestimmten Welt. Unser Wissen über diese Welt ist selbst „praktisch", das heißt, es entsteht aus unseren Interaktionen mit einer widerspenstigen Welt – eine Tatsache, die in einem universitären Umfeld, in dem es meist um abstraktes Wissen geht, oft vergessen wird (Cook & Wagenaar 2012).

Zusammenfassend lässt sich sagen: Die IA ist ein sehr fruchtbarer Ansatz in der politikwissenschaftlichen Forschung. Im Gegensatz zu dem, wie sie in Methodenlehrbüchern oft beschrieben wird – nämlich bestenfalls als eine frühe, explorative, vorwissenschaftliche Phase „echter" Wissenschaft –, handelt es sich um einen hochwertigen Modus der Wissensgenerierung mit einer eigenen Ontologie und Epistemologie. Der Zweck der IA besteht darin, die Bedeutung von sozialen und politischen Handlungen und Phänomenen zu rekonstruieren. Bedeutung ist dabei kein homogenes Phänomen, sondern umfasst hermeneutische, diskursive und dialogische Bedeutung. Jede dieser Bedeutungsarten hat ihre eigenen Ansätze für die interpretative Forschung hervorgebracht. Der Zweck der IA besteht darin, die Bedingungen für gegenseitiges Verständnis zu schaffen. Man kann sagen, dass die IA damit die Kommunikation zu verbessern sucht. Die IA hat also eine inhärente ethische Haltung, die am besten als Wissensschaffung im Dienst einer egalitären, inklusiven und offenen demokratischen Gesellschaft beschrieben werden kann.

Lernfragen

- Inwiefern ist Bedeutung objektiv?
- Was ist der Unterschied zwischen kausaler und interpretativer Erklärung?
- Was bedeutet Interpretativismus?
- Was ist der hermeneutische Kreis?
- Erklären Sie den Unterschied zwischen hermeneutischer, diskursiver und dialogischer Bedeutung.

Literatur

Bevir, Mark & Rhodes, Rod A. W. (2004). *Interpreting British Governance.* London: Routledge.

Charmaz, Kathy (2014). *Constructing Grounded Theory.* London: Sage.

Cook, S. D. Noam & Wagenaar, Hendrik (2012). *Navigating the Eternally Unfolding Present; Toward an Epistemology of Practice.* In: *American Review of Public Administration,* (42)1, 3–38.

Coulter, Jeff (1979). *The Social Construction of Mind. Studies in Ethnomethodology and Linguistic Philosophy.* London: Macmillan.

Fay, Brian (1996). *Contemporary Philosophy of Social Science.* Malden: Blackwell.

Figlio, David; Karbownik, Krzysztof; Roth, Jeffrey & Wasserman, Melanie (2019). *Family disadvantage and the gender gap in behavioral and educational outcomes.* In: *American Economic Journal: Applied Economics*, 11(3), 338–381.

Geertz, Clifford (1973). *The Interpretation of Cultures.* New York: Basic Books.

Geertz, Clifford (1983). *Local Knowledge: Further Essays in Interpretive Anthropology.* New York: Basic Books.

Greenwood, Davydd & Levin, Morten (1998). *Introduction to Action Research. Social Research for Social Change.* Thousand Oaks: Sage.

Shove, Elizabeth; Pantzar, Mika & Watson, Matt (2012). *The Dynamics of Social Practice. Everyday Life and How It Changes.* London: Sage.

Wagenaar, Hendrik (2011). *Meaning in Action: Interpretation and Dialogue in Policy Analysis.* Armonk: M. E. Sharp.

Yanow, Dvora (1996). *How Does a Policy mean? Interpreting Policy and Organizational Action.* Washington D. C.: Georgetown University Press.

Weiterführende Literatur

Münch, Sybille (2015). *Interpretative Policy-Analyse. Eine Einführung.* Wiesbaden: Springer VS.

Yanow, Dvora (2000). *Conducting interpretive policy analysis.* Thousand Oaks: Sage.

Yanow, Dvora & Schwartz-Shea, Peregrine (2015). *Interpretation and method: Empirical research methods and the interpretive turn.* London: Routledge.

3 Forschungsethik in der Politikwissenschaft

Wanda Spahl & Mirjam Pot

Mit diesem Kapitel möchten wir Politikwissenschafterinnen für das Thema Forschungsethik sensibilisieren und ihnen zeigen, welche forschungsethischen Aspekte bei der Umsetzung eigener empirischer Forschungsprojekte zu berücksichtigen sind. Die erste wichtige Botschaft dabei lautet, dass Forschungsethik ein Prozess und in allen Phasen wissenschaftlichen Arbeitens relevant ist. Verschiedene Phasen eines Forschungsprojekts bringen unterschiedliche ethische Fragestellungen mit sich, von denen manche auch unerwartet auftreten können. Die zweite wichtige Botschaft lautet, dass Forschungsethik kein Kochrezept ist, das man unabhängig vom jeweiligen Projekt auf standardisierte Weise umsetzen kann. Stattdessen bringen konkrete Projekte immer spezifische forschungsethische Herausforderungen mit sich, die fallbezogen reflektiert und beantwortet werden müssen.

Forschungsethik hat ihren Ursprung in der Medizin. Ihre Institutionalisierung in diesem Bereich war eine Reaktion auf die menschenverachtenden medizinischen Experimente, die während der Zeit des Nationalsozialismus durchgeführt wurden. Die beiden wichtigsten Prinzipien in der medizinischen Forschungsethik lauten:

1. Die Teilnahme an der Forschung muss immer freiwillig sein und darf die Teilnehmerinnen nicht schädigen.
2. Der Nutzen aus der Forschung – wenn nicht für die Teilnehmerinnen selbst, so für weitere Teile der Gesellschaft – sollte möglichst hoch sein; dabei sollte auch sichergestellt werden, dass Lasten und Nutzen der Forschung möglichst gleich auf die betroffenen Personen verteilt sind.

Aus der klinischen Forschung hat die Forschungsethik im Laufe der Zeit ihren Weg in die Sozialwissenschaften gefunden. Hier werden unter dem Begriff der Forschungsethik „all jene ethischen Prinzipien und Regeln zusammengefasst, in denen mehr oder minder verbindlich und mehr oder minder konsensuell bestimmt wird, in welcher Weise die Beziehungen zwischen den Forschenden auf der einen Seite und den in sozialwissenschaftliche Untersuchungen einbezogenen Personen auf der anderen Seite zu gestalten sind" (Hopf 2016, 195). In den Sozialwissenschaften wächst einerseits das Bewusstsein für forschungsethische Fragestellungen. Andererseits wird auch immer deutlicher, dass es nicht ausreicht, einfach jene Prinzipien, die sich in der Medizin bewährt haben, auf die sozialwissenschaftliche Forschung zu übertragen. Es bedarf also eigener ethischer Richtlinien, die den Spezifika sozialwissenschaftlicher Forschung gerecht werden.

Des Weiteren ist Forschungsethik immer in einen historischen und gesellschaftlichen Kontext eingebettet. Das heißt, auch in dieser Hinsicht unterliegt sie Anpassungen und Veränderungen. Was in der Forschung als ethisch korrekt gilt, spiegelt soziale Normen und Werte wider und wird laufend ausverhandelt. Bei vielen forschungsethischen Prinzipien gibt es Überschneidungen mit den Regeln guter wissenschaftlicher Praxis. Doch nicht immer ist, was wissenschaftlich sinnvoll wäre, ethisch vertretbar. Manchmal entspricht das, was aus einer methodologisch-wissenschaftlichen Perspektive ideal wäre, nicht den ethischen Normen und umgekehrt. Beispielsweise dann, wenn verdeckte Beobachtung die besten Daten bringen würde, eine solche Täuschung der Forschungsteilnehmerinnen jedoch nicht vertretbar wäre. Die Berücksichtigung forschungsethischer Fragen besteht daher oftmals aus einem Reflektieren über mögliche problematische Situationen und dem Abwägen verschiedener Vorgehensweisen, denn auf forschungsethische Fragen gibt es meist nicht eine einzige allgemeingültige richtige Antwort.

Im Folgenden besprechen wir – entlang der verschiedenen Phasen von Forschungsprojekten – einige zentrale Aspekte sozialwissenschaftlicher Forschungsethik, die bei der Umsetzung eigener empirischer Projekte zu berücksichtigen sind und zur Auseinandersetzung mit der Thematik im Allgemeinen anregen sollen. Am Ende des Kapitels gehen wir kurz darauf ein, welche Rolle Forschungsethik in den Sozialwissenschaften spielt und was eine spezifisch sozialwissenschaftliche Forschungsethik auszeichnet.

3.1 Forschungsprojekte entwerfen

Die Beschäftigung mit Forschungsethik beginnt mit der Auswahl eines Themengebiets und der Formulierung einer Forschungsfrage. Manchmal wirft bereits der spezifische Blick auf ein Thema, die Formulierung der Forschungsfrage, oder sogar das Thema selbst ethische Fragen auf – wenn darin etwa rassistische, sexistische oder andere Vorurteile zum Tragen kommen oder Menschen auf andere Weise abgewertet werden. Ein Beispiel in diesem Zusammenhang wäre die Frage: „Warum sind manche Menschen so naiv und gehen Verschwörungstheorien auf den Leim?" Diese Frage ist aus ethischer (auch aus wissenschaftlicher) Sicht zu verwerfen, weil sie offensichtlich wertend und abwertend ist. Das Ziel qualitativer Forschung ist es, das Handeln und Denken sozialer Gruppen aus deren eigener Perspektive zu verstehen und diese vor dem Hintergrund politischer und gesellschaftlicher Entwicklungen zu interpretieren. Wenn es um das Thema Verschwörungstheorien geht, wäre eine aus ethischer Sicht angemessene Fragestellung etwa: „Warum glauben Menschen an Verschwörungstheorien?" Diese Fragestellung ist zu bevorzugen, weil sie weder eine Wertung noch eine implizite Annahme enthält (aus wissenschaftlicher Sicht müsste diese Forschungsfrage jedoch noch weiter eingegrenzt werden; siehe dazu Kapitel 4).

Aus der Tatsache, dass empirische Forschung oftmals auf die Kooperation und die Unterstützung von Forschungsteilnehmerinnen angewiesen ist, ergibt sich zudem eine Verantwortung diesen gegenüber: Wenn Menschen bereit sind, ihre Zeit zur Verfügung zu stellen, aus ihrem Leben zu erzählen oder Wissenschafterinnen an diesem teilhaben zu lassen, dann sollte die Forschung auch einem relevanten Zweck dienen; selbst wenn sie den konkreten Personen, die an der Forschung teilnehmen, nicht unmittelbar nützt.

Ein weiterer ethischer Aspekt, der bei der Planung eines Projekts zu beachten ist, steht im Zusammenhang damit, dass auch sozialwissenschaftliche Forschung zunehmend auf außeruniversitäre Finanzierung angewiesen ist. Neben den traditionellen Fördergeberinnen wie Wissenschaftsfonds, der Europäischen Union, Bundesministerien und anderen Institutionen fördern viele große Unternehmen sowie politische und religiöse Organisationen wissenschaftliche Forschung. Beim Ansuchen um finanzielle Unterstützung muss sich für Wissenschafterinnen die Frage stellen, von welchen Fördergeberinnen und unter welchen Auflagen es vertretbar ist, Geld anzunehmen.

Bei Auftragsforschung – also bei Forschungsprojekten mit spezifischen Fragestellungen, die von Behörden oder Institutionen in Auftrag gegeben wurden – stellt sich diese Frage mit besonderer Dringlichkeit. Hier geht es zum einen um die Frage, ob eine finanzielle Förderung mit den eigenen Werten und der Integrität als Wissenschafterin vereinbar ist. Wenn die Auftraggeberin inhaltliche Vorgaben macht, die über die Festsetzung der Fragestellung hinausgehen, ist Auftragsforschung ethisch problematisch. Es geht aber auch darum, dass Wissenschafterinnen sich ihrer Verantwortung gegenüber den Forschungsteilnehmerinnen bewusst werden und überlegen, was die Interessen der Fördergeberinnen sind und ob diese mit den Interessen der Teilnehmerinnen vereinbar sind. So kann es etwa das Bestreben einer Behörde sein, mehr über die Aktivitäten politisch radikaler Gruppen herauszufinden, es jedoch nicht im Sinne dieser Gruppen sein, wenn Behörden mehr über ihre Praktiken wissen.

Dabei ist immer auch zu beachten, dass ethische Erwägungen die Freiheit der Wissenschaft und Forschung nicht verletzen dürfen. Die Forschungsethik soll einerseits die Rechte und Würde aller an der Forschung beteiligten Personen schützen und gleichzeitig sicherstellen, dass die Wissenschaftsfreiheit nicht unzulässig eingeschränkt wird. In der Praxis kann diese Abwägung manchmal schwierig sein.

3.2 Teilnehmerinnen finden: informierte Einwilligung

Um ein empirisches sozialwissenschaftliches Forschungsprojekt durchzuführen, in dem neue Daten erhoben werden, ist man typischerweise auf die Mitwirkung von Studienteilnehmerinnen angewiesen. Das heißt, man muss Personen oder Gruppen auswählen, welche die für die Beantwortung der Forschungsfrage notwendigen Daten beitragen können, und diese motivieren teilzunehmen. Die zwei zentralen Prinzipien dabei sind, dass

1. potenzielle Teilnehmerinnen über die Inhalte, Ziele und Methoden der Forschung informiert werden und dass
2. ihre Teilnahme freiwillig erfolgt.

Diese beiden Prinzipien werden mit dem Begriff der „informierten Einwilligung" (*„informed consent“*) zusammengefasst.

DIE „INFORMIERTE EINWILLIGUNG“ ist ein grundlegendes Prinzip der Forschungsethik. Dieses Prinzip umfasst einerseits, dass Teilnehmerinnen vor Beginn der Forschung umfassend über das Forschungsprojekt informiert werden. Andererseits bedeutet es, dass die Zustimmung zur Teilnahme freiwillig (auch ohne unzulässige Anreize) erfolgt.

Wie man potenzielle Teilnehmerinnen über die Ziele und den Ablauf einer Studie informiert, hängt von der Art und Weise der Kontaktaufnahme und von den Bedürfnissen der jeweiligen Studienteilnehmerinnen ab. Beim Erstkontakt ist es üblich, gleichzeitig auf zwei Arten über die Forschung zu informieren. Erstens wird die Studie kurz mündlich oder schriftlich dargestellt, je nachdem ob der erste Kontakt persönlich, telefonisch, über E-Mail oder zum Beispiel über soziale Medien erfolgt. Zweitens wird gleichzeitig ein ausführlicheres Informationsblatt zur Studie ausgehändigt und/oder auf weitere Informationen verwiesen, etwa auf einer Website. Die Erstellung eines Informationsblattes ist Standard in der qualitativen Forschung. Dabei werden die Inhalte, Ziele und Methoden der Studie knapp und verständlich dargestellt (Vorlagen für Informationsblätter werden oft von universitätseigenen Ethikkommissionen zur Verfügung gestellt). Darüber hinaus gibt das Informationsblatt Auskunft darüber, wer die Studie durchführt, und enthält auch die Kontaktdaten der Forscherin. Denn von Beginn bis zum Ende eines Projektes müssen Forscherinnen für eventuelle Fragen der Teilnehmerinnen erreichbar sein.

Das Wichtigste beim Informieren über die Studie – unabhängig von Medium und Zeitpunkt – ist, dass die Informationen für die potenziellen Teilnehmerinnen leicht zugänglich, verständlich und nachvollziehbar sind. Das heißt, dass die Art, wie Informationen aufbereitet und zur Verfügung gestellt werden, an das Zielpublikum angepasst werden müssen. Dabei gilt es beispielsweise zu überlegen, wie alt die Teilnehmerinnen typischerweise sind, ob sie Fachvokabular verstehen oder welcher Sprachen sie mächtig sind. Auch kann dies bedeuten zu überlegen, ob alle Teilnehmerinnen überhaupt lesen können oder ob sie Zugang zum Internet haben, wenn man Informationen zur Studie online zur Verfügung stellt. Eine der Autorinnen dieses Kapitels (Wanda Spahl) beschäftigt sich in ihrer Forschung mit Menschen, die nach Österreich geflüchtet sind. Unter ihren Forschungsteilnehmerinnen sind Personen, die erst in Österreich Lesen und Schreiben gelernt haben. Bei einem Gespräch mit einem jungen Mann aus Westafrika hat sie erklärt, dass sie an der Universität arbeitet und für ihre Dissertation forscht. Eine Sozialarbeiterin, die auch bei dem Gespräch anwesend war, hat dann geholfen, diese Erklärung für den jungen Mann anzupassen. Sie hat erklärt, dass Wanda Spahl ein Buch schreibt, denn unter den Begriffen „Universität" und „Dissertation" konnte er sich nicht viel vorstellten. Um die Rechte der Teilnehmerinnen zu schützen und diesen adäquat nachkommen zu können, ist es folglich wichtig, aufmerksam zu sein und personen- und situationsspezifisch auf Bedürfnisse einzugehen.

Auch wenn sie die wichtigsten Informationen schon vorab (das heißt einige Tage oder sogar Wochen vor der Teilnahme, je nach Kontext und Zielgruppe) erhalten haben, sollten Teilnehmerinnen, unmittelbar bevor die

Datenerhebung (zum Beispiel ein Interview oder eine Fokusgruppe) beginnt, nochmals über die Eckpunkte der Studie informiert werden. Für gewöhnlich wird zu diesem Zeitpunkt auch nochmals das Informationsblatt überreicht. Danach haben Teilnehmerinnen die Möglichkeit, Fragen zu stellen. Nachdem diese beantwortet wurden, bedarf es einer expliziten Einwilligung zur Teilnahme. Diese explizite Einwilligung der Teilnehmerinnen wird mittels eines eigenen Formulars eingeholt (Vorlagen für Einverständniserklärungen werden ebenfalls oft von universitätseigenen Ethikkommissionen zur Verfügung gestellt). In der Einwilligungserklärung wird festgehalten,

1. um welche Studie es sich handelt und woraus die Teilnahme an der Studie besteht (zum Beispiel aus einem einmaligen Interview),
2. wofür die Forschungsdaten verwendet werden,
3. wie beziehungsweise wie lange sie aufbewahrt werden und
4. welche Rechte die Teilnehmerinnen haben.

Es ist besonders wichtig zu erklären, ob die Daten identifiziert, anonymisiert oder gar anonym erhoben und weiterverarbeitet werden. Wenn neben den Forschungsdaten auch Name oder Kontaktdaten der Teilnehmerin aufgenommen werden, dann sind die Daten nicht anonym erhoben worden (ob es sich um identifizierte, pseudonymisierte oder anonymisierte Verarbeitung handelt hängt von Aspekten ab, die wir weiter unten besprechen). Die Forscherin und die Teilnehmerin unterschreiben zwei Exemplare der Einwilligungserklärung und behalten jeweils ein Exemplar. Wenn Fokusgruppen oder Interviews telefonisch oder online durchgeführt werden, kann die explizite Einwilligung auch mündlich erfolgen (die Vorabinformation sollte trotzdem nach Möglichkeit schriftlich erfolgen). Für die Einwilligungserklärung gilt ebenfalls, dass diese für die Teilnehmerinnen gut verständlich sein muss. Das bedeutet, dass diese in einfacher Sprache zu verfassen ist und gegebenenfalls übersetzt werden muss. Darüber hinaus wird die Einwilligungserklärung nicht einfach nur zur Unterschrift vorgelegt, sondern die Forscherin spricht jeden Punkt kurz mit den Teilnehmerinnen durch und beantwortet etwaige Fragen.

Das Prinzip der informierten Einwilligung – also das Bereitstellen von Informationen zur Studie und das Einholen einer expliziten Einwilligung zur Teilnahme – haben die Sozialwissenschaften aus der medizinischen Forschungsethik übernommen. Mittlerweile gilt die informierte Einwilligung auch in den Sozialwissenschaften als ethischer Standard. Dennoch sind nicht alle sozialwissenschaftlichen Methoden mit dem Prinzip der informierten Einwilligung vereinbar. Dies betrifft zum Beispiel „verdeckte Beobachtungen“, also Beobachtungen, bei denen Menschen nicht wissen, dass sie für wissenschaftliche Zwecke beobachtet werden.

Ob verdeckte Beobachtungen zulässig sind, ist eine umstrittene Frage. Manche Forscherinnen lehnen verdeckte Beobachtung als wissenschaftliche Methode prinzipiell ab. Andere Wissenschafterinnen meinen, dass es in Ordnung ist verdeckt zu beobachten, wenn die Forschung sehr große gesellschaftliche Relevanz hat und die Teilnehmerinnen nicht zu sehr in ihrer persönlichen Freiheit beschränkt und nicht geschädigt werden. Zudem spielt es eine Rolle, wo die Beobachtung stattfindet: Wenn dies im öffentlichen Raum geschieht, ist es weniger problematisch, die beobachteten Personen nicht über die Studie aufzuklären, als wenn dies in einem kleineren, halböffentlichen oder gar privaten Rahmen stattfindet; in Letzterem wird verdeckte Forschung fast immer als Täuschung gewertet und damit als ethisch unakzeptabel betrachtet. (Verschiedene Formen der Beobachtung sowie ihre ethischen Implikationen werden in Kapitel 6 besprochen.)

3.3 Teilnehmerinnen finden: Vulnerabilität berücksichtigen

DAS PRINZIP DER INFORMIERTEN EINWILLIGUNG stellt einerseits einen wichtigen ethischen Standard in der sozialwissenschaftlichen Forschung dar. Andererseits braucht es mehr als nur die Unterschriften der Teilnehmerinnen, um sicherzustellen, dass ihre Teilnahme freiwillig ist, da es verschiedene subtile Arten von Druck gibt, an einer Studie teilzunehmen.

Es liegt im Verantwortungsbereich der jeweiligen Forscherin, solche Situationen für potenzielle Forschungsteilnehmerinnen so weit wie möglich zu vermeiden. Eine Form von Druck ist es zum Beispiel, wenn Studentinnen an Forschungsprojekten ihrer Professorinnen teilnehmen müssen, um Lehrveranstaltungen abschließen zu können. Grundsätzlich kann unzulässiger Druck oder sogar Zwang überall dort entstehen, wo Menschen sich in Abhängigkeitsverhältnissen befinden. Angenommen, eine Forscherin möchte eine Studie über die Auswirkungen von Automatisierung auf den Arbeitsalltag von Fabrikarbeiterinnen durchführen und wendet sich dazu an das Management der Fabrik. Das Management unterstützt dieses Vorhaben und fordert die Arbeiterinnen auf, „nach Möglichkeit" daran teilzunehmen. Auch wenn die Forscherin jede einzelne Arbeiterin fragt, ob sie an der Studie teilnehmen möchte, kann in diesem Fall nicht sichergestellt werden, dass deren Teilnahme vollkommen freiwillig ist. Denn dadurch, dass die Studie vom Management mitgetragen wird, könnten sich die Arbeiterinnen eventuell verpflichtet fühlen, daran teilzunehmen, oder negative Konsequenzen fürchten, wenn sie dies nicht tun.

Hier wird zwar niemand direkt gezwungen an der Studie mitzumachen, doch beim Finden von Teilnehmerinnen haben Forscherinnen die Verantwortung, Situationen zu schaffen, in denen eine weitestgehend freie Entscheidung zur Teilnahme gewährleistet werden kann. Das Beispiel mit den Fabrikarbeiterinnen zeigt, dass dabei auch die Wahl der Personen, die Kontakt zu möglichen Teilnehmerinnen herstellen („Gatekeeper"), eine wichtige Rolle spielt. In diesem Fall wäre zu überlegen, ob die Kontaktaufnahme zu den Arbeiterinnen über das Management notwendig ist, oder ob es weniger problematische Alternativen dazu gibt, etwa die Arbeiterinnen direkt selbst vor der Fabrik anzusprechen oder den Kontakt eventuell über die Gewerkschaft herzustellen.

Die Herstellung einer Situation, in der freie Entscheidungen hinsichtlich der Teilnahme möglich sind, ist eng verbunden mit einer Reflexion darüber, inwiefern potenzielle Teilnehmerinnen sich in einer vulnerablen Position befinden oder generell Teil einer vulnerablen Gruppe sind. Vulnerabel sind jene Menschen, die sich der Implikationen der Teilnahme oder ihrer eigenen Rechte in Hinblick darauf nicht bewusst sind oder denen die Ressourcen fehlen, diese Rechte geltend zu machen. Dies betrifft zum Beispiel Kinder oder Menschen ohne legalen Aufenthaltstitel. Vulnerabilität ist oftmals etwas Situatives, das heißt abhängig vom Forschungsthema und damit von einem konkreten Lebensaspekt der Teilnehmerinnen.

3.4 Risiken für Teilnehmerinnen abwägen

Sowohl bei der Suche nach Teilnehmerinnen als auch während der Datenerhebung müssen Forscherinnen überlegen, welche Risiken eine Teilnahme mit sich bringen kann. Insbesondere gilt es abzuwägen, inwieweit die Relevanz eines Forschungsprojekts mögliche Schäden für die Teilnehmerinnen rechtfertigt. Wanda Spahl hat beispielsweise einen politisch verfolgten Mann interviewt, der in Österreich Asyl bekommen hat. Für diesen war es ein reales Risiko, von der regimetreuen Community seines Ursprungslandes identifiziert und Repressionen ausgesetzt zu werden. Wenn das Projekt sehr wichtige neue Erkenntnisse über politisches Asyl liefern würde und eventuell auch zum zukünftig besseren Schutz von politisch Geflüchteten beitragen könnte, kann es gegebenenfalls gerechtfertigt sein, das Risiko für die Teilnehmerinnen einzugehen – selbstverständlich immer unter der Voraussetzung ihrer Zustimmung. Es wäre aber nicht gerechtfertigt, diese Forschung als studentisches Übungsprojekt in einem Methodenseminar durchzuführen. Forschungsprojekte sind ethisch bedenklich, wenn der Nutzen einer Forschung die Kosten – diese können zum Beispiel gesundheitlicher, finanzieller, zeitlicher oder emotionaler Natur sein – für die Teilnehmerinnen nicht rechtfertigt.

Auch während der Datenerhebung und wenn Teilnehmerinnen ihre informierte Einwilligung gegeben haben, liegt es in der Verantwortung der Forscherin, auf deren Wohlergehen zu achten. Das bedeutet etwa bei der Durchführung eines Interviews, im Großen und Ganzen beim vereinbarten Thema zu bleiben. Wenn unerwartet Themen auftauchen, die sensibel, aber thematisch relevant sind, kann man die Teilnehmerin fragen, ob es für sie in Ordnung ist, darüber etwas mehr zu erzählen. Generell sollten Aufforderungen zum Erzählen einladend anstatt fordernd formuliert werden. Das heißt, beispielsweise zu fragen: „Könnten Sie mir etwas mehr über XY erzählen?", anstatt zu verlangen: „Erzählen Sie mir mehr über XY." Den Teilnehmerinnen sollte immer klar sein, dass sie auf Fragen nicht antworten müssen, wenn sie dies nicht wollen. Hieran hat die Forscherin die Teilnehmerin gegebenenfalls zu erinnern.

Auch wenn Teilnehmerinnen offen über traumatische Erlebnisse berichten oder sensible Themen diskutiert werden, kann es vorkommen, dass dies emotionalen Stress auslöst. In solchen Fällen haben Forscherinnen mit den Teilnehmerinnen abzuklären, ob diese das Interview fortsetzen oder abbrechen möchten. Bei einem Abbruch kann das Gespräch eventuell zu einem anderen Zeitpunkt weitergeführt werden. Teilnehmerinnen sollte jedoch immer klar sein, dass sie ihre Teilnahme an der Forschung generell und zu jedem Zeitpunkt beenden können. Für Forscherinnen ist es wichtig, dies vor Beginn der Datenerhebung explizit zu machen. Doch auch im Gespräch gilt es, durch einen respektvollen und empathischen Umgang eine Stimmung zu schaffen, in der dies implizit immer klar ist.

Generell – und insbesondere bei emotional herausfordernden Interviews oder Fokusgruppendiskussionen – kann es sinnvoll sein, nach dem Teil, in dem es um das Forschungsthema ging, auf eine andere Gesprächsebene zu wechseln und gemeinsam mit den Teilnehmerinnen über das Interview zu reflektieren. Dieser Teil kann beispielsweise mit Fragen wie „Wie geht es Ihnen jetzt nach unserem Gespräch?" eingeleitet werden. Wenn es für Teilnehmerinnen emotional besonders stressig war, kann man am nächsten Tag nochmals Kontakt mit ihnen aufnehmen und eventuell Informationen zu Organisationen weiterleiten, die psychologische Betreuung anbieten. Im Fall, dass Teilnehmerinnen von Straftaten oder möglichen zukünftigen Gefahren für sich oder andere berichten, sollte man auf jeden Fall mit der Betreuerin oder einer erfahrenen Forscherin beratschlagen, wie hier am besten und in Übereinstimmung mit der Rechtsordnung vorzugehen ist.

3.5 Daten und Teilnehmerinnen schützen

Empirische Forschung besteht im Wesentlichen aus der Generierung von Daten mit und über die Teilnehmerinnen. Dabei gilt es zwei Typen von Daten zu unterscheiden:

1. personenbezogene Daten der Studienteilnehmerinnen und
2. Forschungsdaten.

Personenbezogene Daten sind Informationen, die sich auf eine bestimmte oder bestimmbare Person beziehen. Dazu gehören Namen, Adressen, Geburtsdaten, aber auch IP-Adressen und andere Informationen, mithilfe derer eine konkrete Person identifiziert werden könnte. Diese Daten gilt es besonders zu schützen. In einem ersten Schritt braucht man, wie oben erwähnt, zur Erhebung dieser Daten die Zustimmung der betreffenden Person. Dies wird normalerweise im Zuge der Vorabinformation über die Studie getan und mithilfe des Einwilligungsformulars dokumentiert. Zweitens dürfen diese Daten nur zu den Zwecken verwendet werden, denen die Studienteilnehmerin zugestimmt hat. Dies bedeutet auch, dass persönliche Daten nicht über diese genau benannten Zwecke hinaus an Dritte weitergegeben werden dürfen.

Ein zentrales Ziel von Datenschutz in der Forschung ist es zu verhindern, dass die Teilnehmerinnen identifiziert werden können (es sei denn, sie wünschen dies ausdrücklich – dann sollte dies aber schriftlich vereinbart werden). In einem zweiten Schritt bedeutet dies personenbezogene Daten sicher zu speichern. Relativ sicher sind diese Daten dann, wenn sie in einer passwortgeschützten Datei gespeichert werden, auf die nur die Forscherin Zugriff hat, und diese Datei auf einem gut geschützten PC abgelegt wird. Auch sollte die Datei mit den Kontaktdaten der Forschungsteilnehmerinnen (sollten diese erhoben worden sein beziehungsweise noch benötigt werden) getrennt von den erhobenen Forschungsdaten gespeichert werden, das heißt zum Beispiel in einem anderen Ordner als aufgezeichnete oder transkribierte Interviews.

Für den Schutz und den Umgang mit Forschungsdaten ist die Unterscheidung zwischen anonymen, anonymisierten und pseudonymisierten Daten relevant. Wenn die Forscherin zu keinem Zeitpunkt personenbezogene Daten erhebt, handelt es sich bei den Forschungsdaten um *anonyme* Daten. Das ist etwa der Fall, wenn man beobachtet, wie Menschen während der Covid-19-Pandemie an stark frequentierten öffentlichen Orten miteinander interagieren und Notizen darüber anfertigt – und aus den Notizen nichts hervorgeht, was Aufschluss auf eine bestimmte Person geben könnte. Oder aber auch, wenn man Interviews mit Menschen führt, von denen man weder Name oder Kontaktdaten kennt und keine Ton- oder Bilddokumente angefertigt hat. Die Erhebung von anonymen Daten ist in der qualitativen Forschung selten, auch weil qualitative Forschung oftmals nicht auf einer einmaligen Interaktion zwischen Forscherin und Teilnehmerin basiert, sondern auf einer Forschungsbeziehung. Wiederholte Beobachtungen im gleichen Umfeld oder mehrere Interviews sowie das Teilen der Forschungsergebnisse mit den Teilnehmerinnen sind in der qualitativen Forschung üblich. Oftmals ist die qualitative Forschung aber auch an den Erfahrungen und Einschätzungen ganz konkreter Personen interessiert, wie dies beispielsweise bei Interviews mit Politikerinnen oder fachlichen Expertinnen der Fall ist.

Von *anonymisierten* Forschungsdaten ist die Rede, wenn die Forscherin personenbezogene Daten erhoben hat, diese zu einem späteren Zeitpunkt aber löscht oder vernichtet. Das heißt, wenn keine Unterlagen mehr vorhanden sind, die es nachvollziehbar machen könnten, wer die Teilnehmerinnen waren. Im Gegensatz dazu spricht man von *pseudonymisierten* Daten, wenn zwar aus der Darstellung der Forschungsergebnisse nicht hervorgeht, um welche konkreten Personen es sich bei den Teilnehmerinnen handelt, dies aber auf Basis von Aufzeichnungen der Forscherin rekonstruiert werden kann. Forschungsdaten zu pseudonymisieren bedeutet, dass man zum Beispiel in den Transkripten von Fokusgruppendiskussionen die Klarnamen der Teilnehmerinnen durch Pseudonyme, also erfundene, aber ähnliche Namen, ersetzt. So kann aus einer Frau Gruber eine Frau Maier oder aus einer Branka eine Tanja werden. Namen werden für gewöhnlich immer pseudonymisiert. Darüber hinaus hängt es jedoch vom konkreten Projekt ab, welche weiteren Merkmale in den Forschungsdaten ersetzt werden müssen, das kann etwa Ortsnamen oder Berufe betreffen. Eine Ausnahme stellt es dar, wenn es sich bei den Teilnehmerinnen um fachliche Expertinnen handelt. Insofern dies vorab mit ihnen abgesprochen wurde, können diese mit Klarnamen genannt werden.

BEI *anonymen* FORSCHUNGSDATEN wurden nie personenbezogene Daten erhoben. Bei *anonymisierten* Forschungsdaten wurden personenbezogene Daten erhoben, in weiterer Folge aber gelöscht. Bei *pseudonymisierten* Forschungsdaten wurden personenbezogene Daten erhoben und aufbewahrt; diese sind oftmals über einen „Schlüssel" mit den Studiendaten verknüpft. Ohne den Schlüssel ist es aber nicht möglich zu erfahren, wer die Personen sind, die an der Forschung teilgenommen haben.

Für die Pseudonymisierung legt die Forscherin ein Dokument an, in dem festgehalten wird, um welche konkrete Person es sich bei der Teilnehmerin mit einem spezifischen Pseudonym handelt. Das Dokument, in dem die Klarnamen mit den verwendeten Pseudonymen verknüpft sind (der „Schlüssel"), muss nach Abschluss des Forschungsprojekts jedoch gelöscht werden. Das gilt für alle personenbezogenen Daten der Teilnehmerinnen im Allgemeinen. Personenbezogene Daten fallen unter die Europäische Datenschutzgrundverordnung (DSGVO), was impliziert, dass eine Löschung gesetzlich vorgeschrieben ist. Das bedeutet, dass die Daten in qualitativen Forschungsprojekten für die Dauer des Projektes pseudonymisiert werden. Wenn nach Abschluss des Projektes Unterlagen mit Klarnamen, Kontaktdaten und Pseudonymen unwiderruflich gelöscht werden, handelt es sich um eine Anonymisierung der Daten.

3.6 Datenschutz im weiteren Sinne

Es unterliegen also nur personenbezogene Daten dem Datenschutz im rechtlichen Sinne. Im forschungsethischen Sinne geht Datenschutz jedoch über den sicheren Umgang mit Klarnamen und anderen personenbezogenen Daten hinaus. Oftmals können Forschungsteilnehmerinnen nämlich auch durch die Kombination von nicht personenbezogenen Daten identifiziert werden. Dass eine Teilnehmerin beispielsweise Augenärztin ist, in Wien praktiziert und Arabisch spricht, sind jeweils für sich genommen keine identifizierenden Informationen. In Kombination jedoch schon – denn die Anzahl der arabischsprechenden Augenärztinnen in Wien ist nicht sehr groß. In solch einem Fall gilt es abzuwägen, welche Informationen für das Verständnis der Forschungsergebnisse unerlässlich sind und welche weggelassen werden sollten oder eventuell geändert werden müssen. Dies ist jedoch immer abhängig vom konkreten Forschungsinteresse. In einem Projekt über Geschlechtergerechtigkeit zwischen Menschen in Gesundheitsberufen beispielsweise kann auf die Information, dass es sich bei der Teilnehmerin um eine weibliche Augenärztin handelt, nicht verzichtet werden, auf die Information, dass sie Arabisch spricht, eventuell schon.

Doch nicht nur der Schutz einzelner Personen, sondern auch spezifischer Gruppen muss gewährleistet werden. Der Ethnologe Didier Fassin hat in seinem Buch *Enforcing Order* (2013) analysiert, wie die Polizei in sozioökonomisch benachteiligten Stadtteilen Staatlichkeit durchsetzt. Dafür hat er über einen längeren Zeitraum Polizeieinheiten bei ihrer Arbeit in einem Pariser

Vorort begleitet. In Fassins Fall ging es nicht nur darum die Identität der einzelnen Polizistinnen, die er begleitet hat, zu schützen, sondern auch den spezifischen Ort, an dem er seine Forschung durchgeführt hat, unkenntlich zu machen. Denn ganz allgemein könnten dadurch Polizistinnen, die in dieser Gegend arbeiten, einen Schaden erleiden, etwa weil sie mit den von Fassin beschriebenen Polizeipraktiken assoziiert werden. Gleiches gilt selbstverständlich auch, wenn man die Praktiken von geographisch verortbaren Gruppen analysiert, die ohnehin bereits verstärkter Repression ausgesetzt sind, etwa obdachlose Menschen in einer bestimmten Stadt. Die Unkenntlichmachung des Ortes, an dem geforscht wurde, schmälert die Ergebnisse einer Studie nicht, denn für gewöhnlich forschen qualitative Wissenschafterinnen zwar an konkreten Fällen, der Erkenntnisgewinn ihrer Arbeit liegt jedoch vor allem darin, dass sie Aussagen über gesellschaftliche Prozesse und Dynamiken treffen.

Neben Datenschutz im engeren und weiteren Sinne geht es hinsichtlich des Umgangs mit erhobenen Forschungsdaten aus ethischer Perspektive auch darum, Teilnehmerinnen zu ermöglichen, selbst über die Verwendung ihrer Daten zu bestimmen. Wir haben bereits darauf hingewiesen, dass es Teilnehmerinnen immer möglich sein muss, aus der Forschung auszusteigen. Dies gilt auch, wenn jemand bereits an einer Beobachtung, einer Fokusgruppe oder einem Interview teilgenommen hat. Wenn eine Teilnehmerin ihre Forschungsdaten – aus welchen Gründen auch immer – zurückziehen will, müssen diese gelöscht werden. Bei Fokusgruppengesprächen löscht man die Wortmeldungen dieser Teilnehmerin aus dem Transkript.

Manchmal äußern Teilnehmerinnen den Wunsch, dass zum Beispiel einzelne Passagen aus Interviews nicht für die Forschung verwendet werden sollen. In solchen Fällen löscht man die entsprechenden Passagen des Interviews und fügt einen Vermerk für sich selbst ein, dass an dieser Stelle ein Teil des Interviews entfernt wurde und um welches Thema es darin ging. Ein Ausstieg aus einem Projekt ist jedoch nur möglich, solange die Forscherin die Daten noch nicht anonymisiert hat. Denn diese können nicht mehr gelöscht werden, wenn nicht mehr nachvollziehbar ist, von welcher Teilnehmerin welches Interview stammt. Dasselbe gilt, wenn die Ergebnisse der Forschung bereits veröffentlicht wurden. Dies sind Aspekte, die in der Einverständniserklärung festgehalten werden sollten.

3.7 Umgang mit Ergebnissen

Ethische Fragen spielen auch eine Rolle, wenn es um Entscheidungen bezüglich der Darstellung und Veröffentlichung der Forschungsergebnisse geht. Hinsichtlich der Darstellung der Ergebnisse überschneiden sich forschungsethische Überlegungen stark mit den Prinzipien guter wissenschaftlicher Praxis. Das heißt, aus beiden Perspektiven ist es wichtig, dass Forscherinnen ausgewogen und nuanciert über den Untersuchungsgegenstand schreiben. Dies bedeutet insbesondere, Ergebnisse so darzustellen, dass die Darstellung der Komplexität eines Themas gerecht wird.

Angenommen, eine Forscherin hat wissenschaftliche Beobachtungen in einem Ministerium durchgeführt und herausgefunden, dass Beamtinnen in verschiedene Formen alltäglicher, „kleiner" Korruption involviert sind. Bei der Verschriftlichung der Ergebnisse ist einerseits darauf zu achten, dass die spezifische Behörde, in der geforscht wurde, nicht identifiziert werden kann. Andererseits geht es auch darum, die beobachteten und analysierten Praktiken der Beamtinnen zu kontextualisieren. Diese Kontextualisierung ist ein wesentlicher Aspekt einer jeden qualitativen Analyse. Damit werden die Praktiken der Beamtinnen „nachvollziehbar" gemacht. Dies bedeutet nicht, Korruption zu entschuldigen oder gutzuheißen, sondern zu erklären, warum es zu diesen Praktiken kommt. Spielen dabei beispielsweise die spezifische Form der Arbeitsteilung, die Organisationsstruktur oder andere kontextuelle Faktoren eine Rolle? Sind die „kleinen" Formen von Korruption vielleicht notwendig, um andere rechtliche Vorgaben umsetzen zu können? Es geht also darum, verkürzte Darstellungen oder gar Moralisierungen zu vermeiden und die Ergebnisse als politikwissenschaftliche Forschungsresultate zu vermitteln.

Eine gute Kontextualisierung ist auch wichtig, um so weit wie möglich zu verhindern, dass Forschungsergebnisse zum Beispiel für politische Zwecke missbraucht werden. Wenn trotz Einhalten der wissenschaftlichen und ethischen Standards zu befürchten ist, dass die Forschungsteilnehmerinnen oder bestimmte soziale Gruppen durch die Veröffentlichung der Ergebnisse Nachteile erfahren könnten, kann es im Fall von studentischen Arbeiten (etwa Masterarbeiten) sinnvoll sein, diese für einen bestimmten Zeitraum sperren zu lassen. Hier empfiehlt es sich – so wie bei schwierigen forschungsethischen Fragen im Allgemeinen –, Absprache mit der Betreuerin zu halten. Wenn die Forschungsergebnisse in einer Fachzeitschrift publiziert werden sollen, kann man in heiklen Fällen überlegen, dies in einem nicht deutschsprachigen Medium zu tun.

Die Übermittlung der Ergebnisse an die Teilnehmerinnen ist Teil einer respektvollen Forschungsbeziehung. Das konkret gewählte Format sollte dabei den Teilnehmerinnen gerecht werden. Es gilt zu bedenken, dass beispielsweise an einer dreistündigen Veranstaltung an der Universität tendenziell nur jene Personen teilnehmen werden, die viel Zeit haben und denen das universitäre Umfeld vertraut ist. Aber auch die Zusammenfassung der Ergebnisse in einfacher Sprache auf zwei Seiten ist nicht unbedingt das richtige Format für alle Forschungsteilnehmerinnen. In vielen Fällen ist ein Mix aus verschiedenen Formaten und Medien sinnvoll.

3.8 Institutionalisierte Forschungsethik

Die Auseinandersetzung mit forschungsethischen Fragen ist integraler Teil des wissenschaftlichen Arbeitens. Dies ist keine neue Einsicht für Sozialwissenschafterinnen. Doch es gibt hinsichtlich des Umgangs disziplinäre Unterschiede. In der Politikwissenschaft – anders als vor allem in der Kulturanthropologie und der Soziologie – ist Forschungsethik nach wie vor ein Randthema und die Beschäftigung damit gilt in weiten Teilen der Disziplin als nebensächlich (Fujii 2012). So hat beispielsweise die American Political Science Association (APSA) zwar einen 30-seitigen Ethikleitfaden entwickelt, doch in diesem geht es hauptsächlich darum, wie sich Politikwissenschafterinnen gegenüber Kolleginnen und Studentinnen verhalten sollen. Um Forschungsethik im engeren Sinne geht es dabei nur auf knapp einer halben Seite (APSA 2012). Für qualitative Politikwissenschafterinnen empfiehlt es sich deshalb, sich in Bezug auf Forschungsethik an Nachbardisziplinen wie der Soziologie zu orientieren. Die British Sociological Association (BSA) etwa hat einen übersichtlichen Katalog mit 60 Ethikrichtlinien für die Forschung veröffentlicht (BSA 2017). Als genereller Maßstab sowie für Orientierung und Reflexion sind solche Richtlinien sehr hilfreich. Sie stellen jedoch keine Handlungsanleitung dar und können auch forschungsethische Probleme nicht definitiv lösen, denn jedes Forschungsprojekt bringt eigene Herausforderungen mit sich.

Einen zweiten Aspekt institutionalisierter Forschungsethik stellen Ethikkommissionen dar. Viele Universitäten verfügen nach US-amerikanischem Vorbild mittlerweile über eigene Kommissionen, die Forschungsvorhaben hinsichtlich ethischer Kriterien überprüfen. Je nach Universität und Disziplin werden diese Prüfungen jedoch unterschiedlich gehandhabt – in manchen Fällen sind sie verpflichtend, in anderen freiwillig. Fördergeberinnen und Herausgeberinnen von Fachzeitschriften verlangen aber mittlerweile häufig ein positives Votum durch eine Ethikkommission, bevor ein Projekt überhaupt für eine Förderung oder ein Artikel für die Veröffentlichung infrage kommt. Studentinnen sollten vor dem Beginn ihrer Bachelor- oder Masterarbeit mit ihrer Betreuerin abklären, ob es sinnvoll wäre oder notwendig ist, einen Antrag an die Ethikkommission der jeweiligen Universität zu stellen – insbesondere dann, wenn die Qualifikationsarbeit auf der Analyse von empirischen Daten beruht, die mittels Interviews, Beobachtungen oder Fokusgruppen generiert werden.

UNABHÄNGIG DAVON, ob ein Antrag an die Ethikkommission gestellt wird oder nicht, sollte die Auseinandersetzung mit Forschungsethik in jeder schriftlichen Arbeit, die auf empirischem Datenmaterial beruht, in einem eigenen Abschnitt dargestellt werden. Dort erklären Sie, welche ethischen Fragen in Ihrer Forschung aufgetreten sind, wie Sie mit diesen Fragen umgegangen sind und warum Sie sich für ein bestimmtes Vorgehen entschieden haben.

Auch können hier Einsichten festgehalten werden, wenn sich bestimmte Entscheidungen rückwirkend als ungünstig erwiesen haben. Als Orientierung für die Auseinandersetzung mit Forschungsethik in eigenen Projekten und deren Darstellung in schriftlichen Arbeiten kann das vorliegende Kapitel dienen. Doch auch diverse Ethikrichtlinien sowie die Informationen, Vorlagen und Formulare, die universitäre Ethikkommissionen zur Verfügung stellen, können sich als hilfreich erweisen.

Zuletzt möchten wir noch kurz darauf verweisen, dass die Frage, inwiefern die Institutionalisierung von Forschungsethik sinnvoll ist, umstritten ist. Der Soziologe Kevin Haggerty (2004) argumentiert beispielsweise, dass die Einsetzung universitärer Ethikkommissionen ein zweischneidiges Schwert sei. Neben einer notwendigen Auseinandersetzung mit ethischen Fragen könnten diese nämlich auch zu Überregulierung und teilweise zur Verunmöglichung sinnvoller sozialwissenschaftlicher Forschung führen. Dass in dieser Frage noch nicht die richtige Balance gefunden wurde, führt Didier Fassin (2006) darauf zurück, dass sich – trotz zunehmenden Bewusstseins für forschungsethische Fragen – noch keine spezifisch sozialwissenschaftliche Forschungsethik etabliert hat. Anstatt sich am Modell der biomedizinischen Ethik auszurichten, müsste eine sozialwissenschaftliche Ethik laut Fassin vor allem Rechnung dafür tragen, dass in der Sozialwissenschaft Menschen als soziale Wesen und unter spezifischen gesellschaftlichen Umständen miteinander interagieren.

Die Politikwissenschafterin Allaine Crewonka und die Anthropologin Liisa Malkki (2007) halten diesbezüglich fest: „Good social research clearly demands a highly developed, ceaseless, daily engagement with ethics as a process – an engagement that far exceeds the requirements of currently existing 'ethics commitees' and 'human-subjects protocols' on university campuses. It is increasingly clear that the conventional understanding of ethics as a code – rather than as a process, as we see it here – needs to be critically examined" (Cerwonka & Malkki 2007, 3). In diesem Sinne möchten wir anregen, sich zwar auf jeden Fall mit Ethikrichtlinien und dem Vorgehen von universitären Ethikkommissionen vertraut zu machen, gleichzeitig jedoch auch danach zu fragen, welche Rolle Ethik darüber hinaus im Kontext der eigenen empirischen Forschungsprojekte sowie in der Politikwissenschaft im Allgemeinen einnimmt.

Lernfragen

- Was beinhaltet das Prinzip der informierten Einwilligung?
- Was bedeutet Vulnerabilität und inwiefern spielt sie in der politikwissenschaftlichen Forschungsethik eine Rolle?
- Wodurch unterscheiden sich anonyme, anonymisierte und pseudonymisierte Daten?
- Was bedeutet Datenschutz im engeren und im weiteren Sinne?
- Wie hat sich die sozialwissenschaftliche Forschungsethik entwickelt und vor welchen Herausforderungen steht sie?

Literatur

American Political Science Association (2012). *A guide to professional ethics in Political Science.* APSA (https://www.apsanet.org/portals/54/Files/Publications/APSAEthicsGuide2012.pdf).

British Sociological Association (2017). *Statement of ethical practice.* BSA Publications (https://www.britsoc.co.uk/media/24310/bsa_statement_of_ethical_practice.pdf).

Cerwonka, Allain & Malkki, Liisa H. (2007). *Improvising theory: Process and temporality in ethnographic fieldwork.* Chicago: University of Chicago Press.

Fassin, Didier (2006). *The end of ethnography as collateral damage of ethical regulation? In: American Ethnologist,* 33(4), 522–524.

Fassin, Didier (2013). *Enforcing order: An ethnography of urban policing.* Cambridge: Polity Press.

Fujii, Lee Ann (2012). *Research ethics 101: Dilemmas and responsibilities.* In: *PS: Political Science & Politics,* 45(4), 717–723.

Haggerty, Kevin D. (2004). *Ethics creep: Governing social science research in the name of ethics.* In: *Qualitative Sociology,* 27(4), 391–414.

Hopf, Christel (2016). *Schriften zu Methodologie und Methoden qualitativer Sozialforschung.* Wiesbaden: Springer VS.

Weiterführende Literatur

Miller, Tina Birch; Maxine Mauthner, Melanie & Jessop, Julie (Eds.) (2012). *Ethics in qualitative research.* London: Sage.

Ransome, Paul (2013). *Ethics and values in social research.* Basingstroke: Palgrave Macmillan.

Unger, Hella von & Narimani, Petra (Hg.) (2014). *Forschungsethik in der qualitativen Forschung: Reflexivität, Perspektiven, Positionen.* Wiesbaden: Springer VS.

4 Gute Forschungsfragen entwickeln und Teilnehmerinnen auswählen

Mirjam Pot & Barbara Prainsack

Am Beginn eines jeden Forschungsprojektes steht ein bestimmtes Ziel: Man möchte ein politisches oder gesellschaftliches Phänomen besser verstehen, ein bestimmtes Verhalten von Akteurinnen erklären oder auch ein praktisches Problem lösen und eine Situation verändern. Im ersten Teil dieses Kapitels beschäftigen wir uns damit, wie man ein Thema für ein Forschungsprojekt auswählt und aus diesem thematischen Interesse heraus eine gute Forschungsfrage entwickelt – das heißt, wie man ein passendes Ziel definiert. Die Herausforderung bei der Formulierung einer Forschungsfrage ist es, diese weder zu weit noch zu eng zu stellen. Forschungsfragen sind zu weit, wenn das Thema nicht ausreichend eingegrenzt wird und die Beantwortung der Frage den Rahmen des Forschungsprojektes sprengen würde. Sie ist zu eng, wenn es schwierig ist, jene Daten zu generieren, die man zur Beantwortung der Frage braucht. Eine Forschungsfrage hat die passende Reichweite, wenn Sie mit den zeitlichen und finanziellen Ressourcen jene Daten generieren und analysieren können, die zur Beantwortung der Frage notwendig sind. Vergessen Sie nicht: Die Qualität Ihrer Forschung wird immer auch danach beurteilt, wie gut Sie die Forschungsfrage beantwortet haben! Die Überlegungen im ersten Teil dieses Kapitels sollen dabei helfen, eine beantwortbare und relevante Forschungsfrage zu entwickeln.

Im zweiten Teil des Kapitels beschäftigen wir uns damit, wie man bei der Auswahl von Forschungsteilnehmerinnen vorgeht, um genau zu dem Datenmaterial zu gelangen, das man zur Beantwortung der Forschungsfrage braucht. Dieser Prozess wird als „Sampling" bezeichnet und ist ein notwendiger Schritt, bevor man mit der tatsächlichen Durchführung von Beobachtungen, Einzelinterviews oder Fokusgruppen beginnen kann.

4.1 Spannende Themen finden und eingrenzen

Das Forschungsthema grenzt grob ein, worum es in einem Forschungsprojekt geht; es gibt Aufschluss darüber, was das politische Phänomen ist, das untersucht wird. Beispiele für erste weitgefasste Forschungsthemen sind „Arbeitsmarktpolitik", „sozialdemokratische Parteiprogramme" oder „Demokratie an Universitäten". Um diese Themen für ein empirisches Forschungsprojekt bearbeitbar zu machen, müssen sie jedoch spezifiziert, also eingegrenzt werden. Doch als Erstes muss man überhaupt einmal ein Thema für das eigene Projekt finden, das einen so sehr interessiert, dass man sich über einen längeren Zeitraum intensiv damit beschäftigen mag.

Wenn Sie am Beginn eines Forschungsprojektes stehen und noch nicht wissen, worüber Sie forschen und schreiben möchten, bietet sich folgendes Vorgehen an – egal ob Sie Ihr Thema gänzlich frei wählen können oder sich innerhalb eines vorgegebenen thematischen Rahmens bewegen (wie dies etwa häufig bei Lehrveranstaltungen der Fall ist). Nehmen Sie ein Blatt Papier oder öffnen Sie ein neues Word-Dokument und sammeln in einer Mindmap oder einer Liste alle Themen, die Sie interessieren. Am besten, Sie setzen sich auch ein Zeitlimit für diese Übung, zum Beispiel 30 Minuten. Sie können hier frei assoziieren und alle größeren und kleineren Über- und Unterthemen aufschreiben, die Ihnen einfallen. Denken Sie an die Vorlesungen und Seminare, die Sie besucht haben, an die Artikel und Bücher, die Sie in letzter Zeit gelesen haben, die Diskussionen, die Sie in einer Lehrveranstaltung oder Ihrem Freundeskreis hatten. Sie können auch die Zeitung aufschlagen oder mit offenen Augen durch die Stadt gehen und sich fragen: Was passiert gerade? Warum passiert das? Warum passiert etwas nicht? Warum ist es (anscheinend) selbstverständlich, dass etwas passiert? Welche Folgen hat es, dass etwas (immer wieder) passiert?

Ein politikwissenschaftlicher Blick auf den Alltag und das Hinterfragen der vermeintlichen, politischen Normalität helfen für gewöhnlich dabei, interessante Forschungsthemen zu finden. Grundlegende politikwissenschaftliche Fragen zielen dabei häufig darauf ab, herauszufinden, wo und wie Aushandlungen über das gesellschaftliche Zusammenleben stattfinden. Wenn Sie Ihre Ideen gesammelt haben, sehen Sie sich diese nochmals an. Gibt es Aspekte, die explizit oder implizit immer wieder auftauchen? Sticht ein Thema besonders hervor? Was interessiert Sie am meisten? Schließen Sie diesen ersten Schritt ab, indem Sie intuitiv eines der Themen aus Ihrer Sammlung auswählen, das Sie besonders ansprechend finden.

Bei der Themenfindung geht es in einem nächsten Schritt darum, das ausgewählte Thema zu konkretisieren und einzugrenzen. Eine relativ einfache

Eingrenzung lässt sich entlang der Dimensionen Zeit, Geographie und Demographie vornehmen. Überlegen Sie sich, ob und in welcher Form es Sinn macht, Ihr Thema hinsichtlich dieser drei Aspekte zu spezifizieren. Bei den oben genannten weiten Themen könnte dies beispielsweise zu folgenden konkreteren Themen führen:

- Zeit: Österreichische Arbeitsmarktpolitik *seit 2008*
- Geographie: Das Parteiprogramm der Sozialdemokratischen Partei *Deutschlands*
- Demographie: Demokratische Mitbestimmung *von Studentinnen* an Universitäten in Österreich

Achten Sie jedoch darauf, dass jede thematische Eingrenzung begründet werden muss und nicht einfach willkürlich gewählt werden kann. Wenn bei Ihrem Thema diese drei genannten Dimensionen keine Rolle spielen, überlegen Sie sich trotzdem, in welcher Hinsicht Sie Ihr Thema eventuell eingrenzen können. Oftmals können Themen auch hinsichtlich ihres Fokus auf politische Inhalte, Akteurinnen oder Ereignisse eingegrenzt werden:

- Inhalte: *Die Bedeutung des Begriffs „Wohlstand"* im Parteiprogramm der SPD
- Akteurinnen: Die Rolle der *Wirtschaftskammer* in der österreichischen Arbeitsmarktpolitik seit 2008
- Ereignisse: Die *Einführung des Universitätsgesetzes 2002* und die demokratische Mitbestimmung von Studentinnen

Ein weiterer Schritt in der Konkretisierung besteht darin, aktive Wörter zum Thema hinzuzufügen. Das heißt Wörter, die auf Aktivitäten verweisen, zum Beispiel: Durchsetzung, Entwicklung, Einführung, Reform, Bewältigung etc. Mit solchen Begriffen können wir unsere Beispielthemen weiter zuspitzen:

- Die *Veränderung* der Bedeutung des Begriffs „Wohlstand" im Parteiprogramm der SPD
- Der *Einfluss* der Wirtschaftskammer auf die österreichische Arbeitsmarktpolitik seit 2008
- Die *Auswirkung* des Universitätsgesetztes 2002 auf die demokratische Mitbestimmung von Studentinnen

Bei der Konkretisierung des Themas gilt es zu beachten, dass es meist notwendig ist, Themen nicht nur hinsichtlich eines Aspektes, sondern mehrere Aspekte gleichzeitig einzuengen. Doch nicht jede Eingrenzung macht für jedes Thema Sinn. Nehmen Sie also auf jeden Fall Eingrenzungen vor, überlegen Sie aber, welche Kombination von Konkretisierungen zu Ihrem Thema passt. Das bedeutet, dass Sie das Thema nicht willkürlich eingrenzen, sondern für jede Spezifizierung gute Gründe anführen sollten. Die Arbeitsmarktpolitik ab dem Jahr 2008 zu untersuchen kann etwa darin begründet sein, dass sich im Zuge der Finanzkrise ab diesem Jahr in manchen Sektoren auch der Arbeitsmarkt und seine Regulierung geändert haben. Nicht passend wäre es in diesem Zusammenhang, einfach irgendeine zeitliche Eingrenzung vorzunehmen, ohne diese sachlich zu begründen.

4.2 Probleme identifizieren

Wenn Sie einmal ein Forschungsthema für sich ausgewählt und konkretisiert haben, geht es im nächsten Schritt darum, ein Problem innerhalb des Themas zu identifizieren. Jedes Forschungsprojekt hat zum Ziel, ein bisher ungelöstes Problem zu lösen. Es gibt zwei Arten von Problemen: praktische und wissenschaftliche Probleme. Praktische Probleme beziehen sich auf unerwünschte soziale oder politische Zustände und können mittels Handlungen gelöst werden. Wissenschaftliche Probleme beziehen sich auf Lücken im Verstehen sozialer oder politischer Phänomene und können durch neues Wissen gelöst werden. Wenn Sie herausfinden möchten, wie man Diskriminierungen durch die Polizei reduzieren kann, behandeln Sie ein praktisches Problem. Ebenso wenn Sie untersuchen, wie die Wahlbeteiligung erhöht werden könnte. Wenn Sie herausfinden möchten, wie es zu Diskriminierungen durch die Polizei kommt oder was bestimmte soziale Gruppen davon abhält, sich an Wahlen zu beteiligen, dann bearbeiten Sie ein wissenschaftliches Problem.

Vor allem die angewandte Forschung und die Auftragsforschung beschäftigen sich mit praktischen Problemen. In der universitären politikwissenschaftlichen Forschung sind praktische und wissenschaftliche Probleme zwar oftmals verschränkt, doch das grundsätzliche Ziel ist das Lösen wissenschaftlicher Probleme.

Wissenschaftliche Probleme werden oft als Forschungslücken bezeichnet. Eine Forschungslücke ist ein Aspekt eines Themas, der wichtig ist, aber noch nicht ausreichend wissenschaftlich erklärt wurde. Eine solche Lücke gilt es auch in Bezug auf das eigene Thema zu finden. Um eine Forschungslücke zu identifizieren, muss man sich mit dem ausgewählten Thema vertraut machen, indem man sich in die bestehende wissenschaftliche Literatur zum Thema einliest. Eine wichtige Kompetenz in diesem Zusammenhang ist das problemzentrierte Lesen von wissenschaftlicher Literatur. Problemzentriert zu lesen bedeutet, nicht nur auf den unmittelbaren Inhalt einzelner Texte zu achten, sondern strukturelle Merkmale der bisherigen Forschung über ein Thema zu erfassen. Das heißt zum Beispiel zu fragen, in welchem Zusammenhang das Thema diskutiert wird, welche Aspekte immer wieder vorkommen oder welche Erklärungen bisher angeboten werden. Folgende Fragen können Ihnen dabei helfen, Leerstellen in der bisherigen Forschung zu entdecken:

- Gibt es eine neue oder ungewöhnliche Ausprägung des Phänomens?
- Gab es das Phänomen auch zu anderen Zeiten?
- Gibt es das Phänomen auch an anderen Orten?
- Betrifft das Phänomen auch andere Gruppen von Menschen?

Problemzentriertes Lesen kann jedoch auch bedeuten, auf bisher verwendete Daten, Methoden und theoretische Konzepte zu achten, oder zu fragen, aus wessen Perspektive ein Thema bisher erforscht wurde. Weiter können Sie sich überlegen, was Sie an der Darstellung des Gegenstandes überrascht, womit Sie übereinstimmen und womit nicht oder welche Aspekte weitere Fragen aufwerfen. Sie haben eine Forschungslücke identifiziert, wenn Sie beim Lesen beispielsweise feststellen, dass ein bestimmter Aspekt des Themas bisher ausgeklammert wurde, ein neues Ereignis bisherige Erklärungen infrage stellt oder andere Daten möglicherweise zu einer anderen relevanten Perspektive führen würden.

Ohne eine Übersicht darüber, was andere Forscherinnen zu Ihrem Thema bereits herausgefunden haben, wissen Sie nicht, wo es eine echte Forschungslücke gibt. Doch wie stellt man sicher, dass es sich tatsächlich um eine Forschungslücke handelt und die entdeckte Lücke nicht einfach in einem anderen Artikel oder Buch behandelt wird, das man noch nicht gelesen hat? Sie müssen auf der Suche nach einer Forschungslücke nicht jeden einzelnen Text, der jemals zu Ihrem Thema verfasst wurde, gelesen haben. Lesen Sie stattdessen Texte, die einen Überblick über die bisherige Forschung bieten. Häufig bieten Handbuch- oder andere Beiträge, die eine Übersicht über den Forschungsstand in einem Forschungsfeld geben, einen guten Startpunkt. Die Herausforderung ist es folglich, weniger „alles" zu lesen, sondern Texte zu finden, die einen guten Überblick über die bisherige Forschung zu einem Thema bieten. Auch wissenschaftliche Suchmaschinen – insbesondere jene, die es erlauben, in einem bestimmten Zeitfenster oder nach besonders häufig zitierten Publikationen zu suchen – bieten wertvolle Hilfestellungen.

Bei etablierten Themen kann es manchmal schwierig sein, eine Forschungslücke zu finden, wohingegen es bei neueren Themen vorkommen kann, dass Sie viele davon finden. Wenn Letzteres der Fall ist, überlegen Sie, welcher Aspekt am wichtigsten ist oder welcher Aspekt Sie am meisten interessiert. Sie müssen – und können – mit Ihrer Forschung nicht die Welt erklären, sondern dürfen sich auf ein Detail konzentrieren. Nicht zuletzt geht es bei der Auswahl eines Forschungsproblems auch darum, pragmatische Abwägungen zu treffen. Denn für die meisten Forschungsprojekte stehen begrenzte zeitliche und finanziellen Ressourcen zur Verfügung. Überlegen Sie also, ob Sie genug Zeit haben werden, um alle notwendigen Daten zu erheben und auszuwerten, die zur Lösung des von Ihnen gewählten Problems notwendig sind. Und auch, ob dies mit Kosten verbunden ist und Sie diese tragen können. Versuchen Sie darüber hinaus eine realistische Einschätzung darüber zu treffen, wie schwer es sein wird, Kontakt zu Forschungsteilnehmerinnen herzustellen, und wie groß deren Bereitschaft sein wird, an Ihrer Forschung teilzunehmen.

4.3 Die Forschungsfrage

Forschungsfragen beziehen sich direkt auf die identifizierte Forschungslücke und damit auf den Aspekt eines Themas, über den die Wissenschaft noch nichts oder nicht genug weiß. Dies bedeutet, dass Sie, bevor Sie sich endgültig für eine Forschungsfrage entscheiden, wie oben erwähnt den Literaturstand zum betroffenen Themenbereich gesichtet haben müssen.

FORSCHUNGSFRAGEN SIND direkte Fragen, die eindeutig beantwortet werden können. Die Nennung Ihres Themas ist noch keine Forschungsfrage.

Eine Forschungsfrage hilft Ihnen beim Verfassen Ihres Forschungsberichts, da Sie immer überlegen können, ob eine spezifische Information notwendig ist, um die Forschungsfrage zu beantworten. Wenn die Antwort „Ja" lautet, inkludieren Sie diese Information in den Bericht, wenn die Antwort „Nein" lautet, kommt die Information nicht in den Bericht. Wenn Sie hingegen nur ein Thema wählen, ist es schwer, eine Abgrenzung zu treffen, welche Informationen noch zum Thema gehören und welche nicht. Ihr Bericht läuft dadurch Gefahr auszuufern und nur eine Sammlung von Informationen zu werden, anstatt eine konkrete Antwort auf eine konkrete Frage zu liefern. Versetzen Sie sich selbst in die Rolle der Leserin, die zu einem Text greift, weil Sie eine spezifische Frage hat und darauf hofft, dass dieser Text die Frage beantwortet. Für die Leserin wäre es frustrierend, wenn sie stattdessen einfach nur eine Sammlung von Informationen findet, aus denen sie sich selbst eine Antwort auf ihre Frage zusammenreimen muss.

Die Beantwortung der Forschungsfrage mittels den im Forschungsprojekt erhobenen und analysierten Daten trägt dazu bei, die Forschungslücke zu schließen und das politische Phänomen, das Sie untersuchen, besser zu verstehen. Gleichzeitig dient die Forschungsfrage während der Umsetzung des Projektes der Orientierung für Sie selbst, sodass Sie den Fokus Ihrer Forschung nicht aus den Augen verlieren.

Um die Funktion einer Forschungsfrage besser zu verstehen, können wir uns eine Landkarte vorstellen (Wolfsberger 2016). Die Landkarte steht für den Themenbereich, in dem das Forschungsprojekt verankert ist. Auf der Landkarte gibt es Gebiete, die gut erschlossen scheinen. Andere Stellen auf dieser Karte sind weiß – die Forschungslücken. Wir möchten mehr über die noch weißen Gebiete herausfinden, um die Karte vervollständigen zu können. Um dies zu bewerkstelligen, brauchen wir erstens eine ausgewählte Route, um zu einem der noch unerforschten Gebiete, das wir bearbeiten möchten, zu gelangen. Zweitens brauchen wir Instrumente, um Informationen zu sammeln. Die Route ist die Forschungsfrage und die Instrumente sind die Methoden. Wir können zwar ohne Route aufbrechen und hoffen, dass wir irgendwann unser Ziel erreichen. Es ist jedoch unwahrscheinlich, dass wir es ohne Route tatsächlich in das unbekannte Gebiet schaffen und mehr darüber herausfinden. Eine Route – also eine Forschungsfrage –, die präzise auf einen weißen Fleck auf der Karte zusteuert und nicht daran vorbei, bietet Orientierung und ist unerlässlich, wenn wir die weiße Stelle auf der Karte füllen wollen.

Bevor wir uns also auf die Reise begeben, also ein Forschungsprojekt beginnen, brauchen wir sowohl ein Ziel (die Forschungslücke) als auch einen Plan, wie wir ans Ziel gelangen (die Forschungsfrage). Dies bedeutet jedoch nicht, dass sich Forschungsfragen im Laufe des Projekts nicht ändern dürfen. In der qualitativen Forschung kommt es häufig vor, dass man am Beginn eines Projektes eine wichtige Forschungslücke identifiziert und eine gute Forschungsfrage formuliert hat, diese sich im weiteren Verlauf jedoch ändert. Es liegt nämlich in der Natur der Sache, dass man im Lauf der Forschung mehr über das eigene Thema erfährt. In diesem Zusammenhang tun sich oftmals auch neue und wichtigere Forschungslücken auf. In solchen Fällen ein gewisses Maß an Flexibilität an den Tag legen zu können, ist ein Merkmal und Vorteil der qualitativen Forschung. Wenn Sie auf neue, wichtige Aspekte des Themas stoßen, können Sie auch während des Projekts Ihre Forschungsfrage entsprechend anpassen. (Dies sollten Sie jedoch auf jeden Fall in Ihrem Forschungstagebuch festhalten. Dies kann ein Notizbuch oder ein elektronisches Dokument sein, in dem Sie während der gesamten Forschung aufzeichnen, was Sie wann und warum gemacht haben. Das Forschungstagebuch dient als Grundlage für das Methodenkapitel in Ihrem Abschlussbericht; siehe dazu Kapitel 13.)

Auch dabei sollten Sie jedoch pragmatisch bleiben. Wenn Sie im Zuge Ihrer Recherchen dahinterkommen, dass eine Teilfrage, die Sie für völlig unbeantwortet hielten, gerade eben in einer neuen Publikation beantwortet wurde, bedeutet dies nicht, dass Sie Ihre eigene Forschung abbrechen und sich etwas völlig Neues suchen müssen. Besser wäre es, auf die (von Ihnen und auch von den Autorinnen der neuen Studie) bereits geleistete Arbeit aufzubauen, anstatt diese gänzlich über Bord zu werfen. Um neues Wissen über das Thema in die Ausrichtung der eigenen Forschung einzubauen, braucht es meist keine völlige Kehrtwende, sondern reichen (oft nur kleinere) Anpassungen. Solche Anpassungen können Sie für gewöhnlich vornehmen, indem Sie beispielsweise ein aktives Wort in Ihrer Frage durch ein anderes ersetzen, die soziale Gruppe, die Sie untersuchen, etwas enger oder weiter fassen oder den Zeitraum, den Sie untersuchen, leicht verschieben. Dabei ist es jedoch wichtig sich zu vergegenwärtigen, dass auch kleine Änderungen in der Forschungsfrage es notwendig machen können, andere Methoden anzuwenden, neue Teilnehmerinnen in die Forschung mitaufzunehmen oder andere Interviewfragen zu stellen. Auch wenn qualitative Forschungsprojekte keinem starren Plan folgen und immer wieder leicht angepasst werden können, so müssen diese doch ein kohärentes Ganzes ergeben. Das bedeutet, dass die einzelnen Teilaspekte wie Thema, Forschungsfrage, Sample und Methoden gut aufeinander abgestimmt sind und das Projekt als Ganzes Sinn ergibt.

4.4 Qualitative Forschungsfragen formulieren

Qualitative und quantitative Forschung generieren unterschiedliche Formen von Daten und eignen sich folglich für die Lösung unterschiedlicher wissenschaftlicher Probleme und die Beantwortung unterschiedlicher Forschungsfragen. Nicht alle Arten von Forschungsfragen sind mittels qualitativer Daten beantwortbar, am besten eignen sich für qualitative Forschungsprojekte in der Regel Fragen, die mit „Wie" oder „Was" beginnen. In Bezug auf die oben genannten Themen würden sich beispielsweise folgende Fragen anbieten:

- Wie hat sich die Bedeutung des Begriffs „Wohlstand" in den Parteiprogrammen der SPD zwischen 1970 und 2020 verändert?
- Wie gestaltet sich der Einfluss der Wirtschaftskammer auf die österreichische Arbeitsmarktpolitik seit 2008?
- Wie hat sich in der Wahrnehmung von Studierendenvertreterinnen das Universitätsgesetz 2002 auf die demokratische Mitbestimmung von Studentinnen ausgewirkt?

Von Fragen, die mit „Warum" beginnen, ist in qualitativen Forschungsprojekten in der Regel abzuraten. Warum-Fragen versprechen, dass durch ihre Beantwortung ein kausaler Zusammenhang aufgezeigt wird. Doch Kausalität nachzuweisen ist in der qualitativen Forschung generell schwer. Es kann oftmals nicht sicher behauptet werden: „Faktor X hat zu Phänomen Y geführt". Nichtsdestotrotz geht es in der qualitativen Forschung darum herauszufinden, wodurch ein Phänomen beeinflusst wird, oder darum, die Motivationen von Akteurinnen zu ergründen. Auch Ja-Nein-Fragen eignen sich in der Regel nicht als qualitative Forschungsfragen. In der qualitativen Forschung geht es typischerweise darum, die Vielschichtigkeit und internen Widersprüche eines Phänomens sichtbar zu machen, denen man mit Ja-Nein-Fragen nicht gerecht werden kann.

Worauf gilt es bei der Formulierung der Forschungsfrage noch zu achten? Die Forschungsfrage sollte aus einer nicht allzu langen Frage bestehen; sie sollte nur Nebenfragen beinhalten, wenn dies unbedingt notwendig ist. Des Weiteren muss die Forschungsfrage klar und präzise formuliert sein. Überlegen Sie, ob die von Ihnen verwendeten Begriffe eindeutig sind und von ihrer Bedeutung her den Kern Ihres Interesses treffen. Wählen Sie außerdem Begriffe, die so spezifisch wie möglich sind. Sammelbegriffe wie beispielsweise „Jugendliche" sollten darin nicht vorkommen und können beispielsweise durch „14- bis 18-Jährige" ersetzt werden. Dies ist auch eine gute Gelegenheit, um nochmals zu überprüfen, ob Sie Ihr Thema schon ausreichend eingegrenzt haben und Ihre Frage ein konkretes Problem adressiert. Wenn Ihre Forschungsfrage trotzdem Begriffe enthält, die Interpretationsspielraum zulassen, ist es wichtig, dass Sie diese Begriffe dennoch in Ihrem Forschungsbericht klar definieren. Dies betrifft insbesondere Konzepte wie beispielsweise „Rassismus" oder „der globale Süden", die unterschiedlich verwendet werden können. Selbst bei Begriffen wie „arbeitslose Menschen" oder „Familie" müssen Sie erklären, was genau Sie damit meinen.

Eine Herausforderung bei der Formulierung von Fragen ist es, diese so zu stellen, dass sie für den Stand der Forschung relevant sind – und Sie auch argumentieren können, warum sie es sind. Das unmittelbare Ziel der Beantwortung einer Forschungsfrage ist es, eine Wissenslücke zu schließen. Doch im Idealfall gibt es einen zusätzlichen Grund für die Beantwortung Ihrer Frage, der über dieses unmittelbare Ziel hinausgeht. Angenommen, Sie möchten untersuchen, wie sich die Bedeutung des Begriffs „Wohlstand" in den Parteiprogrammen der SPD zwischen 1970 und 2020 verändert hat. Wenn Sie jemand fragt, warum es wichtig sei, diese Frage zu beantworten, sollte Ihre Antwort nicht einfach lauten: „Weil wir das noch nicht wissen." Stattdessen sollten Sie Ihre Forschung mit einem wichtigeren Grund motivieren können. Beispielsweise damit, dass die Beantwortung dieser Frage wichtig ist, um zu verstehen, wie sich die ideologischen Positionen der SPD über die letzten Jahrzehnte verändert haben. Auch wenn Sie glauben, dass das größere Ziel Ihrer Forschung ohnehin aus der Forschungsfrage hervorgeht, sollten Sie dieses explizit machen. Sie können nicht davon ausgehen, dass Ihre Leserinnen dies genauso sehen, und Sie sollten ihnen immer einen guten Grund nennen können, warum Ihre Forschung – über die Beantwortung der unmittelbaren Frage hinausgehend – von Bedeutung ist.

Für den Fall, dass Sie sich selbst nicht ganz sicher sind, was das größere Ziel Ihrer Forschung ist, haben Wayne Booth und Kollegen (2016) eine nützliche Übung vorgeschlagen. Versuchen Sie, um dies herauszufinden, den folgenden Satz zu vervollständigen:

1. *Ich untersuche* .... ,
2. *weil ich herausfinden möchte* .... ,
3. *um zu verstehen* ....

Im ersten Teil des Satzes setzen Sie Ihr Thema ein, im zweiten die Forschungsfrage und im dritten die Begründung, warum die Beantwortung der Frage relevant ist.

4.5 Sampling: Wer soll an der Forschung teilnehmen?

Beim Sampling geht es darum, wie man eine Auswahl bezüglich der Fälle, die man untersucht, der Teilnehmerinnen und des Materials trifft, das einem hilft, die Forschungsfrage zu beantworten. Den Spielraum, den man bei der Auswahl von Fällen, Teilnehmerinnen und Material hat, ist manchmal mehr, manchmal weniger stark durch die Forschungsfrage vorgegeben. Wenn wir untersuchen, wie sich die Bedeutung des Begriffs „Wohlstand" in den Parteiprogrammen der SPD zwischen 1970 und 2020 verändert hat, ist die Materialauswahl von der Frage vorgegeben: Der Materialkorpus, den wir analysieren, besteht aus allen SPD-Parteiprogrammen von 1970 bis 2020. In diesem Beispiel fällt der Schritt des Samplings weg (weil wir alle Parteiprogramme aus diesem Zeitraum analysieren und nicht nur eine Auswahl). Wenn wir jedoch untersuchen, wie sich das österreichische Universitätsgesetz 2002 auf die demokratische Mitbestimmung von Studentinnen ausgewirkt hat, ist durch die Frage selbst noch nicht klar, welche Personen an diesem Forschungsprojekt teilnehmen werden und welches weitere Material wir heranziehen, um die Frage zu beantworten.

Wir beziehen uns im Folgenden mit dem Begriff Sample auf die Gruppe von Personen, die an einem Forschungsprojekt teilnehmen und mit dem Begriff Sampling auf den Prozess der Auswahl dieser Gruppe. Doch diese Begriffe können sich auch auf andere Einheiten beziehen, also beispielsweise auf die Auswahl von Dokumenten oder Orten, an denen Beobachtungen durchgeführt werden. Insbesondere bei vergleichenden Studien benötigen Sie eine Samplingstrategie, um zu bestimmen, wie Sie die Fälle auswählen, die Sie vergleichen. Fälle sind hier beispielsweise zwei oder mehrere Länder, Gesetze oder Parteien, die Sie miteinander vergleichen.

DAS SAMPLE IST EINE AUSGEWÄHLTE TEILMENGE aller möglichen Datenquellen. In der qualitativen Forschung sind die „Datenquellen" oftmals Forschungsteilnehmerinnen (es können jedoch auch Dokumente, Bildmaterial etc. sein). Welches die Grundgesamtheit aller möglichen Teilnehmerinnen ist, wird durch die Forschungsfrage bestimmt. „Sampling" bedeutet, dass Sie aus dieser Grundgesamtheit eine begründete Auswahl treffen.

Angenommen, es soll untersucht werden, wie Lehrerinnen eine neue bildungspolitische Maßnahme für Maturaklassen (Abiturklassen) in Wien in ihren Unterrichtsalltag integrieren. In diesem Projekt umfasst die Grundgesamtheit alle Lehrerinnen an Wiener Schulen, die Maturaklassen unterrichten. Aus praktischen Gründen ist es jedoch nicht möglich, all diese Personen in das Forschungsprojekt aufzunehmen. Darüber hinaus ist dies aus methodologischen Gründen auch nicht notwendig. Wir können nämlich davon ausgehen, dass sich die Lehrerinnen im Umgang mit der neuen Maßnahme nicht alle grundlegend voneinander unterscheiden. Stattdessen können wir annehmen, dass es zwar Unterschiede im Umgang gibt, diese aber bereits in einer ausgewählten Gruppe an Lehrerinnen – dem Sample – abgebildet werden. Es stellt sich nun jedoch die Frage, wie das Sample an Lehrerinnen ausgewählt werden soll, um dem Erkenntnisinteresse der Forschung gerecht zu werden und die Forschungsfrage gut beantworten zu können.

Typischerweise greifen die qualitative und die quantitative Forschung hierbei auf unterschiedliche Strategien zurück. Während in der qualitativen Forschung theoretisches Sampling zum Einsatz kommt, arbeitet die quantitative Forschung mit statistischem Sampling. Statistisches Sampling bedeutet, dass vor Beginn der Forschung festgelegt wird, wie viele Personen insgesamt an der Forschung teilnehmen sollen und wie die Gruppe der Teilnehmerinnen hinsichtlich bestimmter Merkmale zusammengesetzt sein soll (etwa wie viele Personen pro Altersgruppe oder Geschlecht vertreten sein sollen). In der quantitativen Forschung ist dies wichtig, weil sie zum Ziel hat, Aussagen zu treffen, die in Bezug auf Bevölkerungsgruppen generalisierbar sind. Um Aussagen über gesamte Bevölkerungsgruppen treffen zu können, muss eine statistisch repräsentative Anzahl von Personen aus jeder für das konkrete Forschungsprojekt relevanten demographischen Gruppe miteinbezogen werden. Wer jedoch letztendlich die konkreten Teilnehmerinnen sind, wird in der quantitativen Forschung zufällig bestimmt.

Für das Beispiel der neuen bildungspolitischen Maßnahme würde statistisches Sampling bedeuten sich anzusehen, wie viele Lehrerinnen es gibt, die Maturaklassen in Wien unterrichten, und die Größe des Samples so festzulegen, dass es statistisch repräsentativ für die Grundgesamtheit ist. Außerdem müsste man sich überlegen, welche Merkmale hinsichtlich des Umgangs mit der Maßnahme relevant sein könnten. Dies könnte unter anderem die Länge der Berufserfahrung sein. Das heißt, dass dieses Merkmal im Sample an Lehrerinnen in Prozentsätzen genauso vertreten sein müsste wie in der Grundgesamtheit. Wenn in Wien also 50 Prozent der Lehrerinnen, die Maturaklassen unterrichten, über 20 Jahre Berufserfahrung haben, müssten auch 50 Prozent des Samples Lehrerinnen mit über 20 Jahren Berufserfahrung sein. Die spezifischen Lehrerinnen mit über 20 Jahren Berufserfahrung, die zu einer Teilnahme an der Studie eingeladen werden, werden jedoch zufällig ausgewählt.

IM GEGENSATZ DAZU greift qualitative Forschung auf theoretisches Sampling zurück. Theoretisches Sampling folgt der Logik, jene Teilnehmerinnen in die Forschung aufzunehmen, mit deren Hilfe wir mehr über den Forschungsgegenstand herausfinden und diesen letztlich theoretisch besser fassen können.

Dies bedeutet, dass beim theoretischen Sampling die Anzahl und die konkreten Eigenschaften, nach denen die Teilnehmerinnen ausgewählt werden, nicht immer im Vorhinein feststeht. Das heißt, dass zu Beginn eines qualitativen Projektes oft noch nicht klar ist, wie viele Personen in die Forschung miteinbezogen werden müssen und welche Eigenschaften diese Personen aufweisen sollen. Da sich das theoretische Sampling jedoch erst aus der Forschung heraus ergibt – Sie können erst dann nach diesem Prinzip vorgehen, wenn Sie bereits mindestens eine Person interviewt haben –, müssen Sie ganz zu Beginn (für die Auswahl Ihrer ersten Interviewpartnerin) auf eine zusätzliche Samplingstrategie zurückgreifen. Für unser oben genanntes Beispiel – diesmal aus qualitativer Perspektive – heißt das: Welche Lehrerinnen letztendlich an unserer Forschung teilnehmen, ergibt sich daraus, was wir in den ersten Beobachtungen, Interviews oder Fokusgruppen mit ihnen erfahren (wir führen dieses Beispiel unten weiter aus).

QUALITATIVE FORSCHERINNEN GENERIEREN zudem für gewöhnlich so lange neue empirische Daten, bis eine theoretische Sättigung erreicht wird. Dies bedeutet, dass man zum Beispiel so viele Interviews durchführt, bis man keine neuen Informationen mehr von den Interviewpartnerinnen bekommt.

Die Datenerhebung endet, wenn die Aussagen und Perspektiven über und auf diese Themen sich zu wiederholen beginnen und weitere Interviews nicht zum besseren Verständnis des Gegenstands beitragen. Obwohl erfahrene qualitative Forscherinnen für gewöhnlich ein Gefühl dafür haben, wie viele Interviews oder Fokusgruppen es zur Beantwortung einer Forschungsfrage braucht, weiß man bei qualitativer Forschung zu Beginn die genaue Anzahl der Interviewpartnerinnen in der Regel nicht. Ob es etwa vier, 25 oder 70 Interviews braucht, um eine Forschungsfrage beantworten zu können, wird jedoch auch durch die Breite der Forschungsfrage beeinflusst.

4.6 Weitere Samplingstrategien

Theoretisches Sampling ist die wichtigste Samplingstrategie in der qualitativen Forschung. Darüber hinaus stehen aber diverse andere Strategien zur Verfügung, die teilweise auch in Kombination angewandt werden können. Während es eine große Anzahl spezifischer Samplingstrategien für die qualitative Forschung gibt, beschränken wir uns hier auf die unserer Ansicht nach wichtigsten Prinzipien, die dem Sampling zugrunde liegen können. Welche Vorgehensweise am sinnvollsten ist, hängt vor allem vom Zugang zu potenziellen Teilnehmerinnen und vom spezifischen Erkenntnisinteresse der Forschung ab.

Gezieltes stratifiziertes Sampling

Der Zugang zu Forschungsteilnehmerinnen gestaltet sich für gewöhnlich einfach, wenn die Gruppe, über die geforscht wird, groß ist und es relativ leicht ist, Personen zur Teilnahme zu motivieren (weil etwa das Forschungsthema eines ist, für das sich auch die Teilnehmerinnen interessieren). Dies ist zum Beispiel der Fall, wenn der Umgang von Lehrerinnen mit einer neuen bildungspolitischen Maßnahme für Maturaklassen in Wien untersucht werden soll. In solchen Fällen ist es in einem ersten Schritt sinnvoll, einige Merkmale zu definieren, entlang welcher sich die Lehrerinnen im Umgang mit der Maßnahme unterscheiden könnten. Diese Merkmale müssen jedoch begründet ausgewählt werden; im Idealfall bezieht man sich dabei auf bestehende Literatur. Hier wäre es nicht unüblich – ähnlich wie bei einer quantitativen Vorgehensweise –, dass die Forscherinnen zu Beginn planen, beispielsweise auf eine gute Durchmischung der Teilnehmerinnen hinsichtlich der Länge der Berufserfahrung zu achten. Dies wird als *gezieltes stratifiziertes Sampling* bezeichnet. Während der Datenerhebung – zum Beispiel Beobachtungen in Maturaklassen – kann es nun aber gut sein, dass die Forscherinnen feststellen, dass es keine wesentlichen Unterschiede zwischen Lehrerinnen mit viel und wenig Berufserfahrung gibt. Sie finden jedoch heraus, dass es große Unterschiede im Umgang mit der neuen bildungspolitischen Maßnahme gibt, je nachdem welches Fach die Lehrerinnen unterrichten. Während viele Deutschlehrerinnen von der Umsetzung überfordert sind, stellt die neue Maßnahme für Biologielehrerinnen eine Erleichterung des Unterrichtsalltags dar. Diese Erkenntnis nun in die weitere Auswahl von Forschungsteilnehmerinnen zu integrieren, um besser zu verstehen, warum sich Lehrerinnen je nach Unterrichtsfach unterschiedlich schwertun – und damit auch die politische Maßnahme besser zu verstehen –, macht den Kern des theoretischen Samplings aus.

Homogenes und heterogenes Sampling

Beim weiteren Vorgehen in der Datenerhebung stehen Forscherinnen nun verschiedene Möglichkeiten zur Verfügung. Diese Möglichkeiten sind alle Formen des theoretischen Samplings, unterscheiden sich jedoch darin, von welchem Blickwinkel man sich dem Phänomen weiter nähert. Sie können sich beispielsweise für ein *homogenes Sampling* entscheiden, das heißt für die Auswahl möglichst ähnlicher Fälle. Diese Strategie wird beispielsweise angewandt, wenn die Forscherinnen nun insbesondere verstehen wollen, warum die Implementierung der neuen Maßnahme gerade für Deutschlehrerinnen ein Problem darstellt und in weiterer Folge nur mehr Deutschlehrerinnen in die weitere Forschung miteinbeziehen (oder sich umgekehrt nur mehr mit Biologielehrerinnen beschäftigen). Die entgegengesetzte Strategie wäre ein *heterogenes Sampling*, das heißt die Auswahl möglichst unterschiedlicher Fälle. Diese Strategie kommt zum Tragen, wenn die Forscherinnen alle verschiedenen Ausprägungen des Phänomens verstehen wollen und daher im weiteren Verlauf der Forschung auf eine ausgewogene Verteilung von Lehrerinnen mit unterschiedlichen Unterrichtsfächern achten.

Typische, extreme und abweichende Fälle

Unabhängig davon, ob sich die Forscherinnen für ein homogenes oder heterogenes Sampling entscheiden, stehen ihnen weitere Samplingstrategien zur Verfügung. So können sich die Forscherinnen entscheiden, ob sie im weiteren Verlauf der Forschung typische, extreme oder abweichende Fälle auswählen. Die *Auswahl typischer Fälle* würde in unserem Beispiel bedeuten, weitere Deutschlehrerinnen in die Studie aufzunehmen, die Schwierigkeiten mit der Implementierung der Maßnahme haben, und/oder weitere Biologielehrerinnen, für die die Maßnahme eine Erleichterung darstellt. Bei der Auswahl typischer Fälle geht es darum, jeweils solche Lehrerinnen auszuwählen, deren Umgang mit der Maßnahme mehr oder weniger repräsentativ für ihre jeweilige Gruppe ist. Würden sich die Forscherinnen für die *Auswahl von extremen Fällen* entscheiden, würde dies bedeuten, Deutschlehrerinnen zu suchen, die sich besonders schwer mit der Maßnahme tun, und/oder Biologielehrerinnen, die sich überdurchschnittlich leicht damit tun. Ein *Sampling von abweichenden Fällen* würde für die Forscherinnen in unserem Beispiel bedeuten, nach Deutschlehrerinnen zu suchen, denen die Implementierung der Maßnahme leichtfällt, und/oder nach Biologielehrerinnen, denen dies schwerfällt.

Convenience- und Schneeball-Sampling

Die bisher vorgestellten Strategien sind gezielte Formen des Samplings und können überall dort zur Anwendung kommen, wo es eine große Auswahl an möglichen Forschungsteilnehmerinnen gibt. Dies ist jedoch nicht immer der Fall. In Studien, bei denen der Zugang zu Teilnehmerinnen schwierig ist, haben Forscherinnen oftmals keine Auswahl, wen sie einladen mitzumachen. In diesen Fällen ist es deshalb gerechtfertigt, auf die Strategie des *Convenience-Samplings* zurückzugreifen. Convenience-Sampling („Bequemlichkeits-Sampling") bedeutet, jene Personen zur Teilnahme an der Forschung zu motivieren, die leicht zugänglich und verfügbar sind, ohne auf weitere Merkmale zu achten. Bei einer Studie über den Gebrauch von gefälschten Reisepässen beispielsweise können die Forscherinnen nicht einfach auf Social Media posten: „Haben Sie einen gefälschten Reisepass? Bitte nehmen Sie an dieser Studie teil!" Stattdessen werden sie, wenn jemand von ihnen eine Person kennt, die einen gefälschten Reisepass hat, diese Person – wenn sie zustimmt – in das Sample aufnehmen. Im Zuge des Kontakts mit dieser ersten Forschungsteilnehmerin kann eine weitere Samplingstrategie zum Einsatz kommen – das *Schneeball-Sampling*. Schneeball-Sampling bedeutet, dass man Personen, die bereits an der Forschung teilnehmen, nach Kontakten zu weiteren potenziellen Teilnehmerinnen fragt. Die Forscherinnen können die erste Teilnehmerin, mit der sie über den Gebrauch von gefälschten Reisepässen gesprochen haben, also fragen, ob sie andere Menschen kennt, die auch im Besitz eines gefälschten Passes sind. Wenn dies der Fall ist, kontaktieren die Forscherinnen die betreffende Person und fragen – nachdem ein Vertrauensverhältnis aufgebaut wurde – abermals nach weiteren Personen, die für eine Teilnahme infrage kommen würden. Auf diese Weise ergibt sich nach und nach das gesamte Sample für das Forschungsprojekt.

Welche Samplingstrategien für ein Forschungsprojekt sinnvoll sind, hängt immer davon ab, wie viele potenzielle Teilnehmerinnen es gibt und wie sich der Zugang zu diesen gestaltet sowie von dem spezifischen Forschungsinteresse, das dem Projekt zugrunde liegt. Doch auch in welchem Stadium der Forschung man sich gerade befindet, spielt oftmals eine Rolle. Die Auswahl eines Samples in der qualitativen Forschung ist kein einmaliger, sondern ein kontinuierlicher Prozess und ergibt sich aus der Forschung selbst. Die wichtigste Samplingstrategie in der qualitativen Forschung ist, wie erwähnt, das theoretische Sampling, doch in verschiedenen Phasen der Forschung kann es notwendig oder sinnvoll sein, auf zusätzliche Strategien zurückzugreifen. Eine Kombination verschiedener Samplingstrategien ist möglich, doch bestimmte Kombinationen schließen sich logisch aus (etwa hetero- und homogenes Sampling).

Nochmals zur Wiederholung: Basierend auf der Strategie des theoretischen Samplings wird gezielt nach Teilnehmerinnen gesucht, um Lücken im Verständnis des Forschungsgegenstandes zu füllen. Personen, die Daten beitragen können, um den Gegenstand besser zu verstehen und die Forschungsfrage adäquat zu beantworten, werden in das Sample aufgenommen. Theoretisches Sampling bedeutet also auch die Informationen, die man als Forscherin im Prozess der Datenerhebung und -analyse erhält, in die Auswahl weiterer Teilnehmerinnen einfließen zu lassen. Weitere Teilnehmerinnen werden so lange aufgenommen, bis es zu einer theoretischen Sättigung kommt, das heißt, bis die Durchführung weiterer Beobachtungen, Interviews oder Fokusgruppen nicht mehr wesentlich zu einem besseren Verständnis des Gegenstandes beiträgt (siehe dazu auch Kapitel 9).

Lernfragen

- Was zeichnet eine gute Forschungsfrage aus?
- Welche Arten von Forschungsfragen sind für qualitative Forschung in der Regel nicht geeignet? Welche Arten von Forschungsfragen eigenen sich hingegen besonders gut für qualitative Forschung?
- Welche Herangehensweisen an die Auswahl von Teilnehmerinnen („Sampling“) kennen Sie?
- Was bedeutet theoretisches Sampling? Und wie unterscheidet es sich vom statistischen Sampling?
- Was bedeutet theoretische Sättigung?

Literatur

Booth, Wayne C.; Colomb, Gregory G.; Williams, Joseph M.; Bizup, Joseph & FitzGerald, William T. (2016). *The craft of research.* Chicago: University of Chicago Press.

Wolfsberger, Judith (2016). *Frei geschrieben. Mut, Freiheit und Strategie für wissenschaftliche Abschlussarbeiten.* Wien: Böhlau.

Weiterführende Literatur

Alvesson, Mats & Sandberg, Jorgen (2013). *Constructing research questions: Doing interesting research.* London: Sage.

Emmel, Nick (2013). *Sampling and choosing cases in qualitative research: A realist approach.* London: Sage.

Patton, Michael Quinn (2015). *Qualitative research and evaluation methods: Integrating theory and practice.* Los Angeles: Sage.

- Kapitel 5: *Designing qualitative studies,* 372–491.

White, Patrick (2017). *Developing research questions.* London: Palgrave Macmillan.

Teil II: Datenerhebung

5 Ethnographie und Beobachtung

Barbara Prainsack & Mirjam Pot

5.1 Was ist Ethnographie?

Ethnographie ist eine Methode zum Studium von Akteurinnen in ihren natürlichen Settings. Sie ist dadurch gekennzeichnet, dass die Forscherin „ins Feld" kommt, also sich an jene Orte begibt, an denen Menschen ihren alltäglichen Praktiken nachgehen, um diese Praktiken direkt zu untersuchen. Um Daten mittels Interviews oder Fokusgruppen generieren zu können, müssen diese Situationen erst geschaffen werden. Deshalb spricht man in diesem Zusammenhang davon, dass sie in künstlichen Settings stattfinden. Im Gegensatz dazu muss in der Ethnographie keine neue Situation geschaffen werden, um Daten zu generieren. Die Forscherin geht dort hin, wo die Dinge, die sie interessieren, ohnehin schon stattfinden. Dadurch kann sie herausfinden, was die Menschen „wirklich" tun. Es ist der methodische Vorteil der Ethnographie, die große Bandbreite und die vielen Details von Praktiken fassen zu können. Wenn man Menschen über ihre Tätigkeiten und Aktivitäten interviewt, bekommt man für gewöhnlich ein stark reduziertes Bild vermittelt, da über die Dinge, die im jeweiligen Feld als selbstverständlich gelten, selten berichtet wird. Außerdem stellen sich Menschen in Interviews oftmals so dar, wie sie sich selbst gern sehen. Ethnographische Forschung hingegen bietet einen detailreicheren und weniger stark vermittelten Blick auf die Praktiken, die man untersucht. Mit ihr kann man auch Aspekte eines Phänomens fassen, die die Menschen im Feld verinnerlicht haben und nicht verbal ausdrücken (können).

Obwohl die Ethnographie ein Zugang ist, der vor allem auf die Methode der Beobachtung zurückgreift, wird in ethnographischen Forschungsprojekten nicht nur beobachtet, sondern auch mit Menschen über ihre Praktiken gesprochen oder anderes Material gesammelt (Fotos, Gegenstände etc.), das Aufschluss über die Handlungen der jeweiligen Menschen und ihre Bedeutungen geben kann. Ethnographie zielt darauf ab, Praktiken und andere Elemente der sozialen Wirklichkeit detailreich zu beschreiben, zu kontextualisieren und aus der Position der involvierten Akteurinnen zu verstehen. Detailreiche Beschreibungen sind vor allem deshalb wichtig, weil zu Beginn einer ethnographischen Forschung oftmals noch nicht klar ist, welche Aspekte wichtig sind, um die beobachteten Handlungen tatsächlich zu verstehen. Eine Reihe von Details kann der Schlüssel dazu sein, eine Erklärung zu finden. Hinzu kommt die Wichtigkeit, nicht nur die Praktiken an sich, sondern auch den Kontext, in dem sie stattfinden, zu erfassen. Das heißt beispielsweise, nicht nur festzuhalten, dass eine Beamtin in einer Behörde gestresst scheint und hastig am Computer tippt, sondern auch, was um sie herum passiert: Zu welcher Zeit arbeitet sie? Woran arbeitet sie? Mit welchen technischen Geräten und Programmen arbeitet sie? Wer ist noch anwesend? Um „dichte", detailreiche und kontextualisierte Beschreibungen von Praktiken generieren zu können, ist oftmals eine längere Anwesenheit im jeweiligen Feld notwendig.

Im Folgenden geht es nach einer kurzen Einführung in die historischen Ursprünge der Ethnographie und mögliche Anwendungen in der Politikwissenschaft zunächst um verschiedene Formen des Beobachtens. Im Anschluss daran beschäftigen wir uns damit, worauf bei der Umsetzung ethnographischer Studien zu achten ist.

5.2 Ursprünge und Anwendungen in der Politikwissenschaft

Die Ethnographie spielt insbesondere in der Sozialanthropologie eine zentrale Rolle; in der Politikwissenschaft wurde sie bisher nur spärlich angewandt. Weil sie jedoch in manchen Teilgebieten – wie in der Policy-Forschung oder auch in der Analyse internationaler Beziehungen – immer beliebter wird, schließen wir sie in unsere Übersicht mit ein. Während die Ethnographie in anderen Disziplinen als langfristige (monate- oder jahrelange) und vollständige „Immersion" der Forscherin in das Leben der von ihr studierten Menschen bedeutet, werden in der politikwissenschaftlichen Forschung normalerweise Instrumente verwendet, die an die „richtige", langfristige Ethnographie nur angelehnt sind. Barbara Prainsack und Ayo Wahlberg (2013) sprechen in diesem Zusammenhang von „ethnographischer Sensibilität".

ETHNOGRAPHISCHE SENSIBILITÄT kennzeichnet Ansätze, die sich von einer vollwertigen Ethnographie unterscheiden, die aber von der Verpflichtung getragen werden, die Bedeutung von Praktiken und anderen sozialen und kulturellen Phänomenen außerhalb des unmittelbaren Bereichs der Politikgestaltung in die Analyse mit einzubeziehen.

Die Ausführungen in diesem Kapitel sind eine Einführung in die Methode der Beobachtung als Methode ethnographischer Sensibilität zu verstehen, jedoch nicht als Einführung in die Ethnographie als solche.

Ihre Ursprünge hat die Ethnographie in der Stadtsoziologie sowie der Kultur- und Sozialanthropologie. In den 1920er Jahren hat eine Gruppe von Soziologen an der Universität von Chicago begonnen, marginalisierte urbane Bevölkerungsgruppen und Subkulturen mittels ethnographischer Methoden zu untersuchen. Damit hat die Chicago School – wie diese Gruppe genannt wird – nicht nur die Subdisziplin der Stadtsoziologie begründet, sondern auch die Ethnographie als Methode in der Soziologie etabliert. In der Kultur- und Sozialanthropologie hat die Ethnographie ihre zweite Wurzel.[1] In dieser Disziplin, deren Anfänge stark mit dem Kolonialismus verbunden sind, hat die Ethnographie eine ganz besonders lange Tradition. Das Ziel der Anthropologie war es für lange Zeit, „fremde Völker" zu untersuchen und aus einer westlichen Perspektive zu verstehen. Dazu hat die Anthropologie für Europäerinnen unbekannte und fremde Praktiken in vertraute Kategorien übersetzt, dass etwa ein konkreter Tanz, den die Bevölkerung einer spezifischen Pazifikinsel durchführt, „unserem" Erntedankfest entspräche. Diese Vorgehensweise entsprach der Logik „making the strange familiar".

In diesen ersten beiden Anwendungsfeldern der Ethnographie wurden Menschen in anderen Ländern (aus anthropologischer Perspektive) und spezifische Milieus in westlichen Großstädten (aus soziologischer Perspektive) untersucht. Doch beide Anwendungen sind dadurch gekennzeichnet, dass man sich die untersuchten sozialen Gruppen als „exotisch" und „anders" vorgestellt hat. Die Vorstellung, dass die Forschungsteilnehmerinnen exotisch und anders seien, beinhaltete gleichzeitig auch, dass die Kultur der Forscher-

1 Die Kultur- und Sozialanthropologie wird oftmals auch als Ethnologie bezeichnet. Die Ethnologie steht in enger Verbindung mit der Ethnographie, weil Ethnologinnen oftmals Ethnographien durchführen. Beachten Sie aber, dass Ethnographie und Ethnologie nicht dasselbe sind. Die Ethnologie ist eine sozialwissenschaftliche Disziplin, die mitunter auf die Methode der Ethnographie zurückgreift. Doch auch andere Disziplinen arbeiten mit Ethnographien.

innen der „normale" Standard sei. Normal war, was aus der Perspektive des kolonialen Westens oder aus Sicht der Mittelschicht normal war.

Im Laufe des 20. Jahrhunderts ist die Auseinandersetzung mit der Frage, inwiefern die Sozialwissenschaften mit ihrer Forschung in manchen Fällen auch ungerechte Machtverhältnisse legitimieren und zu deren Verfestigung beitragen, ein wichtiger Teil sozialwissenschaftlicher Selbstreflexion geworden. Dies beinhaltete ein wachsendes Bewusstsein dafür, dass Forscherinnen nicht einfach von einer neutralen Position aus auf die Welt blicken und diese objektiv analysieren, sondern jeweils eine eigene Position in der Gesellschaft einnehmen, die ihren Blick auf den Untersuchungsgegenstand beeinflusst. Die Reflexion darüber, in welcher sozialen Position sich die Beobachterinnen und die Forschungsteilnehmerinnen befinden sowie über deren Verhältnis zueinander und mögliche methodische, aber auch ethische und politische Implikationen, ist mittlerweile ein wichtiger Bestandteil ethnographischer Forschungen. Dies hat zu einer Änderung in Bezug auf den Forschungsgegenstand geführt, da Forscherinnen begonnen haben, die Praktiken ihrer eigenen Kultur und sozialen Schicht zu hinterfragen.

Die Frage danach, welche unausgesprochenen Regeln und kulturellen Normen das Zusammenleben und die Praktiken in der eigenen Gesellschaft oder dem eigenen sozialen Milieu formen, rückt damit vermehrt in den Fokus der wissenschaftlichen Aufmerksamkeit. Dies hat zu einer Umkehrung des Forschungsziels geführt: Aus „making the strange familiar" wurde „making the familiar strange". Diese neue Logik ist gerade auch in der politikwissenschaftlichen, ethnographischen Forschung relevant, da es hier darum geht offenzulegen, nach welchen internen Logiken alltägliche politische Praktiken funktionieren, die grundsätzlich immer anders sein könnten.

Ein Beispiel dafür, wie man mit Hilfe ethnographischer Methoden politische Prozesse und die Dynamiken von Macht und Herrschaft untersuchen kann, stellt das Buch *Roads: An Anthropology of Infrastructure and Expertise* von Penny Harvey und Hannah Knox (2015) dar. Die Autorinnen untersuchen darin, wie zwei große Straßenbauprojekte in Südamerika Staatlichkeit, die politische Ökonomie und soziale Beziehungen formen. Ein zentraler Bestandteil ihrer Ethnographie besteht darin zu untersuchen, wie die Ankündigung, Planung und Umsetzung dieser verkehrspolitischen Projekte die Erwartungen der lokalen Bevölkerung geformt haben und welche Auswirkungen die Versprechen von mehr Mobilität und besseren Verbindungen zwischen Ballungsräumen auf deren Leben hatten.

Ein weiteres für Politikwissenschafterinnen wichtiges Anwendungsfeld ethnographischer Methoden ist die Analyse politischer Institutionen und Organisationen. Dabei geht es darum, durch die Beobachtungen von dem, was Menschen in diesen Organisationen tun und wie sie sich verhalten, zu verstehen, nach welcher Logik diese Organisationen funktionieren. Als Untersuchungsgegenstand kommen alle Organisationen infrage – von Parteien und Behörden über Krankenhäuser und Universitäten bis hin zu Unternehmen und Fußballvereinen. Im Wesentlichen geht es bei Ethnographien von Organisationen darum, Entscheidungsprozesse und Machtverhältnisse zu erforschen, die man nur mit Interviews nicht rekonstruieren kann.

5.3 Offene Beobachtung

Wie bereits erwähnt, greift die Ethnographie insbesondere auf die Methode der Beobachtung zurück. Wenn man empirische Daten mittels Beobachtungen generieren möchte, stehen einem verschiedene Formen der Beobachtung zur Verfügung. Grundsätzlich werden diese hinsichtlich zweier Merkmale unterschieden: Wissen die Forschungsteilnehmerinnen, dass sie beobachtet werden? Und nehmen die Forscherinnen selbst am Geschehen teil, das sie beobachten?

MAN SPRICHT VON OFFENEN BEOBACHTUNGEN, wenn die Forscherinnen sich als solche zu erkennen geben und die Teilnehmerinnen wissen, dass sie beobachtet werden.

Wenn Sie beispielsweise den Wahlkampf einer politischen Partei untersuchen möchten, können Sie sich an die Wahlkampfkoordinatorin wenden, Ihr Forschungsprojekt vorstellen und um die Zustimmung fragen, das Wahlkampfteam bei seiner Arbeit begleiten zu dürfen. Wenn Sie im Anschluss dem gesamten Team als Forscherin vorgestellt wurden und dieses nun bei seiner alltäglichen Arbeit im Wahlkampf beobachten, handelt es sich um offene Beobachtung.

OFFENE BEOBACHTUNG KANN *teilnehmend* oder *nicht teilnehmend* sein. Bei teilnehmenden Beobachtungen nehmen die Forscherinnen selbst an den Prozessen teil, die sie beobachten. Bei nicht teilnehmenden Beobachtungen halten sich die Forscherinnen am Rand des Geschehens auf und sind nicht direkt involviert.

In unserem Beispiel würde teilnehmende Beobachtung bedeuten, dass Sie das Wahlkampfteam nicht nur bei der Arbeit beobachten, sondern selbst auch eigene Aufgaben übernehmen, etwa Flyer auf der Straße zu verteilen oder im Büro Wahlkampfmaterial für den Versand vorzubereiten. Um nicht teilnehmende Beobachtung handelt es sich, wenn Sie sich im Wahlkampfbüro an eine Stelle setzen, von der aus Sie die ganze Szene gut im Blick haben, und Notizen darüber anfertigen, was sie sehen. Oder wenn Sie beim Wahlkampf auf der Straße zwar dabei sind, sich aber abseits halten und hauptsächlich Notizen anfertigen, anstatt mit den Wahlkämpferinnen oder den Passantinnen zu interagieren.

In der teilnehmenden Beobachtung ist man also selbst in das Geschehen involviert. Dies hat den Vorteil, dass man bis zu einem gewissen Grad eine Innenperspektive zum Untersuchungsgegenstand entwickelt. Wenn Sie sich selbst an den Wahlkampfaktivitäten beteiligen, werden Sie beispielsweise Zeitdruck, eine positive Wahlumfrage oder eine Auseinandersetzung mit einer Passantin ganz anders wahrnehmen, als wenn Sie dies nicht tun. Diese involvierte Wahrnehmung kann zu einem besseren Verständnis dessen beitragen, wie Wahlkämpfe funktionieren, und Ihre Analyse bereichern. Darüber hinaus hat die teilnehmende Beobachtung den Vorteil, dass Sie in Ihrer Rolle als Beobachterin weniger hervorstechen und sich die Personen in Ihrer Umgebung dadurch „natürlicher" verhalten. Ein Nachteil der teilnehmenden Beobachtung ist, dass Sie Ihre Beobachtungen oftmals nicht unmittelbar verschriftlichen können, weil Sie mit anderen Tätigkeiten beschäftigt sind. Stattdessen fertigt man idealerweise jeden Tag nach den Beobachtungseinheiten ausführliche Notizen an. Die zeitliche Verzögerung kann dazu führen, dass Sie sich nicht mehr an alle Details erinnern, die Ihnen im Moment wichtig schienen. Wenn Sie teilnehmende Beobachtungen durchführen und dies möglich ist, können Sie jedoch auch während der Beobachtungen Stichworte zu Ereignissen und Interaktionen notieren, die Sie am Ende des Tages dann ausführlicher dokumentieren.

Bei der nicht teilnehmenden Beobachtung nimmt man selbst nicht an den Aktivitäten teil, die man beobachtet. Dies hat den Vorteil, dass man sich stärker auf die Beobachtungen an sich konzentrieren kann. Die nicht teilnehmende Beobachterin versucht, die gesamte Situation im Blick zu haben und mit den Aufzeichnungen ein Gesamtbild festzuhalten. Hier entwickelt man zwar keine involvierte Innenperspektive, dafür kann man mehrere Praktiken gleichzeitig beobachten und besser den Überblick bewahren. Auch können Sie bei nicht teilnehmenden Beobachtungen unmittelbar und kontinuierlich Notizen über das anfertigen, was Sie sehen. Der Nachteil der nicht teilnehmenden Beobachtung ist, dass man als Beobachterin hervorsticht und die Menschen um einen herum immer wieder daran erinnert, dass sie beobachtet werden (in diesem Sinne ist man auch als nicht unmittelbar teilnehmende

Beobachtung ein Teil des Feldes). Der Vorteil und das Ziel der Methode der Beobachtung ist es, mehr über gewöhnliche, alltägliche Praktiken von Menschen zu erfahren. Trotzdem wirkt sich jede Form der offenen Beobachtung bis zu einem gewissen Grad immer auf das Verhalten der beobachteten Menschen aus. Bei der nicht teilnehmenden Beobachtung ist dieser Effekt jedoch für gewöhnlich größer, das heißt, das Verhalten der Menschen ändert sich oftmals stärker als bei der teilnehmenden Beobachtung, da die Forscherin in ihrer Rolle als Beobachterin konstant hervorsticht.

Wenn Sie Beobachtungen durchführen, sind Sie nicht daran gebunden, nur teilnehmend oder nur nicht teilnehmend zu arbeiten. Wenn Sie mit nicht teilnehmender Beobachtung beginnen und merken, dass diese Methode nicht funktioniert, weil Sie Ihnen nicht die Daten bringt, die Sie benötigen, könnten Sie es mit teilnehmender Beobachtung versuchen. Es kann auch nötig sein, die Form der Beobachtung zu ändern, weil die Situation vor Ort es erfordert. Beispielsweise weil es keine Tätigkeiten mehr gibt, mittels welcher Sie sinnvoll teilnehmen können. Letztlich gilt es vor allem darauf Rücksicht zu nehmen, welche Form der Beobachtung am besten mit den Praktiken und Routinen Ihrer Forschungsteilnehmerinnen kompatibel ist. Ein Wechsel der Methode ist also kein Fehler, sondern oftmals geboten. Wie bei allen methodischen Entscheidungen müssen Sie Änderungen in Ihrer Strategie jedoch immer dokumentieren und begründen können. Typischerweise halten Sie Entscheidungen dieser Art in einem Forschungstagebuch fest.

5.4 Verdeckte Beobachtung

DER GEGENPART ZUR OFFENEN ist die verdeckte Beobachtung. Sie kennzeichnet, dass die beobachteten Personen nicht wissen, dass sie beobachtet werden. Auch verdeckte Beobachtung kann teilnehmend oder nicht teilnehmend sein.

In vielen Fällen sind verdeckte Beobachtungen jedoch ethisch problematisch, weil die beobachteten Menschen getäuscht werden und das Prinzip der informierten Einwilligung verletzt wird (siehe dazu Kapitel 3). Durch verdeckte Beobachtungen werden Menschen in ihrer Autonomie beschränkt, da sie nicht selbst bestimmten können, ob sie an einem Forschungsprojekt teilnehmen wollen oder nicht. In unserem Wahlkampf-Beispiel wäre eine forschungsethisch höchst problematische Form verdeckter teilnehmender Beobachtung, wenn Sie sich beim Wahlkampfteam als politische Sympathisantin vorstellen und Ihre freiwillige Unterstützung im Wahlkampf anbieten, ohne Ihr Forschungsinteresse offenzulegen. Damit würden Sie Personen bewusst täuschen, um Zugang zu einer für Ihre Forschung interessanten Gruppe von Menschen zu erhalten. Wenn Sie ohnehin an einem Wahlkampf beteiligt sind (etwa weil besagte Partei Ihre Arbeitgeberin ist) und dann beschließen, diesen zusätzlich zu beforschen, Ihren Kolleginnen jedoch nicht darüber Bescheid sagen, handelt es sich ebenfalls um eine problematische Form verdeckter teilnehmender Beobachtung. Ein Beispiel für weniger problematische verdeckte (hier: nicht teilnehmende) Beobachtung wäre, wenn Sie das Wahlkampfteam bei seinen Wahlkampfaktivitäten im öffentlichen Raum beobachten, ohne sich als Forscherin zu „outen“. Das heißt, wenn Sie den Wahlkampf aus einer bestimmten Distanz beobachten, ohne aber die beobachteten Menschen davon zu informieren.

Aus methodischer Sicht hat verdeckte Beobachtung den Vorteil, dass man als Forscherin das Verhalten der Forschungsteilnehmerinnen nicht beeinflusst. Denn wenn die beobachteten Personen nicht wissen, dass sie beobachtet werden, verhalten sie sich so, wie sie sich für gewöhnlich auch verhalten. Wie bereits erwähnt, bringen verdeckte Beobachtungen große ethische Probleme mit sich. Gehen Sie als „Daumenregel“ davon aus, dass verdeckte Beobachtung in den meisten Situationen nicht ethisch zu rechtfertigen ist. Es gibt jedoch Fälle, in denen verdeckte Beobachtung trotzdem akzeptabel ist. Wenn Sie im öffentlichen Raum beobachten und keine Daten aufzeichnen, mit denen die beobachteten Menschen identifiziert werden können, kann die Durchführung verdeckter Beobachtungen in Ordnung sein. Wann verdeckte Beobachtungen in Ordnung sind und durchgeführt werden können, hängt vor allem davon ab, wo Beobachtungen durchgeführt werden, ob die Anonymität der Teilnehmerinnen gewahrt wird und wie groß der Nutzen der Forschung ist (wenn etwa Forschung nur verdeckt möglich ist und großen Nutzen für die beforschte Gruppe haben wird, ohne dass die Anonymität einzelner Personen gefährdet wird). Die teils gravierenden forschungsethischen Probleme, die verdeckte Beobachtung aufwirft, muss in jedem Fall mit fachkundiger Beratung gelöst werden. Von verdeckter Beobachtung im nicht öffentlichen Bereich ist im Allgemeinen abzuraten; in manchen Fällen würden Sie damit nicht nur forschungsethische, sondern auch rechtliche – etwa datenschutzrechtliche – Regeln verletzen.

Wenn nicht ausdrücklich von Ihren Forschungsteilnehmerinnen anders gewünscht, ist es in der empirischen Forschung immer wichtig, ihre Anonymität zu schützen. Bei verdeckten Beobachtungen ist dies im besonderen Maße von Bedeutung, da die beobachteten Menschen keine Einwilligung zur Teilnahme an der Forschung gegeben haben. Auch ist es empfehlenswert, nach Abschluss der Studie der beforschten Gruppe die Ergebnisse zugänglich zu machen. Zum Beispiel indem Sie Informationsblätter produzieren, auf denen steht, wer Sie sind, was Sie beforscht haben, aus welchem Grund, was Sie herausgefunden haben und was mit diesen Ergebnissen nun passieren wird.

5.5 Auswahl von Zeit und Ort

Wenn Sie sich einmal für eine Form der Beobachtung entschieden haben, müssen Sie sich im Folgenden überlegen, wo genau und für wie lange die Durchführung von Beobachtungen sinnvoll und notwendig ist. Wenn Sie einmalig für ein paar Stunden ins Feld gehen, kann auf jeden Fall noch nicht von systematischer Beobachtung die Rede sein. Kultur- und Sozialanthropologinnen sind oft jahrelang im Feld. Dies ist in der Politikwissenschaft zumeist nicht möglich, und häufig auch gar nicht nötig. Für wie lange es notwendig ist, Beobachtungen durchzuführen, hängt davon ab, was Sie untersuchen, welche anderen Methoden Sie noch anwenden und wie umfangreich Ihr Projekt ist. Es sollten mindestens ein paar Tage sein, manchmal sogar ein paar Wochen oder Monate. Auch hier gilt das Prinzip der theoretischen Sättigung: Idealerweise sind Sie so lange im Feld, bis Sie dadurch keine wesentlichen neuen Einsichten mehr erlangen. Behalten Sie auf jeden Fall zusätzlich im Hinterkopf, dass es bei offenen Beobachtungen für gewöhnlich ein wenig dauert, bis sich Ihre Forschungsteilnehmerinnen an Ihre Anwesenheit gewöhnt haben, eine vertrauensvolle Beziehung aufgebaut ist und Sie keinen allzu großen Einfluss mehr auf deren Verhalten ausüben.

Neben der Frage, wie lange Sie Beobachtungen durchführen möchten, sollten Sie sich auch überlegen, an welchen Zeitpunkten Sie dies machen möchten. Hier kommen die Überlegungen ins Spiel, die wir hinsichtlich des Samplings in Kapitel 4 besprochen haben. Überlegen Sie also, wann es am meisten Sinn macht, Beobachtungen durchzuführen. Je nach Untersuchungsgegenstand kann dies zu einer bestimmten Zeit des Jahres oder an einer bestimmten Tageszeit sein. Seien Sie sich bewusst, dass zu unterschiedlichen Zeiten unterschiedliche Dinge passieren und Sie deshalb auch Unterschiedliches beobachten werden. Wenn Sie den Wahlkampf einer Partei verstehen möchten, ist es wichtig, von Anfang an dabei zu sein und nicht erst eine Woche vor der Wahl mit den Beobachtungen zu beginnen. Oftmals werden Sie auf die Zeiten, die für Ihre Teilnehmerinnen günstig sind, angewiesen sein. Wichtig ist, dass Sie dokumentieren, wann und wie lange Sie beobachtet haben – und dies begründen sowie in der Analyse mitreflektieren.

Auch hinsichtlich der konkreten Beobachtungsorte benötigen Sie eine Samplingstrategie und müssen Sie begründete Entscheidungen treffen. Wenn Sie den Wahlkampf einer Partei analysieren möchten, müssen Sie sich überlegen, an welchen Orten dieser Wahlkampf stattfindet. Wahlkampf findet nicht nur auf der Straße statt. Parteigremien beschließen Wahlkampfstrategien, diese müssen umgesetzt und koordiniert werden, Kommunikationsexpertinnen bereiten Kandidatinnen auf öffentliche Auftritte vor, Wahlkampfveranstaltungen werden abgehalten etc. Und auch der Wahlkampf auf der Straße findet nicht nur an einem Ort, sondern in verschiedenen Städten, Stadtteilen und Dörfern statt. Überlegen Sie, wie und wo Wahlkampfarbeit passiert, und überlegen Sie, wo Sie unbedingt dabei sein sollten und welche Aspekte eines Wahlkampfes für Ihre Forschung weniger wichtig sind. Da Sie nicht überall zugleich sein können und Ihrer Forschung zeitliche Grenzen gesetzt sind, müssen Sie abwägen, welche Orte einen besonders guten Einblick in die Bandbreite der verschiedenen Wahlkampfaktivitäten geben. Vielleicht wäre es gut, sowohl Einblicke in die Organisation als auch die Durchführung des Wahlkampfes zu bekommen, in große Veranstaltungen als auch in Gespräche zwischen Kandidatinnen und Passantinnen und das Verteilen von Informationsmaterialien an Wohnungstüren. Oder darin, wie Wahlkampf in ländlichen und urbanen, armen und reichen Stadtteilen aussieht. Seien Sie sich bewusst, dass es immer ein Trade-off zwischen kurzen, oberflächlicheren Beobachtungen an vielen Orten sowie längeren und detailreicheren Beobachtungen an wenigen Orten gibt.

Wenn Sie sich für einen oder mehrere Beobachtungsorte entschieden haben, besteht der nächste Schritt darin, dass Sie sich um den Zugang zum Feld und zu diesen Orten im Speziellen kümmern müssen. Bei Ethnographien in Organisationen bedeutet das, dass man sich mit den dafür verantwortlichen Personen in Verbindung setzt, ihnen das Forschungsprojekt erklärt und Abmachungen darüber trifft, in welcher Form und unter welchen Bedingungen Beobachtungen durchgeführt werden können. Wer die Ansprechperson ist, hängt immer von Ihrem konkreten Forschungsprojekt ab; grundsätzlich wendet man sich aber an Personen in Leitungsfunktionen, beispielsweise eine Wahlkampfleiterin. Die Personen, die Ihnen Zugang zum Feld gewähren können, werden als Gatekeeper bezeichnet. Nicht immer jedoch sind Gatekeeper Menschen in leitenden Funktionen. Wenn Sie etwa politische Fankultur im Fußball untersuchen wollen, kann Ihr Gatekeeper eine Person sein, die sich in dieser Szene bewegt, Sie zu Fußballspielen mitnimmt und mit anderen Personen aus der Szene in Kontakt bringt. Wenn Sie Entscheidungen hinsichtlich des Zugangs zum Feld treffen, beachten Sie auch, dass Ihr Verhältnis zu den Menschen im Feld wesentlich davon beeinflusst wird, wer Ihr Gatekeeper ist.

5.6 Beobachtungsnotizen anfertigen

Das wichtigste Datenmaterial in der ethnographischen Forschung sind die Beobachtungsnotizen, die Sie anfertigen. Wir haben bereits erwähnt, dass Ihnen, je nachdem, ob Sie teilnehmend oder nicht teilnehmend beobachten, unterschiedliche Möglichkeiten zur Verschriftlichung Ihrer Beobachtungen zur Verfügung stehen. Während Sie bei der nicht teilnehmenden Beobachtung kontinuierlich Notizen anfertigen können, tun Sie dies bei der teilnehmenden Beobachtung am Ende eines Beobachtungstages. Es ist wichtig, dass Sie Ihre Beobachtungen so zeitnah wie möglich und regelmäßig dokumentieren, denn leider vergisst man Details sehr schnell. Der Schwerpunkt Ihrer Notizen sollte auf den Praktiken der Menschen in Ihrem Feld liegen und welche Logik diesen Praktiken zugrunde liegt. Die folgenden Fragen können Ihnen als Richtlinie beim Verfassen Ihrer Forschungsnotizen helfen:

- Was machen die handelnden Personen? Was versuchen sie zu erreichen?
- Wie tun sie dies?
- Wie verstehen die handelnden Personen das, was sie tun? Welche Kategorien und Referenzpunkte sind für sie wichtig?
- Welche Annahmen treffen die handelnden Personen? Wovon gehen sie aus? Was ist für sie selbstverständlich?
- Was fehlt? Warum werden bestimmte Dinge nicht getan oder gesagt?
- Wie habe ich mich in der Situation gefühlt?
- Wie habe ich die Situation unter Umständen beeinflusst?

Zusätzlich zu dem, was Sie beobachten, können Sie die Menschen zu manchen dieser Aspekte auch direkt befragen, zum Beispiel, wenn Ihnen nicht klar ist, warum jemand etwas macht, also was die Intention hinter einer Handlung ist. Scheuen Sie hier nicht zurück, Fragen zu stellen, die vielleicht naiv klingen. Denn durch vermeintlich „dumme" Fragen werden Menschen oftmals herausgefordert, Dinge in Worte zu fassen, die für sie ansonsten selbstverständlich und unausgesprochen bleiben. Behalten Sie auch vor Augen, dass es oftmals Unterschiede in der Außen- und Innenperspektive gibt: Aus Ihrer Perspektive mag es beispielsweise klar scheinen, dass eine Person, wenn sie rasend schnell am Computer tippt, im Stress ist. Vielleicht ist das jedoch nicht der Fall und besagte Person möchte einfach so schnell wie möglich ihren Feierabend beginnen, weil sie sich schon so sehr auf den gemeinsamen Kinobesuch mit ihrer Freundin freut. Sowohl bei Ihren Beobachtungen als auch im Gespräch mit Menschen ist es hilfreich, immer die Frage „Warum wird etwas so getan und nicht anders?" im Hinterkopf zu haben. Dies bietet eine Hilfestellung, um das von Ihnen Beobachtete nicht einfach als gegeben zu akzeptieren.

Neben der Dokumentation dessen, was Sie gesehen haben, dienen die Beobachtungsnotizen auch dazu festzuhalten, wie Sie die beobachteten Situationen erfahren und wie Sie diese eventuell durch Ihre Anwesenheit beeinflusst haben. Gleichzeitig ist das Verfassen von Beobachtungsnotizen eine Reflexion darüber, was besonders interessant ist im Feld oder was man noch nicht versteht, weil man bestimmte Details noch nicht beobachtet und bestimmte Fragen noch nicht gestellt hat. Dokumentieren Sie diese Lücken und die neuen Fragen, die sich Ihnen auftun. Dies ermöglicht es Ihnen, bei der nächsten Gelegenheit genauer hinzusehen und im Gespräch mit den Menschen im Feld bessere Fragen zu stellen. An diesem Beispiel sehen Sie, wie die Datengenerierung und die Datenanalyse in der qualitativen Forschung oftmals Hand in Hand gehen, anstatt dass sie zwei separate, aufeinanderfolgende Phasen sind. Das theoretische Sampling, das in der qualitativen Forschung üblich ist (siehe Kapitel 4), stellt die Verbindung zwischen der Generierung und Analyse der Daten dar. Sie schreiben Ihre Beobachtungen auf, stellen Reflexionen über Ihre Notizen an, die in weiterer Folge wieder Ihre Beobachtungen leiten. Über die eigenen Beobachtungen nachzudenken, stellt selbstverständlich noch keine vollständige Datenanalyse dar. Doch spannende, aber noch nicht ganz klare Aspekte am beobachteten Geschehen zu identifizieren und in der Datengenerierung den Fokus auf diese zu legen, ist die Essenz des theoretischen Samplings.

Beim Verfassen der Beobachtungsnotizen empfiehlt es sich, die verschiedenen Aspekte Ihrer Beobachtungen zwar gesammelt zu dokumentieren, diese aber trotzdem voneinander abzugrenzen. Wenn Sie mit handschriftlichen Notizen arbeiten, tun Sie dies in einem Heft oder Notizbuch. Wenn Sie Ihre Notizen am Computer verschriftlichen, sammeln Sie Ihre Beobachtungen nicht in zu vielen einzelnen Dokumenten, sondern legen Sie vielleicht ein Dokument für jeden Tag oder überhaupt nur ein Dokument an. In Ihrem Notizbuch oder Dokument können Sie Ihre Notizen dann in verschiedene Teile gliedern. So können Sie beispielsweise in einem ersten Teil das Beobachtete so objektiv wie möglich dokumentieren, im nächsten Teil das eigene Erleben festhalten und in einem dritten Teil reflektieren, weiterführende Fragen notieren etc. Grenzen Sie die einzelnen Teile auch graphisch gut voneinander ab, beispielsweise durch die Verwendung unterschiedlicher Schriftfarben oder der Verwendung von Spalten. Dies hilft Ihnen bei der weiteren Datengenerierung und der Analyse.

DIE BEOBACHTUNGSNOTIZEN SIND in der ethnographischen Forschung Ihr wichtigstes Datenmaterial. Darüber hinaus können jedoch auch andere Gegenstände, die von der beobachteten Gruppe verwendet oder produziert werden, Teil des Materialkorpus sein.

Bei der Beobachtung eines Wahlkampfes können dies beispielsweise Wahlplakate, Werbespots und Wahlkampfgeschenke sein. Manchmal ist es für Forscherinnen hilfreich, eigene Fotos, Ton- oder Videoaufnahmen vom Beobachtungsort, bestimmten Ereignissen oder Aktivitäten anzufertigen. In solchen Fällen gilt es jedoch, unbedingt den Datenschutz zu berücksichtigen. Bevor Sie also Fotos oder Aufnahmen von Personen machen, müssen Sie diese nochmals gesondert und explizit um ihre Zustimmung fragen.

5.7 Die eigene Rolle im Feld

Eine Reihe von Faktoren beeinflusst, wie die Menschen im Feld Sie wahrnehmen, welche Art von Beziehungen Sie aufbauen und letztlich auch die Qualität der Daten. Obwohl Sie auf manche dieser Aspekte – wie Alter, Geschlecht oder Hautfarbe – keinen Einfluss haben, sollten Sie darüber reflektieren, wie sich diese Merkmale auf Ihr Verhältnis zu den Menschen im Feld auswirken. Bei einigen anderen Faktoren, die Einfluss auf Ihre Rolle haben und wie Sie wahrgenommen werden, haben Sie jedoch einiges an Spielraum. Bevor Sie mit den Beobachtungen beginnen, sollten Sie sich also Gedanken darüber machen, welche Rolle Sie im Feld einnehmen möchten. Das ist nicht nur aus methodischen Gründen wichtig, sondern betrifft auch Fragen der Ethik und Integrität.

Ihre Rolle im Feld und Ihr Verhältnis zu den Menschen vor Ort wird zunächst von der Art der Beobachtung bestimmt, für die Sie sich entscheiden. Bei teilnehmender Beobachtung sind Sie Teil des Geschehens und werden nicht nur in die Aktivitäten vor Ort eingebunden, sondern auch stärker in die sozialen Interaktionen. Hier müssen Sie überlegen, inwieweit Sie dies möchten und wo Sie gegebenenfalls Grenzen ziehen. Es macht beispielsweise Sinn, sich bis zu einem gewissen Grad an die Umgangsformen im Feld anzupassen (etwa hinsichtlich Kleidung oder Sprache). Doch wie verhalten Sie sich beispielsweise in Situationen, wo Sie in problematische – etwa rassistische oder sexistische – Praktiken involviert werden? Überlegen Sie also, wie weit Ihre Teilnahme gehen soll. Bei nicht teilnehmenden Beobachtungen halten Sie sich nicht nur was die Teilnahme an Aktivitäten anbelangt, sondern damit verbunden auch in sozialer Hinsicht am Rande des Geschehens auf. Trotzdem wird sich die Frage auftun, an welchen Aktivitäten Sie eventuell trotzdem teilnehmen. Machen Sie beispielsweise gemeinsam mit den anderen Mittagspause oder bleiben Sie für sich? Oftmals ergibt sich die Antwort auf solche Fragen aus der Dynamik vor Ort, doch überlegen Sie schon vorab, was Entscheidungen in die eine oder andere Richtung für Ihre Forschung bedeuten.

Bedenken Sie, dass es für gewöhnlich etwas Zeit braucht, bis sich die Menschen im Feld an Ihre Anwesenheit gewöhnt haben – und auch Sie selbst Ihre Rolle als Beobachterin gefunden haben. Planen Sie deshalb genügend Zeit für die Beobachtungen ein. Dies ist wichtig, um überhaupt „authentische" Beobachtungen machen zu können.

ALS FORSCHERIN, DIE DEN MENSCHEN bei ihrem täglichen Tun zusieht, beeinflussen Sie dieses Tun bis zu einem gewissen Grad immer. Diese Beeinflussung wird als Hawthorne-Effekt bezeichnet.

Es ist in erster Linie abhängig vom spezifischen Feld, doch generell können Sie davon ausgehen, dass Ihre Anwesenheit erst nach einer gewissen Zeit die Praktiken im Feld nicht mehr wesentlich beeinflusst. Irgendwann beginnen die Menschen nämlich „zu vergessen", dass Sie auch da sind, sie werden sich dann eher so verhalten, wie sie dies tun würden, wenn Sie nicht da wären. Dieser Punkt tritt bei der teilnehmenden Beobachtung für gewöhnlich schneller ein als bei der nicht teilnehmenden Beobachtung. Beobachtungen darüber, wie die Menschen im Feld auf Sie reagieren, wie sehr sie Sie „sehen" sowie Ihre eigene Einschätzung darüber, ob Ihre Anwesenheit einen Einfluss auf die Praktiken vor Ort hat, sollten Sie für den gesamten Verlauf Ihrer ethnographischen Forschung schriftlich dokumentieren.

DOCH AUCH DER UMGEKEHRTE EFFEKT kann eintreten und wird als *going native* bezeichnet. *Going native* bedeutet, dass Sie die Perspektive Ihrer Teilnehmerinnen übernehmen und die Besonderheiten vor Ort nicht mehr sehen. Sie haben dann keine kritische Distanz zum Feld mehr. Diese Situation kann eintreten, wenn Sie für sehr lange Zeit Beobachtungen durchführen und/oder sich stark mit dem Feld identifizieren.

In diesem Fall haben Sie zwar eine starke Innenperspektive entwickelt, aber die Außenperspektive völlig verloren. Bei jedem Aufenthalt im Feld gilt es, diese Spannung zwischen Außen- und Innensicht im Hinterkopf zu behalten, die beide gewisse Vor- und Nachteile mit sich bringen. Gute ethnographische Forschung versucht einen Mittelweg zu finden, also eine detailreiche

Innensicht zu entwickeln, ohne dabei die Vorteile der Außensicht gänzlich aufzugeben.

Vergessen Sie nicht, vor dem Beginn Ihrer Beobachtung zu klären, wer alles darüber informiert werden soll, dass Sie als Forscherin im Feld sind und wie Sie hier vorgehen. Wenn Sie Beobachtungen in einer Organisation durchführen, ist es meist leicht zu bewerkstelligen, alle Betroffenen zu informieren. Wenn Sie einen Wahlkampf ethnographisch erforschen, können Sie beispielsweise mit der Wahlkampfleiterin vereinbaren, dass sie ein E-Mail an alle Personen schickt, die im Wahlkampf aktiv sind, in dem über Ihre Anwesenheit und Ihr Projekt informiert wird. In anderen Fällen kann es stattdessen oder zusätzlich angebracht sein, Informationsblätter zu Ihrem Projekt auszulegen oder Aushänge anzufertigen, die über Ihre Anwesenheit informieren (Vorlagen und Hilfestellungen dafür, wie Sie Informationsblätter und Einwilligungsformulare gestalten, finden sich auf den Webseiten der Ethikkommissionen vieler Universitäten).

Auch wenn Sie bei Beobachtungen für gewöhnlich nicht alle Teilnehmerinnen einzeln um Ihre Zustimmung fragen können, gilt als Grundregel, hier so transparent wie möglich vorzugehen. Dazu gehört es, für mögliche Fragen der Teilnehmerinnen zur Verfügung zu stehen. Wie Sie hier am besten vorgehen, stimmen Sie mit Ihrer Ansprechperson vor Ort ab. Teilnehmerinnen über Ihre Forschung zu informieren ist jedoch um einiges schwieriger, wenn die Gruppe von Menschen, die Sie beobachten, weniger genau abgegrenzt ist. Dies ist etwa der Fall, wenn Sie Beobachtungen in der Fußballfanszene durchführen. In solchen Fällen müssen Sie sich gut überlegen, ob, wann und wie Sie den Menschen, mit denen Sie in Kontakt sind, erklären, dass Sie Forschung betreiben. Hier empfiehlt es sich beispielsweise, wann immer man sich einer neuen Person vorstellt oder vorgestellt wird, auch auf die eigene Forschungstätigkeit zu verweisen.

Ganz allgemein sollten Sie bereits vor Beginn Ihrer Beobachtungen überlegen, was es für eine spezifische Gruppe bedeuten kann, beobachtet zu werden. Dies hängt nicht zuletzt damit zusammen, ob diese Gruppe beispielsweise stigmatisiert ist oder ihre Praktiken kürzlich für Aufsehen gesorgt haben. Überlegen Sie auch, wie Sie mit Ablehnung im Feld umgehen. Wenn Ihnen ein Gatekeeper einmal Zugang verschafft hat, heißt das nicht, dass Sie mit voller Kooperation aller im Feld Anwesenden rechnen können. Es kann Ihnen immer widerfahren, dass man nicht mit Ihnen arbeiten möchte, etwa weil Personen dafür keine Zeit haben und Ihre Anwesenheit eine zusätzliche Belastung für sie darstellt. In solchen Fällen können Sie überlegen, ob andere Menschen eventuell mehr zeitliche Ressourcen haben und ebenfalls für Ihre Forschung wichtig sind, oder ob Sie besagter Person irgendwie Arbeit abnehmen können. Es kann aber auch sein, dass Personen sich ablehnend verhalten, weil sie Ihnen keine Einblicke in interne Prozesse und Abläufe geben wollen. Wenn Ihnen die Menschen im Feld Misstrauen entgegenbringen, kann dies daran liegen, weil sie sich kontrolliert oder ausspioniert fühlen. In diesen Fällen müssen Sie sich überlegen, durch welche Art von Verhalten Sie am besten Vertrauen aufbauen können.

Lernfragen

- Welches sind die geschichtlichen Ursprünge ethnographischer Methoden?
- Was bedeutet ethnographische Sensibilität?
- Wodurch unterscheiden sich verschiedene Typen von Beobachtung und welche forschungsethischen Herausforderungen werfen sie jeweils auf?
- Was sind Beobachtungsnotizen und wozu braucht man sie?
- Was bedeutet „going native"?

Literatur

Harvey, Penny & Knox, Hannah (2015). *Roads: An anthropology of infrastructure and expertise.* Ithaca: Cornell University Press.

Prainsack, Barbara & Wahlberg, Ayo (2013). *Situated bio-regulation: Ethnographic sensibility at the interface of STS, policy studies and the social studies of medicine.* In: *Biosocieties,* 8(3), 336–359.

Weiterführende Literatur:

Dellwing, Michael & Prus, Robert (2012). *Einführung in die interaktionistische Ethnografie. Soziologie im Außendienst.* Wiesbaden: Springer VS.

Schatz, Edward (Ed.) (2013). *Political ethnography: What immersion contributes to the study of power.* Chicago: University of Chicago Press.

Schlipphak, Bernd; Treib, Oliver & Gehrau, Volker (2019). *Die Beobachtung als Methode in der Politikwissenschaft.* München: UVK.

Shore, Cris; Wright, Susan & Però, Davide (Eds.) (2011). *Policy worlds: Anthropology and the analysis of contemporary power.* New York: Berghahn Books.

6 Qualitative Interviews führen

Barbara Prainsack & Mirjam Pot

6.1 Was sind qualitative Interviews?

Das Durchführen von Interviews ist wohl die wichtigste Form der Datengenerierung in der qualitativen politikwissenschaftlichen Forschung. Doch was zeichnet qualitative Interviews aus? Qualitative Forschungsinterviews zeichnen sich durch drei Merkmale aus. Erstens dienen sie dazu, wissenschaftliche Daten zu generieren, die in weiterer Folge zu neuen wissenschaftlichen Erkenntnissen führen sollen. In dieser Hinsicht unterscheiden sie sich von Interviews und Gesprächen in anderen Kontexten wie im Journalismus oder privaten Beziehungen. Zweitens geht es bei qualitativen Interviews in der Politikwissenschaft darum, Praktiken und Perspektiven der Forschungsteilnehmerinnen zu verstehen. Bei Interviews geht es nicht nur darum, faktische Informationen abzufragen, die man auch anderswo bekommen könnte. Ein Interview sollte also nicht als „Abkürzung" zu Information oder als reine Meinungsbefragung gesehen werden – dafür stehen in der Regel andere (und zu diesen Zwecken besser geeignete) Methoden zur Verfügung. Qualitative Interviews dienen dazu, die Details beruflicher, politischer oder persönlicher Praxis zu erörtern, die auf anderen Wegen nicht erfasst werden können. Drittens sind qualitative Interviews eine Form der Datenerhebung, in die Interviewerin und Forschungsteilnehmerin gemeinsam involviert sind. Mit Interviews wird das Wissen des Gegenübers nicht einfach „angezapft" oder werden Daten nur „gesammelt". Vielmehr bestimmt die Art der Fragen und des Fragens, was und wie Ihr Gegenüber berichten wird – und folglich auch die Qualität der Daten. Interviewdaten werden also gemeinsam generiert.

ES GIBT VERSCHIEDENE TYPEN von qualitativen Interviews, die sich vor allem durch den Grad ihrer Strukturiertheit unterscheiden. Der Grad der Strukturiertheit gibt an, wie stark der Inhalt des Interviews und die Abfolge der Fragen durch die Interviewerin vorgegeben werden. Diesbezüglich ist oftmals von strukturierten, halbstrukturierten oder offenen (manchmal auch „unstrukturierten") Interviews die Rede.

Strukturierte Interviews folgen einem starren Ablauf, allen Forschungsteilnehmerinnen werden exakt die gleichen Fragen in der gleichen Reihenfolge gestellt. Solche Interviews sind in dem Sinn qualitativ, da sie – anders als quantitative Befragungen – keine Antwortmöglichkeiten vorgeben und auch stärker in die Tiefe gehen, als dies bei quantitativen Befragungen normalerweise der Fall ist. Bei offenen Interviews hingegen folgt das Gespräch fast gänzlich den thematischen Prioritäten der Forschungsteilnehmerinnen. Halbstrukturierte Interviews repräsentieren, wie die Bezeichnung schon signalisiert, einen Mittelweg zwischen dem strukturierten und dem offenen Interview.

Der Interviewleitfaden, der vor dem Interview vorbereitet wird, muss dem Grad der Strukturiertheit entsprechen: Beim strukturierten Interview legt man vorab eine fixe Reihenfolge vollständig ausformulierter Fragen fest, die sich normalerweise aus einer bestimmten Theorie oder aus der Literatur ableiten. Beim offenen Interview hingegen – was vor allem dann sinnvoll angewendet wird, wenn induktiv gearbeitet wird und über das zu erforschende Phänomen noch wenig bekannt ist – enthalten Interviewleitfäden oft nur Themenbereiche, die im Gespräch abgedeckt werden sollen, ohne dass diese erschöpfend vorgeben, was besprochen werden soll oder darf. Bei offenen Interviews geht es unter anderem darum, die Bandbreite der Themen auszuloten, die für die Interviewpartnerinnen im Zusammenhang mit dem Forschungsthema relevant sind.

Obwohl die passendste Interviewform immer vom konkreten Forschungsprojekt abhängt, eignen sich für die qualitative politikwissenschaftliche Forschung insbesondere halbstrukturierte Interviews gut. Das heißt: Interviews, die auf ein bestimmtes Thema fokussiert sind und Fragen enthalten, die sich aus dem Stand der Wissenschaft zum jeweiligen Thema ableiten, und gleichzeitig genug Offenheit bieten, um den Besonderheiten der jeweiligen Interviewpartnerin und ihrer Prioritätensetzung gerecht zu werden. Die Ausführungen in diesem Kapitel beziehen sich deshalb auch auf die Durchführung von halbstrukturierten Interviews.[1]

1 Es gibt viele weitere Bezeichnungen für spezifische Interviewformen, etwa narrative, problemzentrierte oder Expertinneninterviews. Diese Formen unter-

Die Durchführung von Interviews und die Generierung hochwertiger Interviewdaten bedarf einiges an Vorbereitung. Wir sehen uns im Folgenden an, wie Sie gute Leitfäden und Interviewfragen entwickeln können sowie was Interviewkompetenz ausmacht. Darüber hinaus beleuchten wir die wichtigsten Aspekte in der praktischen Vorbereitung von Interviews und wie man nach Abschluss des Interviews mit dessen Transkription verfährt.

6.2 Vor dem Interview

Bevor Sie ein Interview durchführen, müssen Sie ein paar praktische Entscheidungen und Vorbereitungen treffen. Dies betrifft zum einen die Frage, wie und wo das Interview stattfinden soll. Es empfiehlt sich, Interviews, wenn möglich, im Rahmen eines persönlichen Treffens abzuhalten. Grundsätzlich können Sie Interviews jedoch auch telefonisch oder mithilfe von Software-Programmen durchführen (siehe dazu Kapitel 8). Wenn Sie Interviews im Rahmen persönlicher Treffen mit Ihren Interviewpartnerinnen planen, gilt es, einen ruhigen und leisen Ort auszuwählen, an dem Sie ungestört sind. Büros, Räume an Universitäten oder ruhige Cafés sind generell gut geeignet. Als Forscherin sollten Sie Ihren Teilnehmerinnen anbieten, das Interview an einem für sie günstig gelegenen Ort abzuhalten, sodass die Teilnahme nicht mit finanziellen und zu großen zeitlichen Kosten verbunden ist. Von Interviews in privaten Wohnungen ist jedoch aus methodischen Überlegungen als auch Sicherheitsgründen in vielen Fällen abzuraten.

Ein weiterer Aspekt betrifft die Ausstattung. Sorgen Sie dafür, dass Sie alle notwendigen Unterlagen für das Interview vorbereiten. Dazu gehören Einverständniserklärung, Informationsblatt und Interviewleitfaden. Auch einen Notizblock und einen Stift sollten Sie auf jeden Fall dabeihaben, um während des Interviews Notizen machen zu können (dies wird von vielen Interviewpartnerinnen als weniger störend empfunden, als wenn Sie am Laptop oder auf einem anderen mobilen elektronischen Gerät Notizen machen). Da Sie das Interview – insofern die Teilnehmerinnen zustimmen – aufzeichnen sollten, nehmen Sie ein Diktiergerät und Ersatzbatterien mit. Von Tonauf-

scheiden sich durch einen spezifischen Aufbau des Interviews (bei narrativen Interviews), eine bestimmte Art von Interviewpartnerinnen (wie Expertinnen) oder überlappen mit einer Einteilung entlang von Strukturiertheit (problemzentriert bedeutet so viel wie halbstrukturiert). Für eine Einführung in das Thema sind diese feineren Unterscheidungen nicht von zentraler Bedeutung.

zeichnungen mit dem Smartphone ist aus Datenschutzgründen abzuraten. Überlegen Sie auch, wie viele Interviews Sie realistischerweise an einem Tag schaffen. Interviews durchzuführen ist anstrengend, da man als Interviewerin die gesamte Zeit über sehr aufmerksam sein muss. Für gewöhnlich dauern Interviews zwischen 45 und 90 Minuten, dies ist jedoch vor allem von der zeitlichen Verfügbarkeit Ihrer Interviewpartnerinnen abhängig. Idealerweise machen Sie nicht mehr als zwei Interviews an einem Tag, da sich dies sonst wahrscheinlich negativ auf die Qualität auswirkt. Lassen Sie Ihre Erfahrungen mit den ersten Interviews (Was hat gut funktioniert, was nicht?) auf jeden Fall in die Planung weiterer Interviews einfließen.

Beim Interviewtermin selbst ist ein wenig Small Talk vorab selbstverständlich in Ordnung, aus Respekt vor der Zeit, die Ihre Interviewpartnerinnen zur Verfügung stellen, sollten Sie jedoch relativ rasch mit dem Interview beginnen. Bevor Sie mit Ihren Fragen beginnen, sollten Sie Folgendes tun:

- Der Interviewerin für ihre Teilnahme danken.
- Erklären, wie lange das Interview dauern wird beziehungsweise nachfragen, wie lang Ihre Interviewpartnerin Zeit hat.
- Ihre Studie kurz erklären.
- Nachfragen, ob die Teilnehmerin Fragen zur Studie hat und diese gegebenenfalls beantworten.
- Die Einverständniserklärung durchgehen und diese von der Teilnehmerin unterschreiben lassen.
- Die Teilnehmerin fragen, ob sie einer Aufzeichnung des Interviews zustimmt, und wenn dies der Fall ist, das Aufnahmegerät einschalten.

Zu Punkt 3 möchten wir noch hinzufügen, dass es Teil der inhaltlichen Vorbereitung eines Interviews ist, sich gut zu überlegen, wie Sie den Teilnehmerinnen Ihr Forschungsprojekt präsentieren (dies spielt beim Interview selbst als auch bereits bei der Kontaktaufnahme mit den Teilnehmerinnen eine Rolle). Das Ziel ist es, offen über Ihr Projekt zu berichten, ohne Ihre Teilnehmerinnen bereits vor Beginn des Interviews zu stark zu beeinflussen. Angenommen, Sie untersuchen, warum junge Menschen eine bestimmte politische Partei wählen, obwohl diese Partei die Interessen der jüngeren Generation nicht vertritt. Wenn Sie das Ihren Interviewpartnerinnen auf diese Weise sagen, kann dies Verteidigungs- und Rechtfertigungsreaktionen auslösen. Es wäre in diesem Fall besser zu sagen, dass Sie die Motivationen junger Menschen untersuchen, besagte Partei zu wählen. Am besten Sie überlegen sich, wie Sie Ihre Forschung in wenigen Sätzen verständlich erklären können. Inkludieren Sie diese kurze Beschreibung in Ihren Leitfaden, sodass Sie zu Beginn des Interviews die richtigen Worte zur Verfügung haben. Was ein Leitfaden ist und woraus er sich zusammensetzt, besprechen wir im Folgenden.

6.3 Leitfaden und inhaltlicher Fokus

DER WICHTIGSTE ASPEKT der inhaltlichen Vorbereitung eines Interviews ist die Erstellung eines Interviewleitfadens. Der Leitfaden besteht aus einer gegliederten Liste an Themen und Fragen und hilft Ihnen dabei, durch das Interview jene Daten (das heißt Antworten und Ausführungen Ihrer Teilnehmerinnen) zu bekommen, die Sie zur Beantwortung Ihrer Forschungsfrage benötigen.

Angenommen, Sie möchten verstehen, wie junge Menschen, die zum ersten Mal wählen, ihre Wahlentscheidung treffen. Im Interview sollten Sie nicht einfach fragen: „Wie haben Sie die Entscheidung für eine Partei getroffen?", denn Ihre Forschungsfrage ist nicht Teil der Fragen, die Sie im Interview stellen. Stattdessen geht es darum, Ihre Forschungsfrage in Unterthemen aufzufächern und in Interviewfragen zu übersetzen. Das Ziel der Fragen in Ihrem Leitfaden ist es, Details über relevante Aspekte des Alltags, der Praktiken und Werte Ihrer Teilnehmerinnen zu erfahren, die für die Wahlentscheidung mitentscheidend sind. (Wenn Sie aus anderen Studien bereits wissen, um welche Faktoren es sich handelt und Sie diese bloß tiefergehend erörtern möchten, wählen Sie die Form des strukturierten oder halbstrukturierten Interviews. Wenn über die Faktoren, die in dieser Wählerinnengruppe die Wahlentscheidung beeinflussen, wenig oder nichts bekannt ist, führen Sie offene Interviews durch.) Diese Aspekte stellen den lebensweltlichen Kontext dar, in denen ein Phänomen, beispielsweise Wahlentscheidungen, eingebettet ist. Die Kontextualisierung des Phänomens, das Sie untersuchen, spielt in der qualitativen und interpretativen Forschung eine wichtige Rolle (siehe Kapitel 2). Wenn Sie Wahlentscheidungen von jungen Menschen verstehen möchten, sind Aspekte wie Interesse an Politik und politische Sozialisation Teil der kontextuellen Faktoren, über die Sie mehr herausfinden sollten.

Der erste Schritt in der Erstellung eines Leitfadens besteht also darin zu überlegen, über welche Unterthemen oder Aspekte des von Ihnen untersuchten Gegenstandes Sie mehr herausfinden müssen, um auf der Basis der Daten, die Sie mit den Fragen erheben, letztlich Ihre Forschungsfrage beantworten zu können. Mit den Fragen in Ihrem Leitfaden decken Sie diese Unterthemen ab. Überlegen Sie gut, welche Informationen am wichtigsten für die Beantwortung Ihrer Forschungsfrage sind. Da Interviews zeitlich begrenzt sind, sollten Sie diese Zeit gut nutzen. Es ist besser, sich auf einige wichtige Themen zu beschränken und detailreiche Beschreibungen zu generieren, anstatt eine lange Liste von Themen oberflächlich durchzugehen. Angenommen, Sie planen ein 60-minütiges Interview, dann empfiehlt es sich, sich auf drei oder vier Unterthemen zu beschränken.

Sobald Sie sich für die Unterthemen entschieden haben, aus denen Ihr Leitfaden bestehen soll, überlegen Sie sich als Nächstes, welche Fragen Sie genau stellen möchten und wie diese am besten formuliert werden können. Der inhaltliche Fokus und die Formulierung der Fragen bestimmen letztlich, welche Antworten Sie erhalten werden. Da es das Ziel ist, hochwertige Interviewdaten zu generieren, ist es wichtig, ausgiebig darüber nachzudenken, mit welchen Fragen dies am besten möglich ist. Hinsichtlich des inhaltlichen Fokus der Fragen sollten Sie es vermeiden, einfach nach den Meinungen Ihrer Interviewpartnerinnen zu fragen. Meinungen bieten zwar schnelle – meist jedoch oberflächliche – Erklärungen für ein Phänomen an. Wenn Sie mehr darüber herausfinden wollen, durch welche Werte das Handeln von Menschen motiviert ist, sollte Ihr Fokus auf deren Praktiken liegen. Das heißt, anstatt zu fragen: „Was denken Sie über Gerechtigkeit?" oder „Wie wichtig ist Ihnen Gerechtigkeit?", sollten Sie besser fragen: „Können Sie mir etwas darüber erzählen, als Sie das letzte Mal über Gerechtigkeit gesprochen oder nachgedacht haben?" oder sogar: „Wann ist Ihnen zuletzt eine Ungerechtigkeit widerfahren?" Mittels der Informationen darüber, ob die Teilnehmerin oft über Gerechtigkeit spricht, mit wem sie darüber spricht, wie diese Gespräche verlaufen etc. erfahren Sie mehr darüber, wie wichtig dieser Person Gerechtigkeit ist und was Gerechtigkeit für sie bedeutet, als wenn Sie diese Frage direkt stellen.

Je „praktischer" und detaillierter die Antworten Ihrer Teilnehmerinnen ausfallen, desto besser sind die von Ihnen entwickelten Fragen – und desto hilfreicher die Daten. Die Analyse (siehe Kapitel 9) erlaubt es Ihnen in weiterer Folge, die Antworten der Teilnehmerinnen – unabhängig davon, wie unterschiedlich diese ausfallen – zueinander in Bezug zu setzen und zu vergleichen. Inhaltlich sollten Ihre Fragen also darauf abzielen, zu erfahren, was Menschen tun. Darüber hinaus spielt jedoch auch die Auswahl bestimmter Arten von Fragen und deren Formulierung eine wichtige Rolle in der Interviewführung. Unterschiedliche Typen von Fragen dienen dabei verschiedenen Zwecken und kommen daher in verschiedenen Phasen eines Interviews zum Einsatz (siehe Abb. 6.1).

6.4 Fragetypen: Themen öffnen und vertiefen

Mit der ersten Frage in einem Interview nähert man sich dem Thema an. Außerdem dient sie dazu, eine Vertrauensbasis zwischen Interviewerin und Teilnehmerin herzustellen. Deshalb stellt man zu Beginn eines Interviews für gewöhnlich offene und weite Fragen, die das Thema umreißen und noch nicht sehr spezifisch oder persönlich sind. Solche Fragen werden als *Grand-Tour-Fragen* bezeichnet. Sie ermöglichen es Ihren Teilnehmerinnen, einerseits in die Thematik zu finden, und andererseits lassen sie ihnen Raum, eigene Schwerpunkte in ihrer Erzählung zu setzen. Damit signalisieren die Teilnehmerinnen, was für sie in Hinblick auf das Thema am wichtigsten ist. Weite, offene Fragen zu Beginn sind also nicht nur sinnvoll, um Ihr Gegenüber auf das Interview einzustimmen, sondern helfen Ihnen auch gleich zu Beginn, Ihre Gesprächspartnerin besser kennenzulernen. Eine mögliche Einstiegsfrage in einem Projekt zur Entscheidungsfindung von Erstwählerinnen wäre: „Können Sie mir etwas darüber erzählen, wie es war, als Sie zum ersten Mal wählen waren?"

Nicht zuletzt ist es wichtig, ein Interview mit weiten und offenen Fragen zu beginnen, weil Sie Ihrem Gegenüber damit den Modus des Interviews vermitteln und zu verstehen geben, dass Sie an Details und tiefergehenden Erörterungen interessiert sind und nicht an kurzen „Ja"- oder „Nein"-Antworten, wie dies in quantitativen Befragungen oft der Fall ist. Wenn Sie das Gespräch nämlich mit geschlossenen, sehr spezifischen Fragen beginnen, dann vermitteln Sie den Eindruck, dass Sie an kurzen, präzisen Antworten interessiert sind. Während es kein Problem ist, von einem offenen Modus zu einem spezifischeren überzugehen, ist dies umgekehrt meist schwierig. Beginnen Sie ein Interview also immer mit weiten, offenen Fragen und bewegen Sie sich nach und nach zu spezifischeren Fragen hin. Wir halten es für sinnvoll, dass Sie sich für jedes Unterthema, um das es im Interview gehen soll, eine „große" Frage überlegen, diese ausformulieren und in Ihren Leitfaden inkludieren.

Die erste Frage ruft im Idealfall eine längere Erzählung Ihres Gegenübers hervor. Mit *explorierenden Fragen* können Sie nun besonders interessante Aspekte aus dieser ersten Antwort aufgreifen und vertiefen. Um gute explorierende Fragen stellen zu können, müssen Sie Ihrer Interviewpartnerin aufmerksam zuhören, während sie spricht. Generell ist das genaue Zuhören in Interviews ebenso wichtig wie das Fragenstellen. Achten Sie insbesondere auf *Clues*, die Ihnen Ihre Interviewpartnerin gibt. Dies sind Formulierungen, die darauf hinweisen können, dass etwas Wichtiges angesprochen wurde, dem Sie weiter nachgehen sollten. Clues stehen oftmals in Verbindung mit Veränderungen und können in Formulierungen wie „Ich war schockiert von mir selbst" oder „Das war ein echter Wendepunkt für mich" zum Ausdruck kommen. Mit explorierenden Fragen versuchen Sie herauszufinden, was passiert ist und warum es relevant war. Solche Fragen laden Teilnehmerinnen ein, ausgewählte Aspekte des Gesagten weiter zu vertiefen, zum Beispiel: „Können Sie mir etwas mehr über diesen Schock erzählen, den Sie gerade angesprochen haben? Inwiefern hat Sie das geschockt?" Clues können jedoch auch andere Formen annehmen: Der Wechsel vom Erzählen in der ersten Person zum Erzählen in der dritten Person oder eine Änderung in der Körperhaltung können Hinweise auf wichtige Aspekte sein.

Die meisten explorierenden Fragen ergeben sich aus dem Interview selbst. Es macht also nur bedingt Sinn, vorab eine lange Liste mit solchen Fragen zu formulieren. Wir empfehlen, dass Sie sich zu jedem Unterthema zwei oder drei explorierende Fragen überlegen. Das heißt Fragen zu Teilaspekten, die Ihnen wichtig scheinen und von denen Sie glauben, dass sie im Interview angesprochen werden sollten. Erst im Verlauf des Interviews werden Sie feststellen, ob diese Fragen tatsächlich relevant sind. Wenn aus der Erzählung Ihres Gegenübers hervorgeht, dass Ihre vorab überlegten Fragen nicht relevant sind, sollten Sie diese nicht stellen. Wichtiger ist, dass Sie Ihrer Interviewpartnerin gut zuhören und jene Aspekte weiter explorieren, die in ihrer Erzählung wichtig sind (Clues). Fertigen Sie also, schon während Sie zuhören, stichwortartige Notizen an, um dann explorierende Fragen stellen zu können, die sich aus dem Interview ergeben. Wenn sich aus der Antwort der Interviewpartnerin gar keine Hinweise für weitere Fragen ergeben (etwa weil Ihr Gegenüber stark abschweift), können Sie auf die im Vorhinein überlegten Fragen in Ihrem Leitfaden zurückgreifen.

	Fragetypen	Funktion
Themen öffnen und vertiefen	— Grand-Tour-Fragen	— Offene Einstiegsfragen, die das Thema des Gesprächs grob umreißen
	— Explorierende Fragen	— Offene, vertiefende Fragen, die besonders interessante Aussagen aufgreifen und diesen weiter nachgehen

	Fragetypen	Funktion
Themen abschließen und Informationen überprüfen	— Strukturierende Fragen	— Fragen, mit denen das bisher Gesagte zusammengefasst und in ein neues Thema übergeleitet wird
	— Klärende Fragen	— Geschlossene Nachfragen, mit denen die Interviewerin kontrolliert, ob sie das Gesagte richtig verstanden hat
	— Interpretierende Fragen	— Fragen, bei denen die Interviewerin das Gesagte zur Überprüfung in eigenen Worten zusammenfasst und an die Interviewpartnerin „zurückspielt"
	— Spezifische Fragen	— Fragen, mit denen faktische Informationen eingeholt werden, die im Interview noch nicht vorkamen

Abb. 6.1: Verschiedene Fragetypen und ihre Funktion

6.5 Fragetypen: Themen abschließen und Informationen überprüfen

Während Grand-Tour-Fragen und explorierende Fragen Themen öffnen und vertiefen, helfen andere Fragetypen dabei, Themen abzuschließen. *Strukturierende Fragen* sind hilfreich, um von einem Thema in ein anderes überzuleiten. Sie halten fest, was bisher besprochen wurde, und lenken dann in eine neue Richtung, das heißt, Sie strukturieren das Interview. Solche Fragen sind beispielsweise hilfreich, wenn Sie auf mehrere Clues aufmerksam geworden sind, zu einem davon bereits eine explorierende Frage gestellt haben und nun gern noch mehr über einen anderen Aspekt herausfinden möchten. Zum Beispiel: „Sie haben jetzt erzählt, warum Sie so schockiert von sich selbst waren. Am Anfang unseres Gesprächs haben Sie jedoch auch erwähnt, dass dieses Erlebnis einen ‚Wendepunkt' für Sie dargestellt hat. Können Sie mir darüber noch etwas mehr erzählen?" Mit strukturierenden Aussagen können Sie von einem Teil des Interviews zum nächsten überleiten, also beispielsweise vom offenen, erzählenden Teil hin zum Teil, in dem Sie spezifischere Nachfragen stellen: „Sie haben jetzt sehr ausführlich darüber erzählt, was dieses Erlebnis für Sie bedeutet hat. Ich würde Ihnen jetzt gerne noch ein paar konkretere Fragen dazu stellen."

Wenn Sie sich nicht sicher sind, ob Sie alle Aspekte der Erzählung Ihres Gegenübers richtig verstanden haben, können Sie *klärende Fragen* beziehungsweise *Nachfragen* stellen; sie dienen der Kontrolle und dazu, eventuelle Missverständnisse zu klären. Nachfragen sind für gewöhnlich geschlossene Fragen. Sie wollen damit keine lange Erzählung generieren, sondern einzelne Aspekte des bereits Gesagten überprüfen. Beispielsweise: „Habe ich Sie richtig verstanden, dass Sie erst nach Ihrem Schulwechsel begonnen haben, das politische Tagesgeschehen aufmerksam zu verfolgen?" Bei Nachfragen geht es darum, faktische Informationen zu überprüfen. Eine andere Form der Überprüfung stellen *interpretierende Fragen* dar. Mit einer interpretierenden Frage fassen Sie nochmal in Ihren eigenen Worten zusammen, wie Sie das bisher Gesagte verstanden haben: „Wenn ich Sie richtig verstanden habe, dann haben Sie die kontroversen politischen Diskussionen mit Kolleginnen als bereichernd empfunden?" Mit einer solchen Frage bieten Sie Ihrer Interviewpartnerin Ihre eigene Interpretation an und geben ihr gleichzeitig die Möglichkeit, diese eventuell weiter zu untermauern oder aber zu berichtigen. Nachfragen und interpretierende Fragen nehmen Bezug auf Dinge, die bereits angesprochen wurden. Manchmal ist es für das Verständnis des Gesagten jedoch auch notwendig, zusätzliche konkrete Informationen einzuholen. Dies können Sie mit *spezifischen Fragen* machen, beispielsweise: „In welchem Zeitraum genau waren Sie in dieser Partei politisch aktiv?" Mit spezifischen Fragen holen Sie faktische Informationen ein, die bisher im Interview noch nicht vorgekommen sind.

Strukturierende Fragen und die verschiedenen Formen von Nachfragen sind nicht Teil Ihres Leitfadens, sondern ergeben sich aus dem Interview selbst. Wenn Sie alle Themen Ihres Leitfadens abgedeckt haben und auch allen wichtigen Fragen, die sich aus dem Interview ergeben haben, nachgegangen sind, leiten Sie das Ende des Interviews ein. Wir haben vorhin erwähnt, dass Interviews inhaltlich offen beginnen und zunehmend konkreter werden sollten. Die Ausnahme zu dieser Regel stellt die letzte Frage dar.

Unabhängig vom konkreten Inhalt des Interviews lautet die *Abschlussfrage* immer, ob es etwas Wichtiges im Zusammenhang mit dem jeweiligen Thema gibt, das noch nicht angesprochen wurde, und ob die Interviewpartnerin noch etwas hinzufügen möchte. Wenn dies für Ihr Forschungsprojekt relevant ist, können Sie ganz am Ende eines Interviews noch *demographische Fragen* stellen, etwa nach Alter, Bildungsabschluss oder Höhe des Einkommens. Welche demographischen Fragen sinnvoll sind, hängt immer vom jeweiligen Projekt ab. Wenn die relevanten demographischen Informationen bereits im Interview vorkamen, brauchen Sie diese am Ende nicht nochmals einholen. Die Abschlussfrage sowie die demographischen Fragen sollten Sie in Ihren Leitfaden inkludieren.

Im Fall eines halbstrukturierten Interviews besteht der Interviewleitfaden idealerweise aus:

- Einer kurzen Beschreibung des Forschungsprojekts
- Einer offenen und erzählgenerierenden Einstiegsfrage
- Drei bis vier Unterthemen mit jeweils einer gut formulierten Grand-Tour-Frage sowie jeweils zwei oder drei explorierenden Fragen
- Einer abschließenden Frage danach, ob die Teilnehmerin noch etwas ergänzen möchte
- Demographischen Fragen (optional)

6.6 Dos und Don'ts

BEIM DURCHFÜHREN VON INTERVIEWS ist nicht nur die Wahl des richtigen Fragentyps zum richtigen Zeitpunkt wichtig, sondern auch, wie die Fragen formuliert sind. Generell gilt, dass Ihre Fragen verständlich, offen und neutral formuliert sein sollten.

Die Formulierung einfacher und klarer Fragen ist wichtig, da Sie Ihren Teilnehmerinnen damit eindeutig kommunizieren, was Sie von ihnen wissen möchten. Ihre Fragen sollten immer so formuliert sein, dass Ihr Gegenüber nicht nachfragen muss, was Sie genau meinen, sondern einfach zu erzählen beginnen kann. Vermeiden Sie deshalb unnötig komplizierte Begriffe und die Aneinanderreihung mehrerer Fragen hintereinander. Verzichten Sie auch auf Fragen, die Faktenwissen voraussetzen, über das Ihre Teilnehmerinnen eventuell nicht verfügen, beispielsweise über den Inhalt bestimmter politischer Maßnahmen. Wenn Sie Fragen zu Dingen stellen möchten, von denen

Sie nicht wissen, ob Ihr Gegenüber damit vertraut ist, sollten Sie diese Dinge zuerst kurz erklären, bevor Sie die Frage stellen.

Ein weiterer wichtiger Grundsatz beim Formulieren von Fragen ist es, diese offen zu stellen. Die Frage: „Wann haben Sie das letzte Mal über Gerechtigkeit gesprochen?" kann mit einem Wort beantwortet werden, zum Beispiel mit „gestern". Damit haben Sie zwar eine Antwort bekommen, aber noch nichts Relevantes erfahren. Als Interviewerin ist es Ihre Aufgabe, mittels Ihrer Fragen eine Situation zu kreieren, in der Ihr Gegenüber sich motiviert fühlt, ausführlich zu erzählen. Die Formulierung offener Fragen ist ein wesentlicher Bestandteil davon. Wenn Sie mehr sprechen als die Teilnehmerin – etwa weil Sie eine geschlossene Frage nach der nächsten stellen und immer nur sehr kurze Antworten erhalten –, läuft das Interview nicht gut und Sie sollten Ihren Fragestil ändern. Als Alternative würde sich hier die Frage anbieten: „Können Sie mir etwas über die Situation erzählen, als Sie sich zum letzten Mal über Gerechtigkeit unterhalten haben?" Wenn Sie spezifische Nachfragen anstellen, sind geschlossene Fragen selbstverständlich in Ordnung.

Darüber hinaus gilt es, insbesondere suggestive und wertende Fragen zu vermeiden. Suggestive Fragen beinhalten spezifische Erwartungen der Interviewerin und leiten durch ihre Formulierung die Antwort des Gegenübers in eine bestimmte Richtung. „Gerechtigkeit ist für Sie sicher wichtig, oder?", ist ein Beispiel für eine suggestive Frage (und gleichzeitig eine geschlossene Frage). Anstatt die eigenen Annahmen auf die Interviewpartnerin zu projizieren, sollten Sie mehr über ihre Situation und Sichtweisen herausfinden. Die Frage „Was bedeutet Gerechtigkeit für Sie?" wäre deshalb eine bessere Alternative. Auch wenn Fragen nicht suggestiv sind, können sie Ihre eigenen Wertungen enthalten. Beispielsweise: „Können Sie mir mehr über dieses stigmatisierende Erlebnis erzählen?" oder „Ich würde mit Ihnen gerne über die Enttäuschung nach Ihrer Wahlniederlage sprechen." Vielleicht hat die Interviewpartnerin besagtes Erlebnis jedoch gar nicht als stigmatisierend wahrgenommen beziehungsweise war sie gar nicht enttäuscht nach der verlorenen Wahl. Wenn Ihre Interviewpartnerin vorher nicht explizit Begriffe wie „stigmatisierend" oder „Enttäuschung" erwähnt, sollten Sie ihre Schilderungen nicht so deuten. Finden Sie stattdessen heraus, wie Ihr Gegenüber sie selbst deutet.

Da sich leicht unbeabsichtigte Wertungen in die eigenen Interviewfragen einschleichen, sollten Sie Ihren Interviewleitfaden immer in Testinterviews (etwa mit Kolleginnen) ausprobieren, bevor Sie Ihre Forschungsinterviews durchführen. Dies ist jedoch auch generell empfehlenswert, um zu überprüfen, ob der Leitfaden und Ihr Interviewstil „funktionieren" und Sie jene Daten damit generieren können, die Sie benötigen. Holen Sie sich also Rückmeldungen ein und nehmen Sie gegebenenfalls entsprechende Anpassungen vor, beispielsweise indem Sie die Auswahl und Reihenfolge Ihrer Fragen ändern.

Der Leitfaden ist in erster Linie eine Hilfestellung für Sie, um jene Daten zu generieren, die Sie für die Beantwortung Ihrer Forschungsfrage benötigen. Bis zu einem gewissen Grad können Sie dies vor dem Interview antizipieren. Es liegt jedoch in der Natur der Sache, dass Sie durch das Interview selbst neue Dinge über Ihr Forschungsthema erfahren und für gewöhnlich auf Aspekte aufmerksam werden, die Sie vorher nicht bedacht haben. Deshalb sollten Sie nicht nur Ihrem Leitfaden, sondern auch der Logik und den Inhalten des Interviews folgen. Wenn sich aus dem Verlauf des Interviews eine andere Abfolge der Themen und Fragen ergibt, müssen Sie nicht starr an Ihrem Leitfaden festhalten. Selbiges gilt ebenfalls, wenn sich neue Themen auftun, die wichtiger scheinen als jene in Ihrem Leitfaden. Qualitative Interviews lassen diese Offenheit zu. Bei all dem sollten Sie jedoch trotzdem Ihre Forschungsfrage im Hinterkopf behalten, denn diese müssen Sie letztlich mit dem von Ihnen generierten Datenmaterial beantworten können.

Um hochwertige Interviewdaten zu generieren, braucht man einerseits gute Fragen, andererseits jedoch auch weitreichendere kommunikative Fähigkeiten. Dies beginnt damit, dass Sie sich überlegen sollten, was Sie beispielsweise mit Ihrer eigenen Körpersprache oder Mimik kommunizieren, aber auch, was Ihr Gegenüber Ihnen sagt. Es ist Ihre Aufgabe, eine Interviewsituation zu kreieren, in der Ihre Interviewpartnerin Ihnen gerne von sich erzählt. Mit Mimik, nonverbalen Äußerungen und kurzen Einwürfen etwa können Sie die Interviewsituation beeinflussen. Häufig sind Interviewpartnerinnen etwas unsicher darüber, ob das, was sie sagen, relevant und interessant genug ist. Ein freundliches Lächeln oder Nicken sowie ein „Hm" oder „Interessant" sind Mittel, um Ihr Gegenüber zu ermutigen weiterzusprechen. Solche Einwürfe dienen dazu, die Interviewpartnerin zum Erzählen zu ermutigen. Von positionierenden Äußerungen wie „Das sehe ich genauso" sollten Sie als Interviewerin jedoch absehen.

Wir haben bereits erwähnt, dass gutes Zuhören eine wesentliche Kompetenz beim Durchführen von Interviews ist. Manchmal erzählen Interviewpartnerinnen Dinge, die scheinbar wenig mit der Frage zu tun haben, die man soeben gestellt hat. Doch urteilen Sie hier nicht zu schnell; nur weil Sie die Verbindung noch nicht sehen, heißt das nicht, dass es sie nicht gibt. Wenn Sie an der Frage interessiert sind, wie junge Menschen Wahlentscheidungen treffen – und eine Interviewpartnerin vom Spazierengehen mit ihrem Hund beginnt zu erzählen –, mag es zuerst scheinen, als ob sie vom Thema abschweift. Es könnte jedoch sein, dass sich ihre Erzählung dahingehend weiterentwickelt, dass sie mit den anderen Leuten im Hundepark viel über

Politik spricht und dies ihre Meinungen formt. Hören Sie also gut zu und versuchen Sie zu verstehen, warum Ihre Interviewpartnerin Ihnen bestimmte Dinge erzählt, die auf den ersten Blick eventuell nicht zum Thema passen. Wenn man nur die Fragen auf Ihrem Leitfaden „abarbeitet", verpasst man oft wichtige Details und die Gelegenheit, sinnvolle weiterführende Fragen zu stellen.

Neben dem Zuhören ist es auch besonders wichtig, Pausen zuzulassen und Schweigen auszuhalten. Manchmal sind die besonders wichtigen Dinge in einem Gespräch jene, die Teilnehmerinnen nicht leicht von den Lippen gehen. Solche Dinge trotzdem zu äußern, wird für Ihr Gegenüber erst möglich, wenn durch Schweigen Platz dafür geschaffen wird. Stellen Sie also Ihre Fragen nicht wie aus der Pistole geschossen und in einer zu schnellen Abfolge, sondern lassen Sie dazwischen genügend Raum und warten Sie ab, ob Ihre Interviewpartnerin noch etwas sagen möchte. Nachdem der inhaltliche Teil des Interviews beendet wurde, sollten Sie noch Folgendes tun:

- Bedanken Sie sich nochmals für die Teilnahme.
- Fragen Sie nach, ob die Einwilligungserklärung noch gilt.
- Fragen Sie die Interviewpartnerin, ob sie an den Forschungsergebnissen interessiert ist.
- Fragen Sie, ob Sie die Interviewpartnerin nochmals kontaktieren dürfen, wenn Sie Nachfragen haben.

6.7 Nach dem Interview: Die Aufnahme transkribieren

Nachdem Sie ein Interview durchgeführt und aufgezeichnet haben, muss dieses transkribiert werden. Die Verschriftlichung der Audioaufzeichnung ist notwendig, um das Interview analysieren zu können. Von Fokusgruppen wird häufig – wenn alle Teilnehmerinnen zustimmen – eine Videoaufzeichnung angefertigt. Dies dient dazu, bei der Transkription gut auseinanderhalten zu können, welche Person was gesagt hat. Auch die Aufzeichnungen von Fokusgruppen werden für die Analyse transkribiert. Bevor es ans Transkribieren geht, müssen Sie sich jedoch überlegen, wer dies übernimmt und nach welchen Regeln transkribiert werden soll.

Idealerweise transkribieren Sie Ihre Interviews selbst. Denn die Person, die das Interview geführt hat, hört und versteht das Gesagte meist besser als andere, weil sie beim Gespräch dabei war und es vielleicht sogar noch „im

Ohr" hat. Auch gute Tonaufnahmen schützen vor Transkriptionsfehlern nicht, insbesondere dann, wenn die transkribierenden Personen nicht mit dem Thema des Gesprächs vertraut sind. Darüber hinaus ist Transkribieren zwar eine zeitintensive Tätigkeit, doch die intensive Auseinandersetzung mit dem Interview während der Verschriftlichung kann Ihnen bereits erste Ideen für die Analyse geben. Bei kleineren Studien ist es meist kein Problem, selbst zu transkribieren; bei größeren Studien ist dies jedoch aus Zeitgründen oft nicht möglich. In diesem Fall können Sie auch professionelle Transkriptionsservices in Anspruch nehmen. Bedenken Sie jedoch in Ihrer Planung, dass dies mit finanziellen Kosten verbunden ist. Wie lange eine Transkription braucht, hängt immer davon ab, nach welchen Transkriptionsregeln diese ausgeführt wird. Als Richtlinie lässt sich jedoch sagen, dass man ungefähr eine Stunde dafür braucht, um den Inhalt von zehn Minuten Audioaufnahme zu verschriftlichen.

Unabhängig davon, ob Sie selbst oder andere für Sie transkribieren, Ihre Transkripte sollten einheitlich sein. Deshalb ist es wichtig, vorab Transkriptionsregeln zu erstellen. Am besten ist es, Sie halten diese Regeln für sich selbst oder andere in einem eigenen Dokument fest. Generell wird zu Beginn eines Transkripts meist notiert, wann, wo und von wem das Interview geführt wurde. Aus dem Transkript muss immer klar hervorgehen, wann die Forscherin und wann die interviewte Person spricht. Klarnamen der Forschungsteilnehmerinnen sollen jedoch nicht vorkommen. Dies gilt ebenfalls für den Interviewtext und für andere personenbezogene Daten im Text; mit der Transkription des Interviews kann auch gleich die Pseudonymisierung oder Anonymisierung der Forschungsdaten vorgenommen werden (siehe Kapitel 3). In den Transkriptionsregeln sollte jedoch vor allem festgehalten werden, wie jene Aspekte des Interviews, die über den unmittelbaren Inhalt hinausgehen, verschriftlicht werden sollen. Das betrifft beispielsweise die Fragen, ob und wie Gesprächspausen transkribiert werden, ob Dialektausdrücke in Hochsprache übersetzt werden, ob grammatikalische Fehler ausgebessert werden oder ob und wie genau Änderungen im Tonfall und sonstige Äußerungen wie Lachen, Seufzen, „Äh" und „Hm" verschriftlicht werden.

Welche Transkriptionsregeln für Ihre Interviews Sinn machen, ergibt sich immer aus Ihrer Forschungsfrage. Wenn Sie etwa eine Diskursanalyse durchführen, kann es wichtig sein, welche spezifischen Begriffe von Ihren Interviewpartnerinnen verwendet werden. Durch den Ersatz von Dialektausdrücken könnten wichtige Nuancen in Ihrem Material verloren gehen. Das trifft auch dann zu, wenn Ihr Fokus auf den Erfahrungen Ihrer Teilnehmerinnen liegt. Wenn Sie jedoch hauptsächlich an Fakten interessiert sind (die Sie auf andere Weise nicht erfahren können), was etwa bei Interviews mit professionellen Expertinnen vorkommt, dann müssen Sie weniger auf die Feinheiten des sprachlichen Ausdrucks achten. Wichtig ist es jedoch, immer außersprachliche Äußerungen oder Veränderungen im Tonfall – zum Beispiel den Wechsel in einen ironischen Tonfall – festzuhalten. Diese Informationen zu dokumentieren ist wichtig, um das Gesagte richtig interpretieren zu können. Die Aussage „Das hat ganz großartig funktioniert!" kann positiv gemeint sein, doch in einem ironischen Tonfall vorgebracht, bedeutet sie genau das Gegenteil. Solche Zusatzinformationen, die aus der wortwörtlichen Aussage nicht hervorgehen, halten Sie in Klammern hinter der jeweiligen Aussage fest.

Auch die Interpunktion kann den Inhalt von Aussagen verändern; achten Sie deshalb auf die Beistrichsetzung und die angemessene Verwendung anderer Satzzeichen. Gesprächspausen wiederum können Zweifel ausdrücken. Behalten Sie vor Augen, dass das Transkribieren von Interviews immer Interpretationen Ihrerseits beinhaltet und niemals bloß technische Arbeit ist. Letztlich geht es darum, einen dem Forschungsprojekt angemessenen Kompromiss zu finden zwischen der Granularität und Detailliertheit der Transkription auf der einen Seite und Zeitaufwand und Verständlichkeit auf der anderen Seite. Wenn die Interviewpartnerinnen über sehr lange Strecken über Dinge sprechen, die absolut nichts mit dem Thema des Interviews zu tun haben und die für die Beantwortung Ihrer Forschungsfrage irrelevant sind, können Sie von einer Transkription dieser Stellen absehen. Doch bedenken Sie, dass sich die Relevanz einer Interviewpassage oftmals erst aus der Analyse ergibt, weshalb es sich im Zweifelsfall empfiehlt, die Interviews vollständig zu transkribieren.

Wenn Sie das Transkript fertiggestellt haben, sollten Sie dieses nochmals kontrollieren. Dies tun Sie am besten, indem Sie sich die Aufnahme nochmals anhören und gleichzeitig das Transkript lesen. Eine Kontrolle ist insbesondere dann wichtig, wenn Sie nicht selbst transkribiert haben. Um Fehler in Transkripten vorzubeugen, die andere für Sie verfassen, empfiehlt es sich, den transkribierenden Personen vorab Informationen über das Ziel Ihres Forschungsprojektes zukommen zu lassen und ihnen gegebenenfalls eine Liste mit Fachbegriffen, die in den Interviews vorkommen, zu übermitteln. Nach Kontrolle des Transkripts sollten Sie die Audioaufnahme des Interviews löschen. Gehen Sie dabei sicher, dass Sie die Aufnahme von allen Datenträgern sowie auch aus dem „Papierkorb" auf Ihrem Computer entfernen. Sobald dies alles erledigt ist, können Sie mit der Analyse Ihres Interviews beginnen.

Lernfragen

- Was sind die Hauptziele eines qualitativen Interviews in der Politikwissenschaft?
- Wenn man Interviews nach dem Grad der Strukturiertheit unterscheidet, welche Haupttypen gibt es?
- Was ist bei der Erstellung eines Interviewleitfadens zu beachten?
- Was ist bei der praktischen Planung des Interviews zu beachten?
- Woher wissen Sie, dass ein Interview „gut läuft" und Ihnen hochwertige Daten liefert?
- Weshalb müssen Interviews transkribiert werden?
- Was sollte bei der Transkription eines Interviews mitbedacht (und vorab geklärt) werden?

Weiterführende Literatur

Charmaz, Kathy (2014). *Constructing Grounded Theory.* London: Sage.
- Kapitel 3: *Crafting and conducting intensive interviews,* 55–82.
- Kapitel 4: *Interviewing in grounded theory studies,* 83–108.

Helfferich, Cornelia (2011). *Die Qualität qualitativer Daten. Manual für die Durchführung qualitativer Interviews.* Wiesbaden: VS Verlag für Sozialwissenschaften.

Kruse, Jan; Schmieder, Christian; Weber, Kristina Maria; Dresing, Thorsten & Pehl, Thorsten (2015). *Qualitative Interviewforschung. Ein integrativer Ansatz.* Weinheim: Beltz Juventa.

Misoch, Sabina (2015). *Qualitative Interviews.* Berlin: De Gruyter.

Weiss, Robert S. (1995). *Learning from strangers: The art and method of qualitative interview studies.* New York: The Free Press.

7 Fokusgruppen abhalten

Barbara Prainsack & Mirjam Pot

7.1 Wann sind Fokusgruppen sinnvoll?

Fokusgruppen nehmen – je nach Forschungsthema – die Form von Gruppeninterviews oder Diskussionsrunden an. Sie werden häufig als ergänzende Methode angewandt, beispielsweise in Kombination mit Interviews. Je nach Forschungsfrage können dabei entweder die Fokusgruppen oder die Interviews dazu dienen, um einen Überblick über das Thema zu erlangen, und die jeweils andere Methode, um tiefer in die Materie einzutauchen. Fokusgruppen können jedoch auch als alleinige Methode verwendet werden.

DIE DURCHFÜHRUNG VON FOKUSGRUPPEN ist immer dann sinnvoll, wenn es wahrscheinlich ist, dass Sie durch das Gruppensetting und der daraus resultierenden Dynamik interessantere (etwa weil tiefer in eine Materie eindringende) Daten erheben können als durch Einzelinterviews. Bei Fokusgruppen machen Sie sich also die Dynamik innerhalb einer Gruppe zunutze, um Aspekte über Ihr Forschungsthema zu ergründen, die Ihnen sonst nicht zugänglich sind.

Fokusgruppen sind insbesondere auch dann sinnvoll, wenn es in Ihrer Forschung um ein kontroverses Thema geht oder wenn Sie an sensiblen Erfahrungen bestimmter Personengruppen interessiert sind.

Fokusgruppen wären folglich eine geeignete Methode, wenn Sie beispielsweise untersuchen, wie Menschen dem Thema „Leihmutterschaft" und den diesbezüglichen aktuellen rechtlichen Regelungen gegenüberstehen. Bei sensiblen Themen wie der Leihmutterschaft ist es wahrscheinlich, dass betroffene Personen leichter mit Menschen mit ähnlichen Erfahrungen ins Gespräch kommen als mit Außenstehenden. Dadurch, dass Sie im Rahmen einer Fokusgruppe Menschen mit ähnlichen Erfahrungen miteinander ins Gespräch bringen, können Sie folglich mehr über die Thematik lernen als durch Interviews (weil manche Ihrer Interviewpartnerinnen bestimmte Themen eventuell gegenüber Außenstehenden gar nicht ansprechen würden). Fokusgruppen stellen folglich eine Methode dar, mit der Sie Zugang zu geteilten Erfahrungen oder kollektiven Deutungsmustern von Menschen erhalten. Darüber hinaus bieten Fokusgruppen jedoch auch Zugang zu gesellschaftlichen Konfliktlinien. Diese treten insbesondere bei heterogen zusammengestellten Fokusgruppen oftmals schnell zutage.

Geteilte Erfahrungen, Deutungen und Konflikte lassen auch mit qualitativen Einzelinterviews untersuchen; diese offenzulegen ist Teil der Analyse. Fokusgruppen hingegen lassen Gemeinsamkeiten und Konflikte unmittelbarer und deutlicher hervortreten, da die Forschungsteilnehmerinnen hier direkt miteinander interagieren. Dies bedeutet jedoch nicht, dass Fokusgruppendiskussionen nicht analysiert werden müssten oder sich die Analyse einfacher gestalten würde als bei Interviews. Fokusgruppen unterliegen, im Gegensatz zu Interviews, einer stärkeren inhaltlichen Dynamik. Denn durch die Interaktion in der Gruppe können sich die Positionen der einzelnen Teilnehmerinnen im Verlauf der Fokusgruppe verändern. Diese Dynamik zu berücksichtigen, ist ein wesentlicher Aspekt in der Analyse von Daten, die mittels Fokusgruppen generiert werden.

7.2 Zusammensetzung von Fokusgruppen

EIN WICHTIGER ASPEKT IN DER VORBEREITUNG von Fokusgruppen ist die Auseinandersetzung mit der Frage, wie viele Fokusgruppen Sie benötigen und wie diese zusammengesetzt sein sollen. Nach welchen Kriterien Sie die Fokusgruppen zusammensetzen, hängt immer von Ihrer Forschungsfrage ab und davon, was die Wissenschaft über Ihren Forschungsgegenstand bereits weiß.

Angenommen, Sie forschen zum Thema Impfpolitik und möchten herausfinden, was Menschen bewegt, sich gegen das Sars-CoV-2-Virus impfen zu lassen. In diesem Fall setzen sich Ihre Teilnehmerinnen aus Personen zusammen, die bereits geimpft sind oder sich impfen lassen möchten. Nun kann es sein, dass Sie aus der Forschungsliteratur oder vorab durchgeführten Interviews beispielsweise bereits wissen, dass jüngere und ältere Menschen unterschiedliche Motivationen haben, sich impfen zu lassen. In diesem Fall müssen Sie entscheiden, ob homogen oder heterogen zusammengesetzte Fokusgruppen für Ihre Forschung sinnvoller sind. Das heißt, Sie müssen vorab entscheiden, ob Sie jüngere und ältere Personen in getrennten Fokusgruppen ins Gespräch bringen oder sie „mischen" möchten. Eine weitere Möglichkeit ist, dass Sie im Zuge Ihrer ersten Fokusgruppendiskussion herausfinden, dass bestimmte Menschen (etwa Eltern von kleinen Kindern) ganz bestimmte Motive nennen, sich impfen zu lassen, die in anderen Personengruppen kaum vorkommen – und Sie beschließen, diesem Phänomen weiter nachzugehen. In einer zweiten Runde könnten Sie nun, basierend auf Ihrem neu gewonnenen Wissen, eine (oder mehrere) eigene Fokusgruppe mit den Eltern kleiner Kinder zusammenstellen, um diesen Aspekt weiter zu vertiefen.

Je nach Forschungsfrage und Samplingstrategie (siehe Kapitel 4) werden Sie hier unterschiedliche Entscheidungen treffen. Wichtig ist, dass, wenn Sie Ihre Fokusgruppen nach bestimmten Merkmalen der Teilnehmerinnen zusammensetzen, diese Merkmale in einem funktionalen Zusammenhang mit dem untersuchten Phänomen stehen müssen. Das bedeutet, dass beispielsweise eine Einteilung nach Alter nur dann Sinn macht, wenn es konkrete Hinweise darauf gibt, dass sich die Motive, sich impfen zu lassen, nach Alter unterscheiden.

Ein weiterer Aspekt, der bei der Zusammensetzung von Fokusgruppen zu beachten ist, betrifft die Frage, ob es günstig ist, wenn sich die Teilnehmerinnen untereinander bereits kennen. Wenn Sie zum Beispiel Diskriminierung am Arbeitsplatz untersuchen und mehrere Menschen, die zusammenarbeiten, an Ihrer Forschung teilnehmen, dann stellt sich diese Frage. Die beiden Konstellationen bringen jeweils eine andere Dynamik in der Gruppe mit sich. So kann es ein unterstützender Faktor sein, wenn sich die Teilnehmerinnen bereits kennen und dadurch schneller eine Diskussion unter ihnen entwickelt. Ein erschwerender Faktor in diesem Zusammenhang kann es jedoch sein, dass Menschen vor Personen, die sie kennen, oftmals nicht so unbefangen sprechen wie vor Unbekannten. Darüber hinaus werden Teilnehmerinnen, die gleichzeitig etwa Kolleginnen sind, die an ihrem Arbeitsplatz vorherrschende Dynamik auch in die Fokusgruppe tragen. Welche Herangehensweise besser ist, hängt insbesondere von der Sensibilität des Themas ab – und folglich, wie wichtig Vertraulichkeit in diesem Zusammenhang ist. Bei sensiblen Themen ist es an sich besser, wenn die Teilnehmerinnen einander nicht kennen.

Wie viele Fokusgruppendiskussionen Sie insgesamt durchführen sollten, hängt stark vom Umfang Ihres Projekts ab und ob Sie parallel noch andere Methoden anwenden. Grundsätzlich ist es auch bei Fokusgruppen das Ziel, theoretische Sättigung zu erreichen (siehe Kapitel 4). Wir empfehlen jedoch, mindestens zwei Fokusgruppen mit der gleichen Zusammensetzung an Personen durchzuführen. Wenn Sie also sowohl an den Motivationen älterer als auch jüngerer Menschen, sich impfen zu lassen, interessiert sind und Ihre Fokusgruppen homogen zusammengesetzt sind, sollten Sie mindestens vier Fokusgruppendiskussionen durchführen: zwei mit älteren und zwei mit jüngeren Menschen. Wenn dies für Ihr Projekt zu aufwendig scheint, sollten Sie eventuell Ihre Forschungsfrage stärker eingrenzen und beispielsweis nur die Motivationen älterer Menschen untersuchen.

Eine Fokusgruppe besteht für gewöhnlich aus vier bis zehn Personen. Bedenken Sie, dass, wenn Sie beispielsweise eine Diskussion mit sieben Personen abhalten möchten, mehr als sieben Personen zur Teilnahme einladen müssen, denn nicht alle werden Ihre Einladung annehmen (können). Darüber hinaus kommt es häufig vor, dass Menschen in letzter Minute absagen müssen oder gar nicht zum vereinbarten Termin kommen können. Auch dies sollten Sie bei der Entscheidung, wie viele Menschen Sie einladen, mitberücksichtigen. Wie bei anderen Formen der sozialwissenschaftlichen Datenerhebung ist es bei Fokusgruppen unüblich, finanzielle Anreize für Teilnehmerinnen zu setzen. Die Abgeltung tatsächlich entstandener Kosten (etwa für die Anreise) gilt jedoch nicht als finanzieller Anreiz. Bedenken Sie, dass dies bei manchen Teilnehmerinnen notwendig sein kann, um ihnen eine Teilnahme überhaupt zu ermöglichen.

7.3 Vorbereitung und Durchführung von Fokusgruppen

Fokusgruppen haben mitunter die Reputation, eine einfache und schnelle Methode der Datengenerierung zu sein. Sie haben diesen Ruf jedoch zu Unrecht. Die Durchführung von Fokusgruppen bedarf einiges an Vorbereitung und sollte gut geplant sein – und die Analyse der Daten dauert genauso lang wie bei Einzelinterviews. Auch sonst gibt es zwischen Interviews und Fokusgruppen gewisse Überschneidungen. Es ist folglich ratsam, sich mit der Durchführung von Interviews vertraut zu machen (siehe Kapitel 6), bevor Sie mit der Planung von Fokusgruppen beginnen.

Für die Durchführung von Fokusgruppen benötigen Sie einen ruhigen Ort, an dem die gesamte Gruppe gut Platz hat, für die gesamte Dauer ungestört ist und der auch über die notwendige technische Ausstattung verfügt.

Im Idealfall können Sie einen Raum an der Universität für die Durchführung Ihrer Fokusgruppendiskussionen benutzen. Sie können Fokusgruppen auch online abhalten. Bedenken Sie dabei jedoch die Spezifika, die Online-Forschung mit sich bringt (siehe Kapitel 8). Fokusgruppendiskussionen dauern für gewöhnlich zwischen zwei und zweieinhalb Stunden. Auf der einen Seite dauert es meist eine gewisse Zeit, bis Diskussionen in Gang kommen. Deshalb sollten Sie die Dauer nicht zu knapp anberaumen. Auf der anderen Seite können lange Diskussionen für alle Beteiligten anstrengend sein. Bedenken Sie: Je länger Sie die Diskussion anberaumen, desto mehr Schwierigkeiten werden Sie haben, Personen zur Teilnahme zu motivieren. Bei Diskussionen, die über eineinhalb Stunden hinausgehen, planen Sie am besten auch eine kurze Pause ein. Sie müssen Ihre Teilnehmerinnen nicht ausgiebig bewirten, doch stellen Sie zumindest etwa zu trinken zur Verfügung.

Damit Sie Fokusgruppendiskussionen analysieren können, müssen diese, wie Interviews auch, verschriftlicht werden. Da bei Fokusgruppen mehrere Menschen sprechen, ist es für die Transkription hilfreich, eine Videoaufzeichnung der Diskussion anzufertigen. Dies macht es einfacher, die jeweiligen Sprecherinnen zu identifizieren, was allein anhand ihrer Stimme schwierig sein kann. Bedenken Sie folglich bei der Planung der Fokusgruppe, auch eine Videokamera zu besorgen. Vergessen Sie nicht, Ihren Teilnehmerinnen bereits zum Zeitpunkt der Rekrutierung mitzuteilen, dass Sie vorhaben, das Gespräch auch auf Video aufzuzeichnen. Bevor Sie die Aufzeichnung starten, sollten Sie den Teilnehmerinnen deutlich kommunizieren, dass die Aufnahme nur eine Unterstützung für die Erstellung des Transkripts darstellt. Ebenfalls sollten Sie alle Teilnehmerinnen fragen, ob sie mit der Videoaufzeichnung einverstanden sind.

Sorgen Sie auch dafür, dass Sie bei der Durchführung der Fokusgruppe von einer anderen Person unterstützt werden, und sprechen Sie im Vorhinein ab, wer welche Aufgaben übernimmt. Wenn die Fokusgruppe Teil Ihres Forschungsprojektes ist, übernehmen Sie die Moderation. Die zweite Person kann Sie mit der Technik unterstützen und Beobachtungsnotizen über die Fokusgruppe anfertigen. Stimmung und Interaktion in der Gruppe sowie nonverbale Kommunikation zu dokumentieren, kann sehr hilfreich bei der Analyse des Inhalts der Diskussion sein. Diese Notizen stellen ebenfalls einen wichtigen Teil Ihres Datenmaterials dar.

Wie zu Beginn eines Interviews stellen Sie zu Beginn einer Fokusgruppendiskussion Ihr Forschungsprojekt kurz vor, teilen ein Informationsblatt aus und bitten die Teilnehmerinnen, eine Einverständniserklärung zu unterzeichnen (siehe Kapitel 3). Bei Fokusgruppen sollte die Einverständniserklärung zusätzlich noch einen Punkt über Vertraulichkeit beinhalten. Ihre Teilnehmerinnen sollten also auch zustimmen, dass das in der Diskussion Besprochene nicht nach außen getragen wird und Informationen über andere Teilnehmerinnen vertraulich behandelt werden. Bevor der inhaltliche Teil beginnt, sollten Sie die Teilnehmerinnen bitten, sich den anderen vorzustellen (ob Sie Vornamen, volle Namen oder Pseudonyme verwenden, hängt von der Sensibilität des Themas und den Präferenzen der Teilnehmerinnen ab). Darüber hinaus können Sie vorab Namensschilder anfertigen oder die Teilnehmerinnen bitten, ihre Namen auf ein Blatt Papier zu schreiben und dieses vor sich aufzustellen. Am besten, Sie stellen den Teilnehmerinnen auch Schreibmaterial zur Verfügung, sodass sie während der Diskussion gegebenenfalls Notizen machen können. Ein weiterer zu beachtender Punkt ist, dass Sie vor Beginn den Ablauf der Diskussion erklären und auf einen respektvollen Umgang miteinander verweisen.

Checkliste für die Organisation von Fokusgruppen:

- Einen ruhigen Ort für die Durchführung ausfindig machen
- Die Dauer und den zeitlichen Ablauf planen
- Die notwendige Technik für Audio- und Videoaufzeichnung beschaffen
- Eine weitere Person um Unterstützung vor Ort bitten
- Informationsblätter und Einverständniserklärungen vorbereiten und ausdrucken
- Material für Namensschilder und Notizen mitnehmen
- Getränke zur Verfügung stellen

7.4 Fünf Phasen von Fokusgruppen

Für die Durchführung von Fokusgruppen benötigen Sie wie bei der Durchführung von Interviews einen Leitfaden (siehe Kapitel 6). Es gibt jedoch einen zentralen Unterschied zwischen einem Leitfaden für Einzelinterviews und Fragen, die Sie für Fokusgruppen entwickeln: Fokusgruppen folgen in der Regel keinem Frage-und-Antwort-Schema, in dem Fragen gestellt werden, die dann rundum von allen Teilnehmerinnen beantwortet werden. Stattdessen entwickelt sich bei Fokusgruppen das Gespräch oft dynamisch weiter – das heißt durch die direkte Interaktion zwischen den Teilnehmerinnen. Dieser Situation muss auch der Leitfaden Rechnung tragen.

Eine gute Fokusgruppendiskussion durchläuft eine Abfolge von fünf verschiedenen Phasen (siehe Abb. 7.1). Die Fragen in Ihrem Diskussionsleitfaden sollten diesen Phasen entsprechend formuliert und organisiert sein.

Phase 1	Phase 2	Phase 3	Phase 4	Phase 5
In das Thema einführen	Bandbreite der in der Gruppe vertretenen Erfahrungen und Positionen ausloten	Hauptstränge der Diskussion herausarbeiten	Zentrale Konfliktlinien innerhalb der Gruppe feststellen	Diskussion abschließen

Abb. 7.1: Die fünf Phasen von Fokusgruppen

In der *ersten Phase* der Fokusgruppensitzung führen Sie in die Thematik der Diskussion ein. Wie diese Einstiegsphase am besten gestaltet wird, hängt vom Thema der Fokusgruppe ab. Manchmal ist dazu ein kurzer inhaltlicher Überblick notwendig. Sie können einen solchen Überblick selbst vorbereiten, unter Umständen eignet sich dazu jedoch auch ein kurzer Film oder ein Ausschnitt aus einer Fernsehsendung. Eine inhaltliche Einführung ist insbesondere dann wichtig, wenn Sie ein Thema diskutieren möchten, bei dem ein gewisses Vorwissen notwendig ist, und Sie sicherstellen möchten, dass alle Teilnehmerinnen mit den Grundlagen vertraut sind. Wenn Sie zum Beispiel Leihmutterschaft und deren rechtliche Regelung diskutieren möchten, sollten Sie sicherstellen, dass die Teilnehmerinnen wissen, was Leihmutterschaft ist und wie sie aktuell gesetzlich verankert ist.

Insbesondere bei sensiblen Themen kann eine Vignette als Einstieg empfehlenswert sein. Vignetten sind Fallbeispiele, die abstrakte Themen anhand von lebensnahen Ereignissen und Geschichten konkretisieren. Wenn es um das Thema Leihmutterschaft geht, können Sie beispielsweise eine Vignette entwerfen, in der eine Frau einem kinderlosen Paar anbietet, ein Kind für sie auszutragen. Hier können Sie auf eigene Darstellungen, Videoausschnitte oder anderes Material zurückgreifen. Vignetten dienen als Eisbrecher und können den Einstieg in ein Thema erleichtern, bei denen sich Teilnehmerinnen eventuell schwertun darüber zu sprechen. Vignetten eignen sich auch gut als Einstieg, wenn in Fokusgruppen sehr persönliche Themen besprochen werden; sie bieten den Teilnehmerinnen eine Möglichkeit, mit einer gewissen Distanz über ein Thema zu sprechen, von dem sie selbst betroffen sind.

Die Diskussion von Vignetten gibt oftmals gute Einblicke, auf Basis welcher Werte und Kriterien Menschen handeln oder ihre Meinung bilden. Bei der Verwendung von Vignetten sollten Sie jedoch bedenken, dass diese – dadurch, dass sie ein Thema konkretisieren – immer bestimmte Aspekte eines Phänomens in den Blick nehmen und andere vernachlässigen. Die Diskussion kann also ganz unterschiedlich verlaufen, je nachdem, was für eine Vignette Sie wählen. Dies muss in der Datenanalyse mitberücksichtigt werden. Zudem gibt es unterschiedliche Möglichkeiten, um diese thematische Schwerpunktsetzung auszugleichen – indem Sie etwa gleich zu Beginn oder im Laufe der Diskussion eine zweite Vignette einbringen, die andere Aspekte in den Vordergrund stellt. Beim Thema Leihmutterschaft könnte es also in einer zweiten Vignette darum gehen, dass ein wohlhabendes, kinderloses Paar eine ihnen unbekannte Frau dafür bezahlt, ein Kind für sie auszutragen. Doch nicht bei jedem Thema benötigen Sie einen Einstieg in Form eines inhaltlichen Überblicks, eines kurzen Films oder einer Vignette. Wenn Sie zum Beispiel herausfinden möchten, was die Popularität einer berühmten Politikerin unter Jugendlichen ausmacht, benötigen Sie nicht unbedingt eine thematische Einleitung – wenn Sie davon ausgehen können, dass die Politikerin allen Teilnehmerinnen bekannt ist.

Die *zweite Phase* dient dazu, die Bandbreite der in der Gruppe vertretenen Erfahrungen und Meinungen auszuloten. Sie beginnt mit einer weiten, offenen Frage, die die Diskussion in der Gruppe anstößt. Das Ziel ist es, eine Frage zu formulieren, durch die sich alle Teilnehmerinnen angesprochen fühlen, eine eigene Erfahrung oder Einschätzung zu teilen und zur Diskussion beizutragen. In unserem Beispiel könnte eine solche Frage lauten: „Wie haben Sie sich denn bisher mit dem Thema Leihmutterschaft auseinandergesetzt?" Eine solche Frage ermöglicht es den Teilnehmerinnen, über eigene Erfahrungen, Positionen, aber auch den Grad ihrer Auseinandersetzung mit dem Thema zu sprechen. In dieser Phase geht es darum, das Thema „aufzumachen" und zu verstehen, welche Aspekte für die Teilnehmerinnen relevant sind. Um zu gewährleisten, dass alle Teilnehmerinnen Gehör finden, und eventuell auch, um ihnen die Scheu zu nehmen, in der Gruppe zu sprechen, können Sie im Anschluss an diese erste Frage eine Antwortrunde einlegen.

Das heißt: Anstatt gleich in einen freien Austausch zu starten, teilen alle Teilnehmerinnen zunächst reihum ihre wichtigsten Erfahrungen und Gedanken zum Thema. Bei einem unmittelbaren Start in die freie Diskussion können sich schnell dominante Positionen herauskristallisieren. Wenn sich Mehrheitsmeinungen einmal etabliert haben, kann es für Teilnehmerinnen mit einer Minderheitenmeinung schwierig sein, diese noch in die Diskussion einzubringen. Eine Antwortrunde zu Beginn kann folglich dabei helfen, die tatsächliche Bandbreite an Positionen besser zu fassen. Auch sind Antwortrunden insofern empfehlenswert, als sich die Mitglieder der Gruppe dadurch ein wenig besser kennenlernen können und sie idealerweise zu einer vertrauensvollen Situation beitragen.

Die Antwortrunde bietet im Idealfall nicht nur einen Überblick über die Bandbreite an relevanten Erfahrungen und Positionen, sondern auch Einstiegspunkte in die freie Diskussion. Damit geht die Fokusgruppe in *Phase drei* über, in der es darum geht, die Hauptstränge der Diskussion herauszuarbeiten. Nach der Antwortrunde können Teilnehmerinnen unmittelbar auf die Aussagen der anderen Teilnehmerinnen eingehen und ihre eigenen Erfahrungen oder Positionen weiter ausführen. Wenn die Diskussion nicht gleich in die Gänge kommt, können Sie als Moderatorin wichtige angesprochene Punkte nacheinander aufgreifen und dazu konkretere Fragen an die Teilnehmerinnen stellen. Beispielsweise: „Mehrere von Ihnen haben erwähnt, dass Sie die Beziehung zwischen der Leihmutter und den Personen mit Kinderwunsch für wesentlich halten. Wie gestaltet sich denn diese Beziehung für Sie idealerweise?" Im besten Fall sind Ihre Fragen inklusiv und adressieren die Gruppe als Ganzes. Wenn dies jedoch nicht funktioniert und keine der Teilnehmerinnen etwas sagen möchte, können Sie auch einzelne Personen oder all jene Teilnehmerinnen ansprechen, die eine bestimmte Erfahrung gemacht oder Position vertreten haben. Achten Sie jedoch darauf, dass Sie Ihre Fragen dabei so formulieren, dass die angesprochenen Personen nicht das Gefühl haben, sie müssten sich rechtfertigen oder verteidigen. Stattdessen geht es darum zu vermitteln, dass Sie an weiteren Ausführungen interessiert sind.

Die dritte und vierte Phase stellen den Kern der Diskussion dar. Während es das Ziel der dritten Phase ist festzustellen, was die wichtigsten Erfahrungen oder Positionen im Zusammenhang mit einer Thematik sind, geht es in der *vierten Phase* darum festzustellen, was die größten Konfliktlinien innerhalb der Gruppe sind. In dieser Phase möchten Sie herausfinden, in welchen Punkten sich die Teilnehmerinnen einig sind und in welchen nicht, welche Erfahrungen sie teilen und welche nicht sowie warum das der Fall ist. Hier können Sie beispielsweise fragen: „Während einige meinen, dass die Aufrechterhaltung der Anonymität zwischen der Leihmutter und den Personen mit Kinderwunsch wesentlich ist, haben andere hervorgehoben, dass gerade die persönliche Beziehung zwischen diesen für sie wichtig ist. Können Sie mir erklären, warum Anonymität beziehungsweise eine persönliche Beziehung für Sie wichtig ist?"

Die *fünfte Phase* bildet den Abschluss der Fokusgruppe. Um die Diskussion zu einem Abschluss zu bringen, ist es empfehlenswert, die wichtigsten Punkte zusammenzufassen und die Teilnehmerinnen zu fragen, ob man die zentralen Inhalte der Diskussion korrekt verstanden hat. Auch sollten Sie den Teilnehmerinnen zu diesem Zeitpunkt nochmals die Möglichkeit geben, einzelne Klarstellungen vorzunehmen oder Ergänzungen hinzuzufügen. Sie können die Frage nach Ergänzungen als offene Frage an die Gruppe stellen oder zum Abschluss nochmals alle Teilnehmerinnen reihum zu einer abschließenden Wortmeldung einladen. Damit ist der inhaltliche Teil der Fokusgruppe beendet und Sie schalten die Aufnahmegeräte aus. Im Anschluss daran können Sie die Teilnehmerinnen noch bitten, kurz über die Diskussion zu reflektieren und Ihnen jeweils eine Sache zu nennen, die gut funktioniert hat, und eine Sache, die verbesserungswürdig ist. Sie können die Teilnehmerinnen auch bitten, diese beiden Punkte auf einem Blatt Papier aufzuschreiben und dieses abzugeben.

7.5 Moderation

Die Durchführung von Fokusgruppen bringt gewisse Vor- und Nachteile mit sich. Beide Seiten sind mit der Tatsache verknüpft, dass es bei Fokusgruppen neben dem konkreten Inhalt immer auch um die Dynamik zwischen den Teilnehmerinnen geht. Der Vorteil besteht darin, dass Sie sich die Gruppendynamik für die Datengenerierung zunutze machen können. Der Nachteil ergibt sich daraus, dass Sie als Forscherin in einer Fokusgruppe weniger direkten Einfluss auf das Geschehen haben, als dies bei Interviews der Fall ist. Die Dynamik innerhalb der Gruppe kann die Diskussion anregen, kann sie jedoch auch aus dem Ruder laufen lassen.

ALS LEITERIN EINER FOKUSGRUPPE haben Sie deshalb eine doppelte Funktion: Einerseits sind Sie Interviewerin, andererseits sind Sie Moderatorin. Deshalb bedarf die Vorbereitung einer Fokusgruppe mehr als die Erstellung eines guten Leitfadens. Die Qualität der Fokusgruppe und der dadurch generierten Daten steht und fällt mit der Qualität der Moderation.

Ein zentraler Aspekt in der Moderation von Fokusgruppen ist die Frage, wie viel thematische Steuerung sinnvoll und notwendig ist. Auf der einen Seite ist es das Ziel, Daten zu generieren, die zum Thema der eigenen Forschung sprechen und mit denen man die Forschungsfrage beantworten kann. In diesem Sinne sollten Sie also dafür sorgen, dass die Diskussion der Teilnehmerinnen thematisch nicht zu sehr abschweift. Auf der anderen Seite weiß man als Forscherin jedoch oftmals noch nicht genau, was alles zum eigenen Forschungsthema gehört und was nicht. In diesem Sinne sollten Sie dafür sorgen, dass Sie den Teilnehmerinnen genügend Freiraum lassen, jene Aspekte zu diskutieren, die ihnen selbst am wichtigsten scheinen. Denn letztendlich können Sie nur so zu neuen Einsichten gelangen. Gute Moderation zeichnet sich dadurch aus, dass sie es schafft, eine Balance zwischen diesen beiden Logiken herzustellen. Unser Vorschlag ist, den Teilnehmerinnen insbesondere zu Beginn einer Fokusgruppe mehr Diskussionsfreiraum zu lassen.

Am Beginn einer Fokusgruppensitzung sollten Sie vor allem versuchen, die Diskussion in Gang zu bringen. Ein zu starres Festhalten an einem eng begrenzten Thema kann in diesem Stadium kontraproduktiv sein. Folgen Sie der Diskussion jedoch aufmerksam und behalten Sie Ihre eigene Forschungsfrage immer im Hinterkopf. Wenn Sie die Verbindung zwischen der Diskussion und Ihrer Forschungsfrage nicht mehr herstellen können, kann dies ein Indiz dafür sein, dass sich die Diskussion thematisch zu weit wegbewegt. In solch einem Fall können Sie die Teilnehmerinnen bitten Ihnen zu erklären, wie die Diskussion mit Ihrem Forschungsthema zusammenhängt. So lernen Sie entweder etwas Neues über Ihr Thema oder aber können die Diskussion auf diplomatische Art und Weise wieder zu diesem zurückführen.

Neben dem Initiieren und Steuern der Diskussion ist es Ihre Aufgabe als Moderatorin dafür zu sorgen, dass alle Teilnehmerinnen der Fokusgruppe die Möglichkeit haben ihre Erfahrungen und Positionen zu teilen. Das bedeutet beispielsweise gegenzusteuern, wenn einzelne Personen das Gespräch dominieren. Dies ist nicht nur Ihre Verantwortung gegenüber den übrigen Teilnehmerinnen, sondern auch aus methodischen Gründen wichtig. Denn wenn nur eine oder zwei Personen sprechen, untergräbt dies den Sinn und Zweck einer Fokusgruppe. In manchen solcher Fälle kann es notwendig sein, bestimmt einzugreifen, doch meist genügt ein Hinweis darauf, dass Sie gerne alle Teilnehmerinnen hören möchten. Überlegen Sie aber vorab, wie Sie intervenieren, wenn die Diskussion anders läuft als erwartet, etwa wenn es zu einem Streit kommt. Das Wichtigste für eine inklusive Diskussion ist es jedoch, sich Gedanken darüber zu machen, wie Sie ein Vertrauensverhältnis zwischen den Teilnehmerinnen herstellen und diese miteinander ins Gespräch bringen. Wenn in der Gruppe kein gegenseitiges Vertrauen gegeben ist, kann es dazu kommen, dass die Teilnehmerinnen abgeneigt sind, ihre Erfahrungen oder Meinungen untereinander zu teilen.

Lernfragen

- Wann ist die Anwendung von Fokusgruppen sinnvoll? Was sind die Vor- und Nachteile dieser Methode?
- Was sind die Gemeinsamkeiten und Unterschiede zwischen Interviews und Fokusgruppen?
- Worauf gilt es bei der Zusammensetzung von Fokusgruppen zu achten?
- Was sind die fünf Phasen einer Fokusgruppendiskussion?
- Was versteht man unter einer Vignette?
- Warum ist Moderation bei Fokusgruppen so wichtig?

Weiterführende Literatur

Barbour, Rosaline (2018). *Doing focus groups.* Los Angeles: Sage.

Cyr, Jennifer (2019). *Focus groups for the social science researcher.* Cambridge: Cambridge University Press.

Marková, Ivana; Linell, Per; Grossen, Michèle & Salazar Orvig, Anne (2007). *Dialogue in focus groups: Exploring socially shared knowledge.* Bristol: Equinox Publishing.

Schulz, Marlen; Mack, Birgit & Renn, Ortwin (Hg.) (2012). *Fokusgruppen in der empirischen Sozialwissenschaft. Von der Konzeption bis zur Auswertung.* Wiesbaden: VS Verlag für Sozialwissenschaften.

8 Qualitative Online-Forschung: Digitale Datenerhebung und ethische Herausforderungen

Meropi Tzanetakis

Mit diesem Kapitel möchte ich in die Möglichkeiten und Herausforderungen der qualitativen Online-Forschung[1] für Politikwissenschafterinnen einführen. Die weit verbreitete Verwendung des Internets und digitaler Technologien haben neue Forschungsmöglichkeiten eröffnet. Diese reichen von der innovativen Erhebung sozialer Interaktionen und gemeinschaftlichen Handelns bis zum niederschwelligen Zugang zu persönlichen Erfahrungen und Berichten. Gleichzeitig werfen die für qualitative Sozialforschung potenziell wertvollen Datenquellen neue ethische Fragen rund um die Themen Privatsphäre, Einwilligung und Anonymität auf.

Die Online-Forschung ist durch einen Doppelcharakter gekennzeichnet: in ihrer Bedeutung als Methode und als Forschungsgegenstand. In der Politikwissenschaft ist die Anwendung qualitativer Online-Forschungsmethoden im Gegensatz zu anderen sozialwissenschaftlichen Disziplinen wie der Publizistik und Kommunikationswissenschaft, Soziologie, Kulturwissenschaft sowie der Wissenschafts- und Technikforschung noch weniger weit verbreitet. Gleichzeitig werden digitale und internetbasierte Praktiken als soziale und politische Phänomene als Forschungsgegenstand für Politikwissenschafterinnen immer wichtiger, da die Nutzung digitaler Informations- und Kommunikationstechnologien (IKT) unterschiedliche Politikfelder sowie politische Organisationen und Institutionen verändert. Zu den immer wichtiger werdenden Forschungsfeldern zählen etwa die Untersuchung von

1 Die Begriffe online, digital, virtuell und Internet werden alternierend verwendet, um die Verwendung digitaler Geräte, Programme, Räume und Interaktionen zu bezeichnen.

Wahlkampagnen und digitale Manipulationsversuche, aber genauso soziale Bewegungen, Plattformökonomie und digitale Arbeit.

Zum Zeitpunkt des Verfassens dieses Beitrages im Jahr 2021 erschwerte auch die mit der Covid-19-Pandemie verbundenen Einschränkungen der Bewegungsfreiheit der Menschen nicht nur traditionelle Methoden der empirischen Sozialforschung, sondern verlagerte zunehmend den Fokus auf digitale Forschungsmethoden, um Daten erheben und analysieren zu können. Sie haben den Vorteil, dass Menschen nicht zur selben Zeit am selben Ort sein müssen und ermöglichen Zugang zu schwer erreichbaren Bevölkerungsgruppen (etwa Minderheiten, Migrantinnen, marginalisierte oder stigmatisierte Gruppen), sofern diese selbst das Internet verwenden (Kaufmann & Tzanetakis 2020). Ebenso erfordert Online-Forschung keine Reisetätigkeit, die mitunter mit erheblichen finanziellen, ökologischen und zeitlichen Ressourcen verbunden ist. Trotzdem soll reflektiert werden, wen die Nutzung digitaler Methoden ausschließt – entweder formal (kein Internetzugang) oder praktisch (keine Zeit, geringe digitale Fähigkeiten und kein Selbstvertrauen zur Nutzung etc.).

BITTE BEACHTEN SIE IMMER, dass nicht alle Menschen Zugang zu digitalen Technologien haben. Der Begriff „digital divide" besagt, dass es Unterschiede und Barrieren im Zugang zu Kommunikationstechnologien und dem Internet gibt (Dijk 2020).

Eine solche digitale Kluft ist sowohl zwischen verschiedenen Weltregionen als auch zwischen urbanen und ländlichen Gegenden zu finden. Dabei beeinflussen Kategorien wie Geschlecht, Bildung, sozioökonomischer Status und Alter innerhalb dieser Regionen den Zugang und die Nutzung von IKT. Je nach Zielgruppe gibt es Unterschiede, die es bei der Planung und Durchführung von Online-Erhebungsmethoden zu bedenken gilt. Damit einher geht eine soziale Kluft zwischen den Habenden und Nicht-Habenden, den Nutzerinnen und Nicht-Nutzerinnen digitaler Technologien. Bei Online-Interviews mit älteren Personen aus ländlichen Gebieten soll die Interviewende etwa vorab reflektieren, ob Internetzugang besteht, zu welchen digital vermittelten Interaktionsformen (beispielsweise E-Mails) potenzielle Interviewpartnerinnen Zugang haben und wie vertraut sie mit der Anwendung dieser sind.

Dieser Beitrag stellt anhand der Beispiele des Online-Interviews und der digitalen Ethnographie zwei sozialwissenschaftliche Forschungsmethoden vor, die einerseits auf eine langjährige vordigitale Methodentraditionen zurückblicken (siehe dazu Kapitel 5), andererseits aber durch die Verwendung von digitalen Technologien neue Möglichkeiten für Forscherinnen eröffnen.

Abschließend werden ethische Fragestellungen besprochen, die vor und während der Anwendung dieser digitalen Erhebungsmethoden zu klären sind.

8.1 Online-Interviews

Das qualitative Online-Interview ist eine digitale Forschungsmethode zur Erhebung von Daten. Wie „traditionelle" Interviews, für die die beteiligten Personen am selben Ort zusammenkommen, können auch online geführte Interviews strukturiert, halbstrukturiert oder unstrukturiert durchgeführt werden (siehe dazu Kapitel 6). Grundsätzlich gilt es abzuwägen: Je weniger die Interviews vorstrukturiert werden, desto mehr können die Interviewten die Gesprächsinhalte strukturieren und prägen. Darüber hinaus wird zwischen asynchronen und synchronen Online-Interviews unterschieden, wobei beide Varianten im Folgenden vorgestellt werden und auf Potenziale und Einschränkungen eingegangen wird.

Ein Beispiel für asynchrone (also nicht gleichzeitige) qualitative Untersuchungsmethoden mittels digitaler Technologien stellen E-Mail-Interviews dar. Sie sind in der Politikwissenschaft nicht sehr weit verbreitet. Hierbei sendet die Interviewerin nach der Kontaktaufnahme eine Reihe von Fragen an die E-Mail-Adresse der Interviewten, auf welche diese schriftlich antwortet. Das gleiche Vorgehen gilt für eventuelle Nachfragen und Antworten darauf. Inwiefern Nachfragen auch beantwortet werden sollen, gilt es vorab mit der Interviewpartnerin zu klären. Neben E-Mails gibt es noch andere Möglichkeiten zur Durchführung asynchroner Interviews, etwa Messaging-Applikationen, aufgezeichnete Videos, Diskussionsforen und Blogs. Besonders bei E-Mails liegen die Vorteile in der alltäglichen Verwendung durch viele Menschen, wodurch die Anwendungskompetenz entsprechend weit verbreitet ist. Ein weiterer Vorteil liegt in der Möglichkeit, Fragen und Antworten ohne Zeitdruck formulieren zu können, obwohl Zeit in der Praxis knapp ist. Zudem entfällt bei schriftlichen Interviews die mitunter zeitaufwendige Transkription. Interviews per E-Mail stellen jedoch eine suboptimale Lösung dar, da sie mit Problemen bei der Datenanalyse einhergehen.

Obwohl manche Forscherinnen an asynchronen Interviews die Flexibilität in Bezug auf Zeit und Ort schätzen, kann diese sich auch nachteilig auswirken. So geht mit den zeitlichen Abständen zwischen Frage und Antwort oftmals die Spontaneität und der natürliche Gesprächsfluss verloren, in denen Menschen idealerweise in ihrer „Alltagssprache" sprechen können. Durch den Verlust des Gesprächsflusses erschweren asynchrone Methoden der Datenerhebung auch einen wichtigen Vorteil von Interviews, was sich negativ auf die Qualität der Daten auswirken kann. Zudem stellen rein textbasierte Interviews die Forscherin vor die Herausforderung, dass sie keine nonverbalen Informationen verwenden können, um die Gesprächspartnerin zu verstehen. Gleichwohl können aber zum Beispiel über Emoticons, Schriftart, -größe, -farbe auch Gefühlsäußerungen kommuniziert werden. Als weiterer Nachteil ist zu erwähnen, dass wohlüberlegte Antworten tendenziell sozial erwünschte Antworten begünstigen. Darüber hinaus kann sich die einfache Anwendung ungünstig auswirken, wenn etwa E-Mails ignoriert beziehungsweise gelöscht werden und somit die Interviewende keine Antworten erhält oder das Interview abgebrochen wird, weil die Befragte das Interesse verloren hat. Aus diesem Grund ist es immer empfehlenswert, synchrone Wege der Datenerhebung zu wählen. Asynchrone Erhebungsmethoden über das Internet stellen zwar eine neuartige Interview-Umgebung dar, sind ein letzter Ausweg, wenn man anderweitig nicht an Daten kommen kann.

SYNCHRONE ONLINE-INTERVIEWS finden in Echtzeit statt und kommen traditionellen Face-to-Face-Interviews am nächsten. Hierfür stehen Forschenden eine große Auswahl an Videokonferenz-Tools, Messaging-Applikationen, Internettelefonie-Diensten und mobilen Anwendungen zur Verfügung. Je nach verwendendem Software-Programm können Inhalte in Form von Text, Audio und/oder Video zeitgleich zwischen Interviewerin und Interviewpartnerin ausgetauscht werden.

Manche dieser Plattformen sind unentgeltlich – bedenken Sie dabei aber, dass Nutzerinnen von kostenfreien Services oft mit ihren Daten bezahlen. Sehr häufig sind kostenpflichtige Plattformen und Apps hinsichtlich des Datenschutzes zu bevorzugen.

Digitale Video-Interviews ermöglichen die unmittelbare Erhebung des gesamten Spektrums an verbaler und nichtverbaler Kommunikation inklusive Augenkontakt, Gesichtsausdruck, Gestik und Körpersprache. Finden Video-Interviews per Web-Kamera statt, wird zumeist lediglich der Kopf und ein Teil des Oberkörpers erfasst, wobei die Wahrnehmung der Körpersprache auf diesen Ausschnitt beschränkt ist. Gleichwohl ist die Fülle an Signalen bei text- beziehungsweise audiobasierten Online-Interviews nicht verfügbar. Da Online-Videokonferenzsysteme die gleichzeitige Durchführung von Interviews mittels Text, Audio und Bild ermöglichen, können mehrere Interviewte gleichzeitig teilnehmen, indem zusätzlich zum gesprochenen Wort auch die Chatfunktion für Kommentare genutzt wird. Die Möglichkeit, gleichzeitig miteinander zu interagieren, ist eine innovative Praktik und kann insbesondere bei Fokusgruppen angewendet werden.

Zu den Vorteilen synchroner Online-Interviews zählen im Vergleich mit asynchronen Datenerhebungsmethoden die größere Spontaneität, weil die befragte Person unmittelbar antworten und die Interviewerin nachfragen kann. Der Live-Charakter dieser Interviewform weist auch Ähnlichkeiten mit persönlichen Interviews auf. Da kaum Zeit zum Bearbeiten und Reformulieren von Antworten bleibt, können Antworten „ehrlicher" sein, was die Datenqualität erhöhen kann. Finden digitale Echtzeit-Interviews schriftlich statt, kann hierbei im Gegensatz zu audio- und videobasierten Interviews die zeitintensive Transkription entfallen. Allerdings können die Interview-Transkripte schwierig zu interpretieren sein, da Inhalte mitunter zersplittert vorliegen. Dies kommt vor, wenn die Interviewerin eine neue Frage stellt, bevor die Interviewte die vorige Frage vollständig beantwortet hat.

Ferner beeinflussen die technischen Rahmenbedingungen die Interviewsituation. Bei der Entscheidung für ein synchrones Online-Interview gilt es zu berücksichtigen, ob die Gesprächspartnerinnen über die nötigen technischen Kompetenzen, Vertrautheit im Umgang mit der Online-Kommunikationsform, der Benutzeroberfläche, die notwendige Hard- und Software sowie über eine schnelle Internetverbindung verfügen, um am synchronen Online-Interview angemessen teilzunehmen. Während des Interviews kann es zudem zu technischen Störungen kommen, sodass für diese unerwarteten Ereignisse spontane technische Lösungen gefunden werden müssen und durch die zeitlichen Verzögerungen der Gesprächsfluss gestört wird. Indessen haben Interviewte einen weiteren Handlungsspielraum, falls die Interviewsituation als unangenehm empfunden wird: Sie können die digitalen Technologien einfach „unterbrechen" und dafür die Technik verantwortlich machen.

In der empirischen Sozialforschung kommen synchrone Online-Interviews bislang weniger häufig zum Einsatz, was zum Teil mit der größeren technischen Kompetenz und dem größeren technischen Aufwand für die Interviewerin und die Interviewte begründet werden kann. Allerdings haben viele Bereiche wie Arbeit, Bildung, Forschung und Freizeit seit der Corona-Pandemie einen Digitalisierungsschub erfahren, womit die Anwendungskompetenz für Online-Videokonferenz-Tools und mobile Kommunikations-Apps gestiegen ist (Tzanetakis 2020). Damit könnte zukünftig die Auswahl eines geeigneten Videokonferenzsystems für die digitale Datenerhebung oder der Zugang zu einem passenden Instant-Messaging-Dienst eine geringere technologische Hürde für Forscherinnen und Interviewte gleichermaßen darstellen.

8.2 Digitale Ethnographie

Obwohl die Digitalisierung zahlreiche Sphären des alltäglichen Lebens, Organisationen und Institutionen erfasst, besteht weiterhin die digitale Kluft – also die Ungleichheit zwischen jenen, die gute Möglichkeiten zur (auch aktiven) Nutzung digitaler Technologien haben, und jenen, auf die das nicht zutrifft. Indessen erfreuen sich ethnographische Forschungsansätze zur Analyse sozialer Praktiken und sozialer Normen im Internet in den letzten Jahren zunehmender Beliebtheit. Dabei sind die virtuellen Beobachtungstechniken zur Dokumentation dieser ähnlich vielfältig wie die unterschiedlichen Datenquellen und sozialen Räume im Internet, etwa soziale Netzwerke, Blogs, Webseiten und Plattformen. Zudem erkunden Forscherinnen die vielschichtigen Verbindungen zwischen der digitalen und physischen Welt.

DIGITALE ETHNOGRAPHIE BEDEUTET, in das Forschungsfeld „online" einzutauchen und sich von Annahmen und Bewertungen von Phänomenen loszulösen, um dieses aus dem Blickwinkel der involvierten Personen zu verstehen. Forscherinnen verwenden ähnliche digitale Technologien wie die Studienteilnehmerinnen, entwickeln einen detaillierten Einblick in das digitale Phänomen und nehmen in unterschiedlichem Ausmaß an Online-Interaktionen teil.

Welche Implikationen offene und verdeckte Beobachtungen haben, wird an einer anderen Stelle ausführlich diskutiert (siehe dazu Kapitel 5).

Frühe digitale Ethnographien haben die besonderen Merkmale und Vorgehensweisen von Online-Aktivitäten in den Blick genommen, sie aber entkoppelt von sozialen Kontexten untersucht (Hine 2015). In einer weiteren Forschungsphase lag der Fokus auf der Übertragbarkeit von traditionellen methodologischen Herausforderungen (zum Beispiel Feldzugang, Reflexivität) auf digitale Räume. Dabei haben Forscherinnen auch eine kritische Haltung zur Einzigartigkeit des Internets eingenommen. Aktuelle Forschung betont zudem die Kontextualisierung digitaler Interaktionen innerhalb der jeweiligen Offline-Welt. Nunmehr werden nicht nur die digitalen Aktivitäten etwa einer politischen Bloggerin beobachtet, sondern auch der Kontext des täglichen Lebens, der durch die Verschränkung verschiedener, Ungleichheit generierender Kategorien wie Geschlecht, Ethnizität, Klasse, Nationalität, Sexualität, Alter etc. geprägt ist. Neuere Forschungen erheben und analysieren zusätzlich zum schriftlichen Text noch Audio- und Video-Daten.

Überdies konnten sich „Multi-sited"-Varianten der digitalen Ethnographie etablieren. Dabei beobachten Forscherinnen digitale Phänomene an verschiedenen Orten online und/oder offline, um ein umfangreiches Verständnis der vielfältigen Ausprägungen und komplexen Verbindungen zu entwickeln, die unser modernes Leben prägen. Hine (2015) betont in diesem Zusammenhang, dass das Internet „embedded, embodied and everyday" ist und spricht sich für einen ethnographischen Ansatz aus, der Online- und Offline-Welten kombiniert. Das bedeutet, dass etwa Social-Media-Aktivitäten in physische Lebenskontexte eingebettet sind und politischer Aktivismus im Internet insofern einen Einfluss auf Offline-Welten hat. Eine Studie kann mit der Online-Beobachtung des Feldes begonnen werden und physisch weitergeführt werden, um zum Beispiel den digitalen Untersuchungsgegenstand durch „Face-to-Face"-Interviews zu kontextualisieren.

Zur Erforschung digitaler Umgebungen gibt es kein allgemeingültiges und standardisiertes Vorgehen. Vielmehr ist die Ethnographie als Forschungsansatz flexibel und anpassungsfähig. Sie ist offen für Aspekte, die sich aus dem Feld ergeben. Demnach ist jede digitale ethnographische Studie in Bezug auf die Forschungsfrage und Operationalisierung einmalig. Nicht nur gibt es unterschiedliche Erkenntnissinteressen und unzählige sich weiter entfaltende digitale Räume, Online-Aktivitäten haben auch für jede eine andere Bedeutung. Beispielsweise kann eine Person sich über ihre reichhaltige Online-Präsenz definieren, während für eine andere die digitale Aktivität mit dem Verfassen und Lesen von E-Mails endet.

Die verwendeten Begriffe für die unterschiedlichen Zugänge reichen von Online-Ethnographie, virtueller Ethnographie und „Netnographie" bis zu Cyberethnographie; dabei handelt es sich um verschiedene Etiketten für die digitale Ethnographie. Doch sie alle beruhen auf der Methode der Ethnographie aus dem vordigitalen Zeitalter (siehe dazu Kapitel 5) und zielen im Wesentlichen darauf ab, das Wissen von lokal spezifischen, digitalen Umfeldern und kulturell eingebetteten Verhaltensweisen im jeweiligen Online-Kontext zu vertiefen. Internet-Technologien und Social-Media-Plattformen tragen etwa zur Entstehung von Online-Communities allgemein bei, doch liegt es an der Forscherin zu untersuchen, welchen Sinn digitale Netzwerke für die Userinnen haben.

Darüber hinaus ermöglicht die Digitalisierung zumindest für Forscherinnen im globalen Norden einen einfachen Zugang und die Nachverfolgung einer nie dagewesenen Fülle an Forschungsdaten. Doch genau die einfache Sammlung nutzergenerierter Inhalte in Form von Text, Ton und Bild kann problematisch werden, wenn die ethnographischen Daten aus dem Zusammenhang gerissen werden. Die Kontextualisierung von Forschungsdaten ist besonders wichtig in einer hochkomplexen Welt, die von Globalisierung, Translokalisierung und vielschichtigen Online-Offline-Beziehungen geprägt ist. Die untersuchten digitalen Umfelder sollen deshalb nicht als einfach da und gegeben erachtet werden, sondern in ihren lokalspezifischen Bedeutungen und Verwendungen analysiert werden. Ein weiterer Aspekt der Kontextualisierung betrifft die zunehmende Kommerzialisierung des Internets. Social-Media-Plattformen wie Twitter, YouTube, TikTok und Facebook beeinflussen über das Design, Standardeinstellungen und Algorithmen, wie Menschen diese Netzwerke verwenden und wie sie miteinander interagieren. Technologische Funktionen wie Teilen, Ansehen, Folgen bestimmen nicht nur die sozialen Praktiken der Nutzerinnen, sie sind auch an die ökonomische Verwertbarkeit der Daten geknüpft.

8.3 Ethische Aspekte

Die Abklärung forschungsethischer Fragestellungen spielte bereits in der vordigitalen Zeit eine wichtige Rolle (siehe dazu Kapitel 3). Die globale Reichweite des Internets bedeutet aber, dass in verschiedenen Staaten unterschiedliche rechtliche Bestimmungen zum Tragen kommen. Online sind keine klar umrissenen nationalstaatlichen Grenzen vorzufinden, auch werden neue soziale Interaktionsformen ermöglicht.

ZUDEM BRINGT DIE BESCHAFFENHEIT digitaler Forschungsdaten zum Teil neue ethische Herausforderungen, etwa wie Daten sicher gespeichert werden können oder unter welchen Bedingungen Daten gemeinsam genutzt werden können, mit sich. Es gilt, dass ethische Bewertungen vom Forschungskontext abhängig zu machen sind, anstatt ein Standardverfahren anzuwenden.

Die international anerkannte Association of Internet Researchers (AoIR) hat ethische Leitlinien für Online-Forschung herausgebracht (franzke et al. 2020), die bei der Abklärung helfen.

Eine Herausforderung betrifft die teilweise fließenden Grenzen zwischen öffentlich und privat (Sugiura et al. 2017). Zum Teil wird dies durch das mangelnde Bewusstsein sowohl der Nutzerinnen als auch der Forscherinnen um öffentliche und private Inhalte im Internet verstärkt. Öffentlich verfügbare Daten können jedenfalls nicht ohne Weiteres für Forschungszwecke verwendet werden. Einige Nutzerinnen von Foren oder sozialen Medien verstehen etwa öffentlich zugängliche Beiträge als private Inhalte. Auch kann nicht immer festgestellt werden, ob Nutzerinnen sich über den öffentlichen Status ihrer Beiträge bewusst sind. Nicht selten enthalten sie persönliche Informationen, die auf eine Person zurückführbar sind. Eine Abgrenzung kann graduell vorgenommen werden: Beiträge in öffentlichen Foren gelten als öffentlicher als Unterhaltungen in Chat-Räumen. Das bedeutet, je größer die anerkannte Öffentlichkeit des jeweiligen digitalen Raumes, desto geringer ist die Verpflichtung der Forscherin die Privatsphäre, Vertraulichkeit und das Recht auf eine informierte Einwilligung zu schützen. Eine besonders umstrittene und die Privatsphäre verletzende Forschungsmethode ist das „lurking", bei der die Forscherin, wie eine Fliege an der Wand, die digitale Umgebung beobachtet, ohne die Teilnehmerinnen darüber zu informieren.

Eine weitere Herausforderung betrifft die informierte Einwilligung (siehe dazu Kapitel 3). Sie ist die Grundlage für die Entscheidung über die Teilnahme an einer Studie und in der EU im Falle der Verarbeitung persönlicher Informationen ein rechtliches Erfordernis. Um eine Gruppe zu informieren, kann ein Informationsblatt zum Forschungsprojekt und die informierte Einwilligung online gepostet werden; oder Nutzerinnen werden individuell kontaktiert. In der Praxis kann es schwierig sein, eine tatsächlich informierte Einwilligung von allen Mitgliedern einer Gruppe zu erhalten. Beispielsweise werden Postings auf einer Social-Media-Plattform nicht von jeder gelesen beziehungsweise sind Mitglieder nicht immer online. Zudem sollten Forscherinnen, die etwa digitale Plattformen nutzen, unbedingt die Nutzungsbedingungen genau lesen, da diese Hinweise auf eine Beschränkung der Forschungstätigkeit enthalten können. Überdies empfiehlt es sich, Moderatorinnen von Foren um ihre Einwilligung zur Studiendurchführung zu fragen. Diese können im Forschungsprozess auch als Gatekeeper fungieren. Allerdings bedeutet dies nicht, dass Moderatorinnen die Einwilligung für alle Mitglieder erteilen können. Auf die informierte Einwilligung kann unter Umständen verzichtet werden, wenn das Risiko durch die Teilnahme als gering gilt und das Wohlbefinden der Teilnehmerinnen nicht negativ beeinflusst wird. Dies wäre beispielsweise der Fall, wenn für eine Studie keine personenbezogenen Daten erhoben werden und unterschiedliche erhobene Daten auch in ihrer Synthese nicht auf eine Person zurückführbar sind.

Als dritte Herausforderung wird die Anonymisierung (siehe Kapitel 3) diskutiert. Forscherinnen sind verpflichtet, die Privatsphäre der Teilnehmerinnen in allen Phasen des Forschungsprozesses zu schützen. Die ohne die Zustimmung der betroffenen Person erfolgte Veröffentlichung von Informationen, die eine Forschungsteilnehmerin identifizieren können (dabei kann es sich auch „bloß" um Informationen wie den Benutzernamen, die E-Mail-Adresse und andere scheinbar „allgemeine" Informationen handeln, wenn diese in der Zusammenschau konkret genug sind, um zur Identifizierung einer bestimmten Person führen können), ist nicht nur ein Bruch ethischer, sondern auch rechtlicher Regeln. Um dieser Verantwortung nachzugehen, ist die Anonymisierung von Forschungsdaten das Mittel der Wahl. Als Faustregel gilt: Wo Rückschlüsse auf die Identität möglich sind, muss die Person vor der Veröffentlichung der Forschung einwilligen. Das betrifft etwa direkte Zitate von Postings auf sozialen Medien, nach denen in gängigen Suchmaschinen gesucht werden kann. Dabei kann trotz Anonymisierung des Benutzernamens die Person ausfindig gemacht werden.

Dem steht jedoch das Recht auf geistiges Eigentum durch die Verfasserin eines Beitrags entgegen. Obwohl digitale Beiträge wie andere Literaturquellen zitiert werden können, gefährdet dies die Anonymität der Teilnehmerinnen und kann besonders bei sensiblem Material nicht intendierte Konsequenzen für die Teilnehmerinnen (beispielsweise strafrechtliche Verfolgung, Stigmatisierung) haben. Dabei ist es notwendig, das Copyright gegen den Schutz der Privatsphäre abzuwägen, wobei Letzterer Vorrang hat, sofern die betroffene Person nicht selbst befragt werden kann. Zur Wahrung der Anonymität können Online-Beiträge vor der Veröffentlichung auch sinngemäß zusammengefasst und identifizierende Informationen (zum Beispiel Namen, Orte, Institutionen) gelöscht werden. Andererseits können sich Teilnehmerinnen in einigen Fällen bewusst dafür entscheiden, dass sie in Publikationen namentlich genannt werden wollen. Dies kann etwa dann der Fall sein, wenn sie Minderheiten angehören und eine Anonymisierung als Verfestigung sozialer Exklusion und Akt des gesellschaftlichen „Zum-Schweigen-Bringens" verstanden wird. Selbstgewählte politische Sichtbarkeit ist hierbei als Statement für gesellschaftspolitische Veränderungen zu verstehen. Trotz der Fülle an verfügbaren ethischen Orientierungshilfen (franzke et al. 2020) bleibt die Durchführung von ethisch angemessener Online-Forschung eine Herausforderung. Die drei diskutierten ethischen Aspekte zeigen, dass ein Balanceakt notwendig ist, um den Schutz der Forschungsteilnehmerinnen zu gewährleisten.

Lernfragen

- Welche Vor- und Nachteile bringt die Anwendung digitaler Methoden mit sich?
- Was sind die Vor- und Nachteile asynchroner und synchroner Online-Interviews?
- Welche Rolle spielt die „digital divide" bei der qualitativen Online-Forschung?

— Welche Bedeutung hat die Kontextualisierung von Forschungsdaten für die digitale Ethnographie?
— Welche ethischen Herausforderungen bringt Internetforschung mit sich? Wie kann diesen begegnet werden?

Literatur

Dijk, Jan van (2020). *The Digital Divide.* Cambridge: Polity.

franzke, aline shakti; Bechmann, Anja; Zimmer, Michael; Ess, Charles & The Association of Internet Researchers (2020). *Internet Research: Ethical Guidelines 3.0* (https://aoir.org/reports/ethics3.pdf).

Hine, Christine (2015). *Ethnography for the Internet: Embedded, Embodied and Everyday.* London: Bloomsbury.

Kaufmann, Mareile & Tzanetakis, Meropi (2020). *Doing Internet research with hard-to-reach communities: methodological reflections on gaining meaningful access.* In: *Qualitative Research,* 20(6), 927–944.

Sugiura, Lisa; Pope, Catherine & Wiles, Rosemary (2017). *Ethical challenges in online research: public/private perceptions. In: Research Ethics Review,* 13(3–4), 184–199.

Tzanetakis, Meropi (2020). *Corona und Big Data. Was die Pandemie für die digitale Transformation bedeutet.* In: Schmidinger, Thomas & Weidenholzer, Joe (Hg.). *Virenregime. Wie die Coronakrise unsere Welt verändert. Befunde, Analyse, Anregungen.* Wien: bahoe books, 241–250.

Weiterführende Literatur

Beer, Bettina & König, Anika (2020) (Hg.). *Methoden ethnologischer Feldforschung.* 3. Auflage. Berlin: Dietrich Reimer.

Fielding, Nigel; Lee, Raymond M. & Blank, Grant (Eds.) (2017). *The SAGE handbook of online research methods.* 2. Auflage. London: Sage.

Hewson, Claire (2014). *Qualitative approaches in internet-mediated research: opportunities, issues, possibilities.* In: Leavy, Patricia (Ed.). *The Oxford Handbook of Qualitative Research Methods.* New York: Oxford University Press, 423–452.

James, Natalia & Busher, Hugh (2006). *Credibility, authenticity and voice: dilemmas in online interviewing.* In: *Qualitative Research,* 6(3), 403–420.

Kozinets, Robert V. (2020). *Netnography: The essential guide to Qualitative Social Media Research.* 3. Auflage. London: Sage.

Pink, Sarah; Horst, Heather; Postill, John; Hjorth, Larissa; Lewis, Tania; Tacchi, Jo (2016). *Digital Ethnography: Principles and Practice.* London: Sage.

Snee, Helene; Hine, Christine; Morey, Yvette; Roberts, Steven & Watson, Hayley (Eds.) (2016). *Digital methods for social science: An interdisciplinary guide to research innovation.* Basingstoke: Palgrave Macmillan.

Varis, Piia (2016). *Digital ethnography.* In: Georgakopoulou, Alexandra & Spilioti, Tereza (Eds.). *The Routledge Handbook of Language and Digital Communication.* Abingdon/New York: Routledge, 55–68.

Teil III: Datenanalyse

9 Interpretative Datenanalyse: Einführung in das Kodieren

Barbara Prainsack & Mirjam Pot

9.1 Was bedeutet Datenanalyse in der qualitativen Forschung?

Die Erhebung von Daten ist ein zentraler Bestandteil eines jeden empirischen Forschungsprojektes. Doch ebenso wichtig ist die Analyse; sie schlägt die Brücke zwischen empirischen Daten auf der einen Seite und Forschungsergebnissen auf der anderen Seite. Um von den Daten zu einem Forschungsergebnis zu gelangen, müssen diese Daten nicht nur zusammengefasst, sondern analysiert werden – unabhängig davon, ob Sie mit Transkripten von Interviews oder Fokusgruppen, Beobachtungsnotizen, Zeitungsartikeln, Policy-Dokumenten oder sonstigem Material arbeiten.

QUALITATIVE DATENANALYSE BEDEUTET, das empirische Material zunächst in seine Einzelteile zu zerlegen, in diesen Einzelteilen systematisch nach Mustern zu suchen und sie letztlich entsprechend dieser Muster neu zusammenzusetzen. In diesem Prozess werden die Daten mittels Interpretation Schritt für Schritt auf ein höheres Abstraktionsniveau gebracht.

Das bedeutet, dass das konkrete empirische Material immer weiter verdichtet wird, um letztlich zu theoretischen Aussagen zu gelangen.

Die in diesem Kapitel vorgestellte Vorgehensweise bei der Datenanalyse orientiert sich an der Methode der (konstruktivistischen) *Grounded Theory* und insbesondere an der Arbeit von Kathy Charmaz (2014).[1] Die *Grounded Theory* zeichnet sich dadurch aus, dass sie induktiv, interpretativ und iterativ ist. *Induktiv* bedeutet, dass es das Ziel der Analyse ist, theoretische Einsichten aus den empirischen Daten zu generieren (im Gegensatz dazu ist es das Ziel deduktiver Methoden, Theorien anhand empirischer Daten zu testen; siehe dazu Kapitel 1). *Interpretativ* bedeutet, dass die Analyse nicht bloß darin besteht, den augenscheinlichen Inhalt des Datenmaterials zusammenzufassen. Stattdessen ist es das Ziel interpretativer Analyse, „hinter" das unmittelbar Gesagte zu gelangen und dessen tiefergehende Bedeutung(en) zu erschließen. Interpretative Methoden konzentrieren sich demnach auch auf latente Inhalte, nicht nur auf manifeste Inhalte (siehe dazu Kapitel 2). *Iterativ* wiederum heißt „wiederholend" und bedeutet, dass *Grounded Theory* zwischen Datenerhebung und -analyse hin und her wechselt: Sobald erste Daten erhoben wurden, beginnt man mit der Analyse, und diese wiederum informiert die weitere Datenerhebung.

Es gibt eine Vielzahl von Analysemethoden, die in der qualitativen Sozialforschung und Politikwissenschaft Verwendung finden. Die *Grounded Theory* ist nur eine von ihnen. Doch insbesondere aufgrund ihrer zentralen Analyseinstrumente – den Kodes und Memos – bildet sie unserer Ansicht nach die beste Basis für interpretatives Arbeiten in der Politikwissenschaft und kann in Kombination mit einer Vielzahl anderer Analysemethoden angewandt werden (etwa mit allen in den folgenden Kapiteln besprochenen Analysemethoden). Wir beziehen uns in diesem Kapitel beispielhaft auf die Analyse von Interviews, doch die im Folgenden vorgestellte Vorgehensweise kann auf jegliches Text- oder Bildmaterial angewandt werden.

9.2 Analyse in der Praxis

DIE ANALYSE MITTELS *Grounded Theory* findet in mehreren Schritten statt, an deren Beginn das Kodieren der Daten steht. Das Kodieren selbst verläuft in zwei Phasen, die jedoch in der Praxis oftmals nahtlos ineinander übergehen – dem initialen *(initial coding)* und dem fokussierten Kodieren *(focused coding)*.

1 In Kapitel 10 greifen Carrie Friese, Adele Clarke und Rachel Washburn die konstruktivistische Tradition der *Grounded Theory* nochmals auf und erläutern, wie sie, darauf aufbauend, die neue Methode der *Situational Analysis* entwickelt haben.

Daten zu kodieren bedeutet zunächst, ein Interviewtranskript in kleine Einheiten wie Satzteile, Sätze oder Textzeilen zu „zerlegen". Dies bedeutet, dass Sie beim Kodieren Satz für Satz oder Zeile für Zeile vorgehen. Jede bedeutungstragende Einheit – das ist oft ein Satz oder auch ein Satzteil – wird nun einzeln interpretiert. Die Interpretation besteht darin, sich für den Inhalt jedes Satzes oder jeder Zeile die Frage zu stellen, was die interviewte Person mit dieser Aussage tut und wofür die Aussage ein Beispiel darstellt. Die Beantwortung der Frage „Wofür steht dieser Satz beispielhaft?" macht es möglich, unter die Oberfläche des Textes zu gelangen und die Bedeutung der Aussagen zu entschlüsseln.

Ein Kode ist ein Wort oder eine Wortgruppe, mit der die Bedeutung des Satzes am Rand des Transkriptes zusammengefasst wird. Mittels Kodes werden folglich die Inhalte des Interviewtranskripts auf eine höhere Ebene der Abstraktion gehoben. Das folgende Beispiel (Abb. 9.1) – das aus einer Interviewstudie mit verurteilten Straftätern über DNA-Technologien in der Verbrechensaufklärung stammt (Prainsack & Kitzberger 2009) – gibt ein Beispiel dafür, wie qualitative Daten in einem ersten Schritt kodiert werden. Das Interviewzitat in der linken Spalte stammt von einem Mann, der über einen Mordversuch spricht; wir nennen den Mann hier Sebastian.

Interviewtext	Kodes
1—— Mein Fehler war, dass ich dann noch dreimal geschossen habe.	—— Sieht in seinem Verhalten einen strategischen Fehler
2—— Schauen Sie, mit einem Schuss wär die Sache schon erledigt.	—— Sieht in seinem Verhalten einen strategischen Fehler; setzt das Opfer mit einer Sache gleich (Objektivierung des Opfers)
3—— Stolz brauch ich auf die Sache nicht zu sein. (...)	—— Distanziert sich von der Tat
4—— Verstehen Sie, wenn ich einen gutmütigen Hund immer am Schwanz ziehe, tausend Mal, beim 999. Mal beißt er halt.	—— Versteht sich selbst als Opfer; erniedrigt sich selbst („Ich bin ein Hund."); naturalisiert die Tat

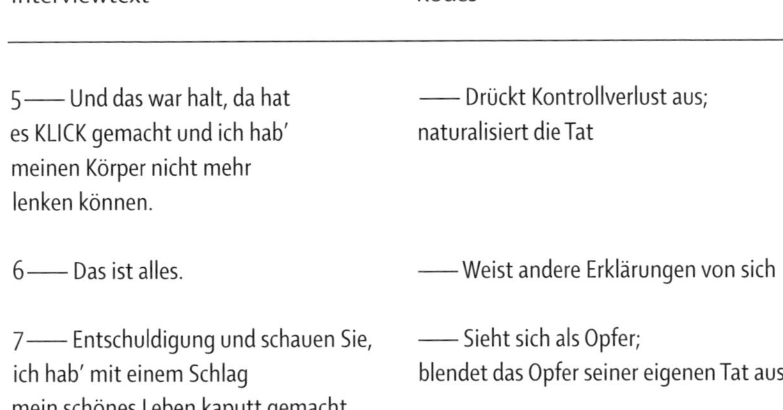

Interviewtext	Kodes
5—— Und das war halt, da hat es KLICK gemacht und ich hab' meinen Körper nicht mehr lenken können.	—— Drückt Kontrollverlust aus; naturalisiert die Tat
6—— Das ist alles.	—— Weist andere Erklärungen von sich
7—— Entschuldigung und schauen Sie, ich hab' mit einem Schlag mein schönes Leben kaputt gemacht.	—— Sieht sich als Opfer; blendet das Opfer seiner eigenen Tat aus

Abb. 9.1: Beispiel für Kodierung nach *Grounded Theory*

Zur besseren Übersichtlichkeit haben wir das Zitat in einer Tabelle abgebildet, in der jeder Satz (beziehungsweise Satzteil), den wir kodiert haben, in einer eigenen Zeile dargestellt wird. Die Kodes in der rechten Spalte sind unsere Antworten auf die Frage, wofür die Sätze (oder Satzteile) in der linken Spalte beispielhaft stehen.

Die Aussage in Zeile 1 („Mein Fehler war, dass ich dann noch dreimal geschossen habe") interpretieren wir so, dass Sebastian hier sagt, einen strategischen Fehler bei der Umsetzung seiner Tat begangen zu haben. Wir kodieren diese Zeile mit dem Kode „Sieht in seinem Verhalten einen strategischen Fehler". Dies ist nicht der einzig mögliche Kode; eine zweite Koderin hat mit „Tat falsch umgesetzt" kodiert. Beide Kodes laufen jedoch darauf hinaus, dass Sebastian hier sagt, dass er die Tat nicht deshalb bereut, weil er damit jemanden schwer verletzt oder sogar umgebracht hat, sondern es ein strategischer Fehler gewesen sei, statt einmal gleich dreimal zu schießen. Auch die Aussage in Zeile 2 („Schauen Sie, mit einem Schuss wär' die Sache schon erledigt") bringt dies zum Ausdruck, weshalb wir hier nochmals den gleichen Kode verwendet haben. Mit dieser Aussage tut Sebastian jedoch noch etwas anderes: Er objektiviert sein Opfer. Es ist eine „Sache". Auch das haben wir mit einem entsprechenden Kode festgehalten. In Zeile 3 sagt Sebastian: „Stolz brauch ich auf die Sache nicht zu sein." Wenn wir uns fragen, was Sebastian hier tut beziehungsweise wofür diese Aussage ein Beispiel darstellt, kommen wir zur Antwort, dass sich Sebastian durch diese Aussage von seiner Tat distanziert. In Zeile 4 wiederum sagt er: „Verstehen Sie, wenn ich einen gutmütigen

Hund immer am Schwanz ziehe, tausend Mal, beim 999. Mal beißt er halt." Für diese Aussage haben wir drei verschiedene Kodes gebildet. Denn dieser Satz drückt sowohl aus, dass sich Sebastian selbst als Opfer versteht, er sich durch den Vergleich mit einem Hund selbst erniedrigt, aber auch seine Tat naturalisiert.

Was wir hier gemacht haben, ist, dass wir jeden Satz im Interview interpretiert, unsere Interpretation in einem Kode zusammengefasst und damit die Aussagen im Interview verdichtet haben. Wir haben das Material also auf eine höhere Abstraktionsstufe gehoben, ohne dass wir es nur zusammengefasst oder in anderen Worten wiedergegeben hätten. Der erste Durchgang beim Kodieren ist sehr assoziativ und die Kodes, die man in dieser Phase entwickelt, sind noch provisorisch. Haben Sie also keine Scheu, mit der Analyse zu beginnen und das Kodieren einfach einmal auszuprobieren. Es geht nicht darum auf Anhieb perfekte Kodes zu entwickeln, sondern diese nach und nach so zu schärfen, dass sie den Inhalt der Daten so treffend wie möglich fassen.

Wir haben bereits erwähnt, dass die wichtigsten Fragen bei der Analyse des Materials sind: Was tut die Person mit dieser Aussage? Und wofür ist dieser Satz ein Beispiel? Doch auch die folgenden Fragen können Ihnen dabei helfen, hinter das unmittelbar Gesagte zu blicken und Kodes zu entwickeln, mit denen Sie die Inhalte der Daten adäquat fassen können:

- Was wird gesagt und was bleibt ungesagt?
- Aus wessen Perspektive wird gesprochen?
- Welche Prozesse finden statt? Wie entwickelt sich der Prozess? Wie sind die handelnden Personen beziehungsweise die sprechende Person in den Prozess involviert?
- Wie denkt und fühlt die sprechende Person über das Phänomen, das sie beschreibt? Wie wird das Phänomen dargestellt? Welche Konsequenzen hat diese Darstellung des Phänomens?

Wie Sie im Beispiel oben sehen, enthalten die Kodes, die wir verwendet haben, Verben. *Grounded Theory* zielt darauf ab, soziale Handlungen und Prozesse, die in den Daten enthalten sind, sichtbar zu machen. Da dies das Ziel der Analyse ist, sollten auch die Kodes Handlungen beschreiben. Ihre Kodes sollten deshalb nach Möglichkeit immer Verben beinhalten. In dieser Hinsicht unterscheidet sich *Grounded Theory* von anderen Analysemethoden, die auch mit Kodes arbeiten. Denn andere Methoden zielen oftmals darauf ab, Themen (die manchmal schon vor der Analyse feststehen) im Material zu identifizieren; sie greifen deshalb bei der Kodierung auf Hauptwörter zurück.

In dieser ersten Phase der Analyse ist es zentral, nahe an den Daten zu bleiben und im Detail zu entschlüsseln, was diese aussagen. Das bedeutet erstens, dass Sie Ihr Material tatsächlich Zeile für Zeile oder Satz für Satz kodieren sollten. Wenn Sie nämlich im Gegenteil eine grobe Kodierung vornehmen – etwa indem Sie nur Absatz für Absatz kodieren –, entgehen Ihnen viele wichtige Informationen, was sich letztlich negativ auf die Qualität Ihrer Ergebnisse auswirkt. Das kleinteilige Kodieren nimmt viel Zeit in Anspruch, ermöglicht es Ihnen jedoch, Aspekte im Material zu entdecken, die Ihnen sonst entgehen würden. Nahe am Material zu bleiben bedeutet zweitens, dass Sie beim Kodieren versuchen sollten, die Daten nicht in Ihre Forschungsfrage zu zwängen oder ihnen theoretische Konzepte überzustülpen. Das heißt, versuchen Sie sich so weit wie möglich auf die Daten selbst einzulassen. Was in dieser Phase der Analyse vermieden werden soll, ist, in den Daten explizit nach einer Antwort auf die Forschungsfrage zu suchen oder einfach Konzepte aus der Literatur als Kodes zu verwenden. Damit verstellen Sie sich nämlich den Blick auf Ihre Daten und damit die Möglichkeit, zu spannenden neuen Einsichten zu gelangen. Wie sich Ihre Daten und Analyseergebnisse zur Forschungsfrage verhalten, ist selbstverständlich relevant, doch erst in einer späteren Phase der Analyse.

Wir haben bereits erwähnt, dass qualitative Forschung kein geradliniger Prozess ist, in dem ein klar abgegrenzter Schritt auf den nächsten folgt. Stattdessen gehen die einzelnen Forschungsphasen ineinander über. Dies bedeutet, dass Sie mit der Analyse Ihres Materials beginnen sollten, sobald Sie das erste Interview transkribiert haben (und nicht zuerst alle Interviews durchführen und transkribieren und erst dann mit der Analyse beginnen). Doch für gewöhnlich wechselt man nicht nur zwischen Datenerhebung und Datenanalyse hin und her, sondern auch zwischen einzelnen Interviewtranskripten. So kann es beispielsweise vorkommen, dass Sie für das erste und zweite Transkript, das Sie analysieren, sehr unterschiedliche Kodes entwickeln – weil eben sehr unterschiedliche Aspekte des Phänomens, das Sie erforschen, zur Sprache kommen. Die Einsichten aus dem zweiten Transkript und die entsprechenden Kodes können Ihnen aber eventuell helfen, im ersten Transkript neue Aspekte zu sehen, die Ihnen beim ersten Kodieren entgangen sind. Und auch die Kodes aus dem dritten Dokument sollten Sie wiederum mit jenen in den bereits vorher kodierten Transkripten vergleichen. Sie haben in Ihrem Forschungsprojekt den Punkt der theoretischen Sättigung erreicht, wenn Sie merken, dass die Analyse eines weiteren Interviewtranskripts keine wesentlichen neuen Erkenntnisse mit sich bringt. Dies ist der Zeitpunkt, an dem Sie aufhören können, weiteres empirisches Material hinzuzuziehen (also beispielsweise weitere Interviews durchzuführen).

IN DER ANWENDUNG der *Grounded Theory* werden die Kodes verschiedener Transkripte (oder anderen Datenmaterials) kontinuierlich miteinander verglichen und gegebenenfalls angepasst. Dieser methodische Zugang wird als *constant comparision* bezeichnet und zielt darauf ab, zu einem besseren Verständnis des Materials zu gelangen, indem die einzelnen Transkripte und Kodes zueinander in Bezug gesetzt werden.

Stellen Sie sich also die Frage, was in jedem einzelnen Transkript im Vergleich zu den anderen Transkripten passiert und inwiefern dies zu einem besseren Verständnis des untersuchten Phänomens als Ganzes beiträgt.

9.3 Die zweite Analysephase

In der ersten Phase des Kodierens generiert man sehr viele verschiedene Kodes. Das ist insofern begrüßenswert, als dass Sie dadurch die „versteckten" Inhalte der Interviewtranskripte offenlegen können. In der zweiten Phase – dem *focused coding* – geht es nun darum, die Kodes analytisch zu verdichten und Ihre Analyse stärker in Richtung Ihrer Forschungsfrage zu lenken. Obwohl hier von zwei Phasen der Analyse die Rede ist, lassen sich diese nicht strikt voneinander trennen und gehen in der Praxis für gewöhnlich ineinander über. Beispielsweise stellt der oben beschriebene Vergleich zwischen den Kodes aus verschiedenen Transkripten bereits einen Schritt in Richtung Überarbeitung der Kodes und stärker fokussierter Kodierung dar.

Während der ersten Phase des Kodierens werden Sie bemerkt haben, dass bestimmte Kodes besonders relevant für die Beantwortung Ihrer Forschungsfrage sind oder besonders häufig auftreten. Überlegungen und Gedanken dieser Art, die Sie während des Kodierens haben, sollten Sie von Anfang an aufschreiben. In der *Grounded Theory* werden diese Notizen als Memos bezeichnet; sie sind neben den Kodes das zweite zentrale Analyseinstrument. Memos sind also systematische Aufzeichnungen zu Ideen und Gedanken, die Sie während der Analyse haben, und eine Dokumentation Ihrer analytischen Einsichten. In Memos halten Sie fest, was bestimmte Kodes auszeichnet, wie bestimmte Kodes miteinander in Verbindung stehen, welche Kodes besondere analytische Aussagekraft haben oder welche Lücken in den Daten Sie durch das Kodieren entdecken (dies leitet für gewöhnlich die weitere Datengenerierung und das theoretische Sampling). Meist startet man mit der Verschriftlichung von losen Gedanken, die in weiterer Folge weiter ausgeführt, verdichtet und geordnet werden. Je nachdem wie Sie arbeiten, können Sie Ihre Memos in einem Notizheft, einem oder mehreren elektronischen Dokumenten oder eigenen Softwareprogrammen zur Datenanalyse (siehe unten) anlegen. Die Memos helfen Ihnen nun, in der zweiten Phase der Analyse jene Kodes zu identifizieren, die besonders aussagekräftig sind, noch wenig beforschte Aspekte des untersuchen Phänomens in den Blick nehmen und sich dazu eignen, Ihre Forschungsfrage zu beantworten.

DAS ZIEL DIESER ZWEITEN PHASE der Analyse ist es, einerseits die Kodes analytisch zu verbessern und andererseits die große Anzahl an Kodes aus der ersten Phase zu verdichten und zu reduzieren, sodass Sie am Ende eine handhabbare Menge an aussagekräftigen Kodes übrig haben.

In dieser Phase überarbeiten Sie Ihre ersten Kodes: Manche werden zusammengefügt, andere erweitert oder präzisiert und wiederum andere fallen weg, wenn diese wenig Aussagekraft haben (siehe Abb. 9.2). Ob eine Präzision, Zusammenfügung oder Erweiterung einzelner Kodes sinnvoll ist, ergibt sich daraus, welche Kodes für Ihre Forschungsfrage besonders relevant sind. Jene, die zentral sind, sollten präzisiert und erweitert werden, während jene, die weniger wichtig sind, zusammengefasst werden können.

Alte Kodes	Veränderung	Neue Kodes
„Kontrolle ausüben" „Freude empfinden"	Präzision von Kodes	„Externe Kontrolle ausüben" „Freude über das Scheitern anderer empfinden"
„Beziehung zur Tochter aufrechterhalten" „Beziehung zum Sohn aufrechterhalten"	Zusammenfügen von Kodes	„Beziehung zu Kindern aufrechterhalten"
„Kommunizieren"	Erweiterung von Kodes	„Mit Mithäftlingen kommunizieren" „Mit Familie kommunizieren" „Mit Behörden kommunizieren"

Abb. 9.2: Formen der Überarbeitungen von Kodes

Auch in dieser Phase spielt der Vergleich zwischen Kodes sowie das konstante Hin und Her zwischen Transkripten und Kodes eine essenzielle Rolle. Denn durch das Vergleichen der Kodes – insbesondere durch die Fragen nach Gemeinsamkeiten und Unterschieden – können Sie feststellen, welche besonders geeignet sind, die Inhalte der Transkripte zu fassen, welche leicht zusammengefügt werden können etc. Memos zu einzelnen Kodes können Ihnen hier helfen zu bestimmen, wodurch sich einzelne Kodes auszeichnen und von anderen Kodes abgrenzen. Es ist ein normaler Aspekt der Analysearbeit, dass sich die Anzahl und der Inhalt der Kodes kontinuierlich verändern. Sie probieren hier aus, welche Zusammenfügungen oder Spezifizierungen für die Beantwortung Ihrer Forschungsfrage am meisten Sinn machen. Doch auch der konstante Vergleich zwischen Kodes und Material ist wichtig, weil Sie dadurch sicherstellen, dass Ihre überarbeiteten und fokussierten Kodes weiterhin die Inhalte der Transkripte gut fassen und wiedergeben. Am Ende dieses Prozesses steht die kategorische Sättigung. Das bedeutet, dass eine weitere Veränderung der Kodes Ihr Verständnis des Materials nicht mehr weiter verbessert.

Angenommen, Sie haben zehn Interviewtranskripte analysiert, dann ist es nicht unüblich, dass Sie nach der ersten Phase des Kodierens mehrere hundert Kodes haben. Durch das fokussierte Kodieren in der zweiten Phase reduzieren Sie die große Anzahl an Kodes auf eine handhabbare Menge von eventuell 30 Kodes (diese Zahl dient nur zur groben Orientierung und variiert selbstverständlich nach Forschungsprojekt). Die finalen Kodes, die das Resultat der zweiten Kodierphase sind, werden als Kodierschema bezeichnet. Das Kodierschema zeichnet sich dadurch aus, dass es auf alle Interviewtranskripte anwendbar ist. Das bedeutet, dass diese Kodes ein Abstraktionsniveau haben, das es erlaubt, den Inhalt aller Transkripte gleich gut zu fassen. Wenn die Kodes dieses Abstraktionsniveau erreicht haben, ist es Ihnen möglich, mit einem Kode Aussagen in verschiedenen Interviews zu fassen, die oberflächlich betrachtet sehr unterschiedlich oder eventuell sogar widersprüchlich scheinen. Als letzten Schritt im Kodierprozess sollten Sie Ihr Kodierschema auch nochmals auf das gesamte Material anwenden. Das heißt, mit den beispielsweise 30 Kodes das ganze Datenmaterial nochmals durchkodieren.

9.4 Themen entwickeln

Der Prozess der Datenanalyse besteht darin, dass man sich vom konkreten Datenmaterial zu einem immer abstrakteren Verständnis des untersuchten Phänomens weiterarbeitet. Das bedeutet, dass Sie durch die Analyse Ihre

Daten immer weiter verdichten: Aus einer großen Anzahl erster Kodes wird eine überschaubare Menge fokussierter Kodes. Diese wiederum werden zu Themen gruppiert, aus welchen sich letztlich Ihre Theorie ergibt. Die vielen kleinen Schritte, aus denen dieser Prozess besteht, sollen sicherstellen, dass Ihre Resultate letztlich theoretischen Charakter haben und gleichzeitig gut im Material verankert sind. Das Gegenteil dazu wäre, wenn Ihre Ergebnisse nur beschreibend wären oder wenn Sie zu theoretischen Ergebnissen gelangen, die nicht von Ihren Daten gestützt werden. Bei *Grounded Theorie* geht es darum – wie der Name sagt – zur Theoretisierung eines Phänomens beizutragen, die in den Daten verankert ist.

DER NÄCHSTE SCHRITT in der Analyse – wiederum gilt, dass die einzelnen Schritte teilweise ineinander übergehen – besteht darin, die finalen Kodes zu Themen zusammenzuführen. Themen setzen sich aus mehreren Kodes zusammen, die auf irgendeine Art und Weise zusammengehören.

Um Themen zu identifizieren, bietet es sich an, alle Kodes in einem Diagramm zu visualisieren. Diagramme sind in diesem Sinn ein weiteres analytisches Instrument und dienen dazu, die Beziehungen zwischen Kodes zu veranschaulichen. Alle Kodes zu ordnen, ihnen einen Platz zuzuweisen, sie farblich zu unterscheiden und im Verhältnis zueinander zu denken, kann Ihnen helfen, Themen aus Ihren Kodes zu entwickeln. Für gewöhnlich macht man mehrere Entwürfe von Diagrammen, um auszuprobieren und herauszufinden, wie sich die Kodes am sinnvollsten gruppieren lassen und welche Themen sich am besten eignen, um diese zusammenzufassen. Das Diagramm, das am Ende übrig bleibt, können Sie in den Methodenteil Ihres Forschungsberichts inkludieren, um Ihr Vorgehen in dieser Phase der Analyse zu veranschaulichen. Die folgenden Fragen können Ihnen dabei helfen, Ihre Kodes in Themen zu gruppieren:

- Was ist neu?
- Was ist besonders unerwartet?
- Welche Muster und Widersprüche sind sichtbar?
- Was wird am häufigsten erwähnt?
- Was kommt in der Literatur nicht vor?
- (Insofern zutreffend:) Was ist für die Interviewpartnerinnen am wichtigsten?

Im Prozess der Generierung von Themen aus den Kodes werden Sie wahrscheinlich auf Themen stoßen, die in der Literatur bereits gut bekannt sind, und auf andere, die bisher weniger Aufmerksamkeit erfahren haben. In der Studie zur Sichtweise auf DNA-Technologien durch verurteilte Straftäter war ein Thema, das sich aus den Kodes ergab, etwa das „Lernen, wie man Tatortspuren vermeidet“ (die meisten unserer Interviewpartner lernten sowohl vom Fernsehen als auch von anderen Insassen, wie sich Spuren vermeiden ließen). Hier macht es Sinn, sich auf Themen zu fokussieren, die wichtig für die Beantwortung Ihrer Forschungsfrage sind und gleichzeitig neue oder unerwartete Erkenntnisse in den Vordergrund stellen. Für gewöhnlich finden nicht alle Analyseergebnisse Eingang in Ihre Abschlussarbeit, denn Sie sollten nur jene Ergebnisse inkludieren, die tatsächlich relevant für die Beantwortung Ihrer Forschungsfrage sind. Das bedeutet, Sie können hier bis zu einem gewissen Grad selbst bestimmen, welche Themen Sie prominenter darstellen. Doch die Themen müssen selbstverständlich aus den Kodes hervorgehen und im Material verankert sein. Das heißt, Sie sollten Ihren Kodes kein Thema überstülpen, das den gemeinsamen inhaltlichen Kern nicht adäquat fasst. (Und auf keinen Fall sollten Sie Ihre Kodes einfach entlang der Themen sortieren, die im Interviewleitfaden vorkommen!)

Die Datenanalyse ist immer auch schon ein Schritt in Richtung der Verschriftlichung Ihrer Ergebnisse. So können die identifizierten Themen als Überschriften für einzelne Unterkapitel dienen. In einem solchen Unterkapitel würden Sie dann die einzelnen Kodes, aus denen sich das jeweilige Thema zusammensetzt, beschreiben und darstellen, wie sich diese Kodes zueinander sowie zum Thema verhalten. Die Memos, die Sie im Laufe der Analyse verfasst haben, können Ihnen dabei helfen, die Kodes zu beschreiben. Wenn Sie zu jedem Kode ein gut ausformuliertes Memo erstellt haben, können die Memos auch als Textbausteine für Ihren Forschungsbericht dienen.

9.5 Analysen verbessern

In diesem letzten Teil des Kapitels greifen wir ein paar Aspekte auf, die Ihnen helfen können, Ihre Analyse zu verbessern. Was Ihre analytische Arbeit von Beginn an unterstützen kann, ist das gemeinsame Kodieren mit Kolleginnen sowie die Verwendung von speziellen Softwareprogrammen. Idealerweise analysieren Sie das Datenmaterial nicht alleine, sondern tun dies gemeinsam mit ein oder zwei anderen Kolleginnen. Das bedeutet, dass mehrere Personen das gleiche Material analysieren und zu verschiedenen Zeitpunkten während der Analyse ihre Resultate miteinander vergleichen. Dies ist deshalb sinnvoll, weil Sie auf diese Weise überprüfen können, ob die Kodes, die Sie und Ihre Kolleginnen entwickeln, übereinstimmen. Eine große Übereinstimmung – dies wird auch als Interkoder-Reliabilität bezeichnet – weist auf eine hohe

Qualität der Analyse hin. Naturgemäß werden nicht alle Ihre Kodes denselben Wortlaut haben, doch sollten Ihre Kodierungen im Großen und Ganzen in die gleiche Richtung gehen. Im Fall, dass Sie das Material durchgehend oder passagenweise völlig anders als Ihre Kolleginnen kodiert haben, sollten Sie der Frage auf den Grund gehen, warum dies so ist, die Inhalte diskutieren und versuchen, zu einem geteilten Verständnis des Materials zu gelangen. Eine solche Vorgehensweise ist beispielsweise in Gruppenarbeiten gut möglich. Doch auch wenn Sie alleine an einem Forschungsprojekt arbeiten, können Sie sich mit anderen zusammenschließen und zumindest Auszüge aus Ihrem Datenmaterial teilen, von anderen kodieren lassen und mit Ihrer eigenen Analyse vergleichen.

Es gibt eine Handvoll von Softwareprogrammen, die zur Unterstützung in der Analyse qualitativer Daten herangezogen werden können. Die am weitest verbreiteten Programme sind Atlas.ti, NVivo und MAXQDA. Studentinnen haben häufig über ihre Universität Zugriff auf eines dieser Programme. Diese Programme eignen sich besonders dazu, den Überblick über große Mengen an empirischen Daten zu bewahren und unterstützen die systematische Analyse. Die Verwendung der grundlegenden Funktionen dieser Programme ist relativ einfach, mithilfe der von den Herstellerinnen zur Verfügung gestellten Anleitungen kann man sich schnell mit ihnen vertraut machen. Wir empfehlen Ihnen auf jeden Fall, verschiedene Arbeitsweisen und somit auch das Arbeiten mit Analysesoftware auszuprobieren. Bei der Anwendung von *Grounded Theory* eignet sich die Verwendung von Software unserer Erfahrung nach insbesondere ab der Phase des fokussierten Kodierens sowie für das Erstellen von Memos. Ein Nachteil der Verwendung von Software ist, dass man durch die technologischen Aspekte teilweise vom wirklichen Nachdenken und von der inhaltlichen Arbeit abgelenkt wird. Wichtig ist – unabhängig davon, ob Sie mit Office-Programmen wie Word oder Excel, mit spezieller Software oder mit Ausdrucken arbeiten –, dass Sie Ihr Projekt in verschiedenen Phasen der Analyse speichern oder ablegen, sodass Ihr Vorgehen nachvollziehbar bleibt und Sie gegebenenfalls zu vorherigen Schritten zurückkehren können, falls Sie sich in der Analyse „verlaufen".

Wenn Sie bereits erste Analyseergebnisse haben, können Sie auf verschiedene Strategien zurückgreifen, um die Qualität zu verbessern. Um möglichst interessante Erkenntnisse aus Ihren Daten zu gewinnen, sollten Sie Ihre ersten Ergebnisse, die unmittelbar plausibel und schlüssig scheinen, nicht sofort akzeptieren und als finales Resultat betrachten. Wenn sich Ihnen beispielsweise intuitiv eine Erklärung für das von Ihnen untersuchte Phänomen aufdrängt, können Sie versuchen, nach alternativen Erklärungen suchen. Dabei geht es nicht darum, Ihre Ergebnisse zu verwerfen, sondern diese Denkübung dient als Korrektiv, um nicht einfach nur die eigenen, bereits existierenden Überzeugungen in den Daten wiederzuerkennen. Verschiedene Denkübungen dieser Art können Ihnen dabei helfen, Aspekte in den Blick zu bekommen, die Ihnen bisher eventuell entgangen sind. So können Sie auch, wenn Sie mit einem spezifischen Konzept arbeiten – wie zum Beispiel dem Konzept der Gerechtigkeit –, eine bisher nicht verwendete Definition dieses Konzepts heranziehen (oder überhaupt ein neues Konzept) und überlegen, ob Ihnen dies neue Einsichten über Ihr Material ermöglicht.

Während der Analyse arbeitet man sehr intensiv mit dem empirischen Datenmaterial. Dieses „Eintauchen" kann manchmal dazu führen, dass man kontextuelle Faktoren aus den Augen verliert, die jedoch wichtig sind, das Material angemessen zu verstehen. Versuchen Sie also, auch den Kontext immer wieder in den Blick zu nehmen. Dies kann Ihnen manchmal helfen, offene Fragen, die sich aus Ihrer Analyse ergeben, zu beantworten. Damit meinen wir, beispielsweise bei Interviewstudien, sich die allgemeine Lebenssituation Ihrer Interviewpartnerinnen zu vergegenwärtigen, bei Medienanalysen die Nähe bestimmter Zeitungen zu bestimmten Parteien zu berücksichtigen oder sich bei der Analyse von Policy-Dokumenten zeitgeschichtliche, politische Ereignisse in Erinnerung zu rufen, die deren Entstehung beeinflusst haben. Wenn Sie in Ihrer Analyse auf Aspekte stoßen, die Sie aus Ihrem Material heraus oder durch Hinzunahme kontextueller Faktoren und einer Verschiebung des konzeptionellen Blicks nicht erklären können, können Sie auch andere Forschungsliteratur hinzuziehen. Beachten Sie jedoch weiterhin, dass die Analyse *Ihre* Interpretation *Ihres* Datenmaterials ist und die Verwendung von Literatur nur unterstützenden Charakter hat, Ihre Analyse aber nicht ersetzen kann. Die Bezugnahme auf Literatur ist immer dann sinnvoll, wenn dies Licht auf offene Fragen werfen kann, die Sie sonst nicht beantworten können (siehe dazu auch Kapitel 13).

Dieses Kapitel hat gezeigt, dass die Datenanalyse ein zeit- und arbeitsintensiver Prozess ist. Wenn Sie die Zeit für eine sorgfältige Analyse nicht haben, raten wir Ihnen von der Verwendung qualitativer Methoden ab; auch eine noch so sorgfältig und sachkundig durchgeführte Datenerhebung führt nur zu enttäuschenden Ergebnissen, wenn die Forscherin keine Zeit mehr zur Analyse hat. Nur eine genaue Analyse ermöglicht es Ihnen, unerwartete Erkenntnisse über Ihren Forschungsgegenstand herauszuarbeiten. Doch gute Datenanalyse ist nicht nur arbeitsitensiv, sie lohnt sich auch. Denn die Analyse fördert meist wesentlich spannendere Einsichten zutage, als man beim einfachen Durchlesen von Transkripten, Beobachtungsnotizen oder Policy-Dokumenten annehmen würde.

Lernfragen

- Welche Rolle spielt die Datenanalyse in einem empirischen Forschungsprojekt?
- Was ist das Ziel der Methode der *Grounded Theory*?
- In welche groben Phasen lässt sich der Analyseprozess unterteilen?
- Was sind Kodes und Memos und welche Funktionen haben sie?
- Welche Vorgehensweisen können Ihnen dabei helfen, Ihre Analyse zu verbessern?

Literatur

Charmaz, Kathy (2014). *Constructing Grounded Theory.* London: Sage.

Prainsack, Barbara & Kitzberger, Martin (2009). *DNA behind bars: other ways of knowing forensic DNA technologies.* In: *Social Studies of Science,* 39(1), 51–79.

Weiterführende Literatur

Bryant, Antony & Charmaz, Kathy (Eds.) (2019). *The SAGE handbook of current developments in grounded theory.* London: Sage.

Flick, Uwe (2018). *Doing grounded theory.* Los Angeles: Sage.

Mey, Günter & Mruck, Katja (Hg.) (2011). *Grounded theory reader.* Wiesbaden: VS Verlag für Sozialwissenschaften.

10 Von der Constructivist Grounded Theory zur Situationsanalyse

Carrie Friese, Adele Clarke & Rachel Washburn

In diesem Kapitel greifen wir die bereits in Kapitel 9 vorgestellte Methode der *Constructivist Grounded Theory* (CGT) nochmals auf und erläutern ihre Entstehung sowie ihre Grundprinzipien. Anschließend daran führen wir in die Situationsanalyse (SitA; *Situational Analysis*) ein, welche eine Weiterentwicklung und Ergänzung der CGT darstellt. Der Fokus liegt dabei auf einer Einführung in die verschiedenen Arten von Karten *(maps)* – den zentralen Analyseinstrumenten der Situationsanalyse.

10.1 Die Entwicklung der Grounded Theory

Grounded Theory wurde ursprünglich von den amerikanischen Soziologen Barney Glaser und Anselm Strauss entwickelt. Das erste Buch, das diese Methode umriss, hieß *The Discovery of Grounded Theory: Strategies for Qualitative Research* und wurde 1967 veröffentlicht. Es lohnt sich, daran zu erinnern, dass die 1960er die Blütezeit der quantitativen Forschung in den Sozialwissenschaften war. Quantitative Forschung war zu dieser Zeit der vorherrschende Ansatz in den Sozialwissenschaften und wurde als den qualitativen Methoden überlegen angesehen. Vor diesem Hintergrund formulierten Strauss und Glaser eine neue Strategie für die qualitative Forschung. Anselm Strauss hatte an der Universität von Chicago studiert, welche als Geburtsort der qualitativen Sozialforschung in den Vereinigten Staaten gilt. Er war unter anderem in ethnographischen Methoden (siehe Kapitel 5) ausgebildet worden. Diese Expertise brachte er in die Entwicklung der *Grounded*

Theory ein. Barney Glaser hingegen hatte an der Columbia Universität in New York bei Paul Lazarsfeld und Robert King Merton studiert und war ein Experte in Statistik, quantitativen Methoden und Umfragenforschung. Im Gegensatz zur Universität von Chicago war die Columbia Universität eine Hochburg quantitativer Methodenentwicklung in der Soziologie.

Glaser und Strauss schrieben ihr gemeinsames Buch als Antwort auf die Kritik, die Mitte des 20. Jahrhunderts an qualitativer Forschung formuliert wurde. Der Vorwurf lautete, dass diese „nur" deskriptiv sei, also ausschließlich beschreibend. Diese Kritik aufgreifend, entwickelten die beiden eine neue systematische Methode für die qualitative Sozialforschung: *Grounded Theory*, die sich insbesondere – wie der Name schon sagt – zur qualitativen Theoriebildung eignet. Das heißt, eine Methode, mit der Aussagen getroffen werden können, die über das jeweils spezifische Material des eigenen Forschungsprojekts hinaus verallgemeinert werden können. Sie versuchten also zu zeigen, dass qualitative Forschung genauso systematisch durchgeführt werden muss und mindestens genauso viel zur Theoriebildung beitragen kann wie quantitative Forschung – wenn auch auf anderen Wegen. Mit der von ihnen entwickelten *Grounded Theory* zeigten sie, wie Forscherinnen durch qualitative Forschung neue theoretische Einsichten erzielen können, und stellten ihnen eine systematische Strategie zur Verfügung, um zu solchen Einsichten zu gelangen. Bei qualitativer Forschung geht es also nicht darum, Beweise für das zu suchen, was wir bereits wissen oder denken. Es geht darum, grundlegende neue konzeptionelle und theoretische Einsichten zu generieren.

Im Laufe der Zeit hat sich die *Grounded Theory* in verschiedene Richtungen weiterentwickelt. Anselm Strauss – zum Teil gemeinsam mit Juliet Corbin (Strauss & Corbin 1997) – trieb die Methode im Sinne seiner theoretischen Orientierung in Richtung Pragmatismus und symbolischem Interaktionismus voran, während Barney Glaser (2008) sie stärker entlang positivistischer und quantitativer Ansätze erweiterte. Auch andere Forscherinnen, wie Kathy Charmaz (2014) und Adele Clarke (2003, 2018), haben die *Grounded Theory* aufgegriffen und verändert. Ihre Bedenken und Kritik an der Arbeit von Strauss und Glaser sind in die Weiterentwicklungen dieser Methode eingeflossen.

Eine der Kernüberzeugungen der ursprünglichen *Grounded Theory* ist zum Beispiel, dass man sich dem Phänomen, das man untersucht, ohne vorgefasste Meinungen und Kenntnisse nähern sollte. Das erscheint vielen Forscherinnen heute jedoch als bestenfalls naiv, wenn nicht sogar höchst problematisch. Das Verfassen von Förderungs- oder Ethikanträgen, aber auch Seminararbeiten und wissenschaftlichen Artikeln ist ohne sorgfältige Literaturrecherchen gar nicht möglich. Das bedeutet, dass wir, bevor wir überhaupt mit der Forschung beginnen können, schon sehr viel über unser Forschungsgebiet wissen müssen.

INSBESONDERE KATHY CHARMAZ (2014) hat darauf verwiesen, dass die Forscherin eine wesentliche Rolle im Forschungsprozess und der Konstruktion der Ergebnisse spielt: Als Forscherinnen „sammeln" wir Daten nicht einfach, sondern wir generieren sie gemeinsam mit unseren Forschungsteilnehmerinnen. Auch die Ergebnisse der Analyse treten nicht von selbst hervor und spiegeln die Welt „objektiv" wider. Stattdessen sind sie das Resultat unserer Auseinandersetzung mit den Daten.

Wir sprechen von *konstruktivistischer Grounded Theory* (Constructivist Grounded Theory, CGT), da es in dieser Tradition Teil der Methode ist, die Rolle als Forscherin im Forschungsprozss aktiv mitzureflektieren. Aus diesem spezifischen Strang der *Grounded Theory* hat sich auch die SitA entwickelt.

10.2 CGT in der Praxis

Doch was zeichnet die *Grounded Theory* in der Forschungspraxis aus? Zunächst ist hervorzuheben, dass sie auf einem ständigen Wechsel zwischen Datensammlung und Datenanalyse beruht. In diesem Sinne unterscheidet sich die CGT sehr stark von Forschung, die darauf abzielt, Hypothesen zu prüfen. Auch ist es nicht so, dass man eine unveränderbare Forschungsfrage entwickelt und sich dann daran macht, diese Frage auf der Basis eines vorab festgelegten Samples zu beantworten. Die Idee ist vielmehr, dass man bei CGT – und bei (insbesondere induktiver) qualitativer Forschung im Allgemeinen – nicht immer im Vorhinein schon genug über das zu untersuchende Phänomen weiß, um alle wichtigen Fragen bereits zu Beginn formulieren zu können. Sie beginnen daher in der Regel mit einer vorläufigen Frage, die auf etwas basiert, das Sie erlebt, gelesen, gesehen oder gehört haben. In weiterer Folge werden Sie wissenschaftliche Literatur zu diesem Thema lesen, die Frage überarbeiten und dann eine Feinabstimmung der Frage vornehmen (siehe Kapitel 4). Irgendwann gelangen Sie an einen Punkt, an dem die Forschungsfrage hinreichend spezifiziert ist und Sie zum Beispiel mit einem Interview (oder einer anderen qualitativen Erhebungsmethode) beginnen könnten.

Dabei ist es wichtig, von Anfang an und durchgehend „Memos" – also Forschungsnotizen – zu schreiben. In diesen reflektieren Sie über Ihr sich veränderndes Verständnis des Phänomens und über das, was Sie im Laufe Ihrer Forschung darüber lernen. Zudem halten Sie dort fest, ob und wie beziehungsweise warum sich ihre Forschungsstrategie weiterentwickelt, zum Beispiel wie Sie bei der Auswahl von Forschungsteilnehmerinnen vorgehen. Obwohl Sie selbstverständlich schon von Beginn an eine Vorstellung davon haben, welche Personen an Ihrer Forschung teilnehmen sollten, um Ihre Frage zu beantworten zu können, ergibt sich die definitive Auswahl erst im Prozess der Forschung selbst. Dieser Zugang wird als theoretisches Sampling bezeichnet (siehe Kapitel 4).

Mit einem theoretischen Sampling an Teilnehmerinnen streben Sie nicht nach statistischer Repräsentativität, sondern nach einer thematischen Variationsbreite – es geht darum, die verschiedensten Aspekte eines Phänomens und seine Komplexität zu verstehen. Aber wie erreichen Sie die „richtige" Mischung an beispielsweise Interviewpartnerinnen, um mit Ihren Interviews alle wichtigen Aspekte abdecken zu können? Sie sollten sich beim theoretischen Sampling immer fragen: Was würde passieren, wenn ich, statt X zu tun, Y machen würde? Inwiefern würde meine Forschung anders aussehen, wenn ich statt mit A mit B sprechen würde? Im Laufe der Datenerhebung werden Sie an einen Punkt kommen, an dem Sie bereits relativ gut „vorhersagen" können, was Ihre Interviewpartnerinnen erzählen werden. Denn je mehr Interviews Sie machen, desto eher neigen Ihre Interviewpartnerinnen dazu, über ähnliche Dinge zu berichten. Dieser Punkt wird als „theoretische Sättigung" bezeichnet, denn Sie könnten an diesem Punkt sagen, Ihre Forschung sei „gesättigt" – es gibt also nichts mehr, was man hinzufügen kann oder muss, um weitere Einsichten zu gewinnen. Wenn Sie den Punkt der theoretischen Sättigung erreicht haben, können Sie die Datenerhebung beenden.

Ein weiteres Prinzip der CGT ist (wie auch im vorangegangenen Kapitel schon beschrieben), dass die Generierung von Daten und ihre Analyse keine separaten, aufeinanderfolgenden Phasen im Forschungsprozess sind, sondern ineinander verschränkt stattfinden. Das heißt, dass die Datenanlyse beginnt, sobald man zum Beispiel das erste Interview transkribiert hat. Datenanalyse in der CGT bedeutet, die Daten zu kodieren und Memos über die Einsichten aus dem Kodierprozess zu verfassen. Das Kodieren der Daten wird häufig als Kern der CGT bezeichnet. Im Zentrum der CGT-Analyse steht die Frage nach dem grundlegenden sozialen Prozess („basic social process") – das bedeutet, den wichtigsten sozialen Dynamiken und Praktiken –, der in den Daten enthalten ist. Das Ziel ist es, diesen aus dem Material herauszuarbeiten. Dazu wird das Forschungsmaterial mithilfe von Kodes in seine Einzelteile zerlegt und anschließend auf neuartige und analytische Weise wieder zusammengesetzt. Wie Sie vom vorangegangenen Kapitel bereits wissen, geht es beim Kodieren darum zu fragen: Was ist die Handlung, die hier stattfindet? Was geschieht hier? Wofür ist dieser Satz ein Beispiel?

In diesem Sinne unterscheidet sich die Kodierung in der CGT stark von der thematischen Analyse, bei der man nach Themen im Material sucht. Bei CGT ist der Prozess des Kodierens sehr feinkörnig und nimmt viel Zeit in Anspruch, weil man Zeile für Zeile durch das Interview geht und jede einzelne darin enthaltene Handlung oder jeden sozialen Prozess kodiert. Es ist nicht ungewöhnlich, dass Forscherinnen in einem ersten Durchgang für ihre Interviews mehrere Hundert Kodes generieren. Der Prozess des Kodierens ermöglicht es ihnen dabei, die Interviewdaten auf eine andere Art und Weise zu sehen – und Einsichten aus ihnen zu generieren, die man durch gewöhnliches Lesen niemals erlangen würde. Das Zeile-für-Zeile-Kodieren, das die erste Analysephase kennzeichnet und auch als offenes Kodieren bezeichnet wird, geht danach in einen stärker fokussierten Kodierungsprozess über, bei dem Sie sich auf jene Kodes konzentrieren, die Ihnen hinsichtlich Ihrer Forschungsfrage als besonders interessant oder besonders neu scheinen – oder aber jene, die besonders häufig vorkommen. Die Anzahl der Kodes ist anfangs recht groß und wird dann im weiteren Verlauf immer geringer, dafür aber stärker fokussiert und analytischer.

Idealerweise sollte man jedes Mal, wenn man kodiert, auch Memos (siehe Abb. 10.1) schreiben. Das heißt, Sie sollten sich nicht nur Zeit nehmen, Ihre Daten zu kodieren, sondern auch, um über diese Kodierung nachzudenken. Fragen Sie sich selbst: Was geht hier vor sich? Was ist für mich interessant? Wie könnte dieser Teil der Datenanalyse in meine Forschung einfließen? Welche neuen Fragen könnte ich auf der Basis dieser Analyse stellen? Mit welcher Person könnte ich ein Interview führen, an die ich vorher nicht gedacht habe? Was könnte ich lesen, um die neuen Forschungsergebnisse zu kontextualisieren?

Memos sind also wichtig, um Sie beim strukturierten Nachdenken über Ihre Daten und die neu gewonnenen analytischen Einsichten zu unterstützen. Sie sind jenes Instrument, mit dem das Hin und Her zwischen Datenerhebung und Datenanalyse ermöglicht wird, und gleichzeitig jener Ort, an dem die Ergebnisse aus diesem Prozess dokumentiert werden. Mithilfe der Memos fängt man an, analytisch über die generierten Kodes und ihre Beziehung zueinander nachzudenken, diese zu vergleichen und zu analysieren. Dies ist Teil der Interpretationsarbeit, die Sie in qualitativen Forschungsprojekten leisten. Es ist nicht ungewöhnlich, dass diese Memos im Laufe der Analyse immer umfangreicher und detaillierter werden und zum Beispiel als Teil eines Kapitels oder Abschnitts in Ihren Forschungsbericht einfließen.

Während Sie Memos verfassen, fangen Sie idealerweise auch an, die Beziehungen zwischen besonders interessanten Kodes zu visualisieren.

Die Abbildung 10.1 zeigt ein Beispiel für eine solche Visualisierung inklusive Memo. Es handelt sich dabei um ein Diagramm, das Carrie Friese im Rahmen ihrer Doktorarbeit im Bereich der Wissenschafts- und Technikforschung erstellt hat. In ihrer Doktorarbeit verwendete sie CGT und SitA, um zu verstehen, warum die Betreiberinnen von Zoos gefährdete Tiere klonen (Friese 2013). Eine der forschungsleitenden Fragen war dabei, warum gerade das Klonen – das ja eine genetische „Kopie" eines Tieres herstellt und damit eine Technologie der Homogenisierung ist – als Lösung für das Problem gefährdeter Arten gesehen wird; also für ein Problem, in dem Vielfalt und Diversität von größter Bedeutung sind. Einer von Carries Kodes war der Begriff „Transponieren", der so viel wie das Übertragen einer Sache in einen anderen Bereich bedeutet. Wie man in Abbildung 10.1 sieht, brachte dieser Kode eine Reihe anderer Kodes zusammen; er wurde zu einem Knotenpunkt und zur Gelegenheit, über die Verbindung der Kodes, die mit Technologien (Kodes in der oberen Hälfte), und jenen, die mit Körpern (Kodes in der unteren Hälfte) zu tun hatten, nachzudenken. Er half Carrie auch dabei, über einige der Konsequenzen nachzudenken, die sich aus dem Transponieren als Handlung ergaben. Visualisierungen sozialer Prozesse sind ein Markenzeichen der CGT. Diese stellen einen wichtigen Aspekt in der Entwicklung Ihrer eigenen, in den Daten verankerten Theorie dar.

Ein weiterer Aspekt der Theoriebildung in CGT ist jedoch auch, dass wir unsere konzeptionellen Einsichten nicht nur allein in eigenen Forschungsprojekten entwickeln, sondern in Zusammenarbeit und Zusammenspiel mit anderen Menschen, Projekten und Forschungsarbeiten. Im vorliegenden Beispiel etwa baute Carrie auf das Konzept der „ontologischen Choreographie" der Soziologin Charis Thompson (1996) auf. Zudem besprach Carrie ihre Forschungsarbeit intensiv mit ihrer Doktormutter Adele Clarke, der auffiel, dass sie unveröffentlichte Daten aus einem anderen Projekt hatte, die einen ähnlichen sozialen Prozess beschrieben wie Carries Arbeit zum Klonen vom Aussterben bedrohter Tiere (Friese & Clarke 2012). Die Reflexion über die eigene Forschung im Vergleich zu anderen Fallstudien und das strukturierte Nachdenken über Ähnlichkeiten und Unterschiede sind ein wichtiger Schritt, um Aussagen formulieren zu können, die über das eigene Projekt hinausgehen.

Transposing techniques and bodies: How somatic cell nuclear transfer travels between species

As an analytic tool, transposition refers to the processes whereby bodies and techniques that come with certain infrastructural arrangements are moved to another area of interest. This creates a dynamic and co-constitutive set of relations between unlike bodies and arenas, requiring the coordination of different logics, practices and bodies vis-à-vis one another. Equivalences and associations are made between domestic and endangered animal bodies in particular situations. However, domestic and endangered animal bodies do not collapse into one another in any kind of totalizing manner. Rather, an 'ontological choreography' (Thompson [Cussins] 1996) results. Transposition is thereby able to highlight when and under what conditions equivalences are or are not made as well as how this matters for the ontology of the resulting cloned animal.

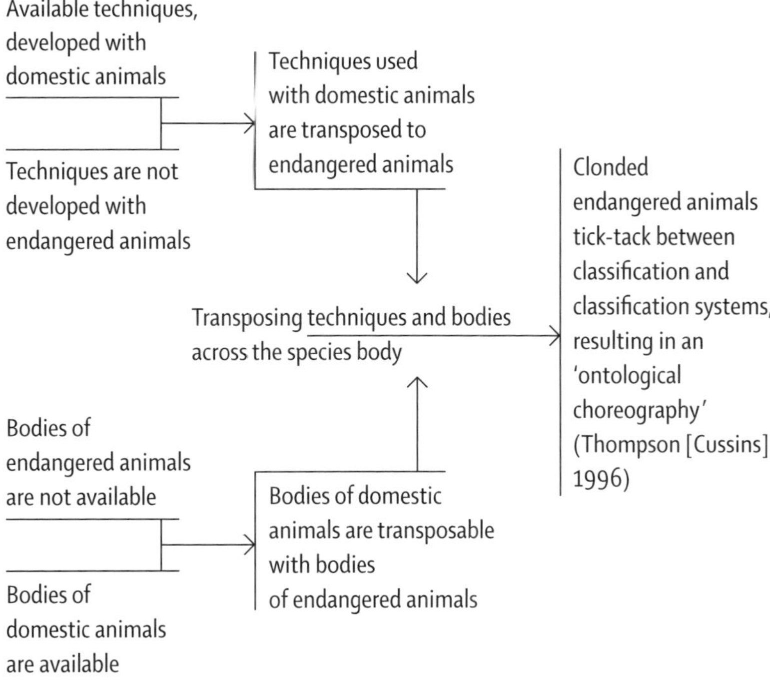

Abb. 10.1: Memo und Diagramm für den Kode „Transposing" aus Carrie Frieses Forschung

10.3 „Mapping“ mit der Situationsanalyse

Die neueste Weiterentwicklung der *Grounded Theory* – aufbauend auf ihrer Kritik an früheren Formen dieser Methode – stammt von Adele Clarke. Zu ihrer Kritik gehörte der Fokus der *Grounded Theory* auf einen einzigen sozialen Prozess und das mangelnde Interesse für jene Aspekte eines Phänomens, die einer anderen Logik folgen und nicht in die Darstellung des zentralen sozialen Prozesses passen. Adele versuchte einige dieser Einschränkungen der *Grounded Theory* zu überwinden, indem sie Anselm Strauss' methodologische Arbeit der *Grounded Theory* mit seiner konzeptuellen Arbeit über soziale Welten und Arenen zusammenführte (Clarke & Montini 1993). Auch Carrie Friese hatte Bedenken, dass die Bedeutung der beschreibenden Arbeit der Forscherin in manchen Traditionen der *Grounded Theory* verloren zu gehen drohen. Es besteht das Risiko, dass die analysierten grundlegenden sozialen Prozesse so sehr von ihrem Kontext abstrahiert werden, dass sie schwer verständlich werden.

DIE ANWENDUNG verschiedener „Mapping“-Techniken sind das Kernelement der Methode der Situationsanalyse, die Adele Clarke als Reaktion auf die Limitationen der *Grounded Theory* entwickelt hat. Die Erstellung von verschiedenen Typen von Karten erlaubt es Forscherinnen, die grundlegenden sozialen Prozesse wieder in die Situation, aus der sie hervorgehen, „einzubetten“.

Darüber hinaus bieten sie eine Möglichkeit, um analytisch über die Beschreibungen nachzudenken, die wir von dem Phänomen produzieren, das wir untersuchen. Im weiteren Verlauf dieses Kapitels werden wir uns auf die drei Arten von Karten konzentrieren, die als Analyseinstrumente in der SitA dienen und aus denen sich diese Methode zusammensetzt. Dabei handelt es sich um

1) Situationskarten *(situational maps)*,
2) Karten der sozialen Welten und Arenen *(social worlds/arenas maps)* und
3) Positionskarten *(positional maps)*.

SitA wird oftmals in Kombination mit CGT angewandt. Die SitA-Karten sind dazu gedacht, den Prozess der Kodierung zu unterstützen und zu ergänzen. In diesem Sinne ist die SitA eine Erweiterung der Methode der CGT. Es ist jedoch wichtig festzuhalten, dass das Kodieren in CGT und das Anlegen von Karten in SitA zwei sich ergänzende, aber unterschiedliche analytische Aktivitäten sind. In beiden Fällen, beim Kodiern als auch beim Kartieren, ist es jedoch wichtig, parallel Memos zu erstellen.

10.3.1 *Situationskarten*

Situationskarten werden in drei unterschiedliche Arten von miteinander verbundenen Karten unterteilt: 1) ungeordnete Karten, 2) relationale Karten und 3) geordnete Karten. Jede dieser Karten bietet eine Hilfestellung, wenn Sie sich in der Phase der Entwicklung eines Forschungsdesigns befinden und über theoretische Samplings nachdenken. Die drei Karten bauen aufeinander auf und können als „lebende Dokumente" betrachtet werden, in denen Sie während des Forschungsprozesses laufend Elemente hinzufügen oder wieder entfernen. Die Hauptfunktion dieser drei Arten von Karten ist es, Ihren Denk- und Forschungsprozess zu unterstützen.

Abb. 10.2: Abstrakte ungeordnete Karte. Quelle: Clarke, Friese & Washburn (2018, 66). *Situational Analysis: Grounded Theory After the Interpretive Turn.* Copyright 2018 by Sage Publications, Inc. Reprinted with permission

Die Abbildung 10.2 zeigt ein Beispiel für eine ungeordnete Situationskarte. In diese Karten können Sie einfach alles eintragen, was Ihnen zu einer Situation oder Ihrem Forschungsprojekt einfällt. Sie sind sehr ergebnisoffen, und wir selbst stellen beim Zeichnen dieser Karten oft fest, dass sie mehr Elemente beinhalten, als wir ursprünglich dachten. Diese Karten sind also ein wichtiges Instrument, um über unseren Forschungsgegenstand und seine verschiedenen Bestandteile nachzudenken. Wir beginnen mit der Erstellung diese Karten normalerweise sehr früh im Forschungsprozess, da sie gerade in der Phase der Entwicklung des Forschungsdesigns sehr hilfreich sind. Doch auch während des gesamten Forschungsprojekts erstellen wir weiterhin ungeordnete Karten, denn unser Verständnis von der Situation ändert sich laufend. Überlegen Sie sich, welche „Situationen" es im Zusammenhang mit Ihrem Forschungsthema gibt und wie Sie diese abgrenzen. Das ermöglicht Ihnen zu jeder Situation eine eigene Karte anzulegen und verschiedene Situationen innerhalb Ihrer Forschung zu vergleichen. In Carries Dissertationsprojekt beispielsweise war jedes geklonte Tier, das sie untersucht hat, Teil einer eigenen „Situation".

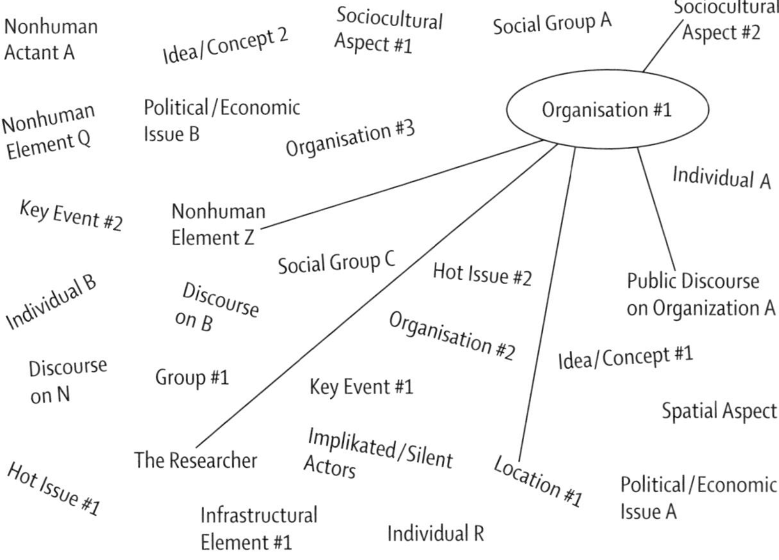

Abb. 10.3: Abstrakte relationale Karte. Quelle: Clarke, Friese & Washburn (2018, 139). *Situational Analysis: Grounded Theory After the Interpretive Turn.* Copyright 2018 by Sage Publications, Inc. Reprinted with permission

In Abbildung 10.3 sehen Sie eine relationale Karte. Relationale Karten helfen Ihnen dabei, über die Beziehungen zwischen wichtigen Elementen innerhalb einer Situation nachzudenken. Im Grunde sind sie ungeordneten Karten sehr ähnlich. Der wesentliche Unterschied besteht darin, dass wir ein Element, „Organization #1", eingekreist sehen. Dieses Element ist mit einer Reihe von verschiedenen anderen Elementen verbunden. Durch diese relationalen Kartierungen können wir damit beginnen, Elemente zu gruppieren, von denen wir glauben, dass sie zusammenpassen oder miteinander verbunden sind. Zudem sind relationale Karten analytisch wertvoll, um darüber nachzudenken, welche Elemente Teil einer bestimmten Situation sind und welche eventuell zu einer anderen Situation gehören.

Individual Human Elements/Actors
e.g., key individuals and signifikant (unorganized) people in the situation, including the researcher

Collective Human Elements/Actors
e.g., particular groups; specific organizations

Discursive constructions of individual and/or collective human actors
as found in the situation

Political/Economic Elements
e.g., the state; particular industry/ies; local/regional/global orders; political parties; NGOs; politicized issues

Temporal Elements
e.g., historical, seasonal, crisis and/or trajectory aspects

Major Issues/Debates (usualle contested)
as found in the situation; and see positional map

Other Kind of Elements
as found in the situation

Nonhuman Elements/Actors
e.g., technologies; material infrastructures; specialized information and/or knowledges; material "things"

Implicated/Silent Actors/Actants
as found in the situation

Discursive Construction of Nonhuman Actants
as found in the situation

Sociocultural/Symbolic Elements
e.g., religion; race; sexuality; gender; ethnicity; nationality; logos; icons; other visual and/or aural symbols

Spatial Elements
e.g., spaces in the situation; geographical aspects; local, regional, national, global spatial issues

Related Discourses (historical, narrative and/or visual)
e.g., normative expectations of actors, actants, and/or other specified elements; moral/ethical elements; mass media and other popular cultural discourses; situation-specific discourses

Abb. 10.4: Abstrakte geordnete Karte. Quelle: Clarke, Friese & Washburn (2018, 131). *Situational Analysis: Grounded Theory After the Interpretive Turn.* Copyright 2018 by Sage Publications, Inc. Reprinted with permission

In Abbildung 10.4 sehen Sie ein Beispiel einer geordneten Karte. Zur Erstellung einer solchen Karte ordnen Sie alle Elemente aus Ihrer ungeordneten Karte. Das könnten Sie etwa mithilfe folgender Fragen tun: Wer sind die menschlichen Akteurinnen? Wer sind die nicht menschlichen Akteurinnen? Welche sind die politischen und ökonomischen Elemente, die diskursiven Elemente, die wichtigsten strittigen Fragen? Nun können Sie alle Elemente auf der Karte einer analytischen Kategorie zuordnen. Das erlaubt es Ihnen, zunächst einmal zu sehen, von welchen Elementen es viele oder wenige gibt oder welche Positionen, Akteurinnen etc. vorherrschend sind. Wenn es in Ihrem Projekt beispielsweise viele politische Elemente gibt, können Sie sich im Folgenden fragen, ob das etwas über die Situation aussagt, die Sie untersuchen. Oder aber sagt das etwas über Sie aus, da Ihnen beispielsweise aufgrund Ihrer Studienrichtung vor allem politische Elemente in den Sinn gekommen sind? Was würde passieren, wenn Sie über Ihr Projekt und die Situation aus einem anderen Blickwinkel nachdenken würden? Diese Frage kann Ihnen helfen, Elemente hinzuzufügen, die Ihnen nicht unmittelbar einfallen, aber trotzdem wichtig für das Verständnis der Situation sind. Sie können diesen Prozess dazu nutzen, um über Ihre eigene Positionalität in Bezug auf die Situation zu reflektieren – oder Sie können ihn analytisch nutzen, um etwas Neues über die Situation selbst zu erfahren.

10.3.2 *Karten von sozialen Welten und Arenen*

Der zweite Kartentyp, auf dem die SitA beruht, sind Karten von sozialen Welten und Arenen. Diese Karten dienen dazu, Machtbeziehungen auf einer Mesoebene zu verstehen und zu erforschen. „Soziale Welten" sind Gruppen von Menschen, die durch geteilte Interessen, Sorgen oder Anliegen zusammenkommen und oft gemeinsame „Technologien" (im weitesten Sinn) zur Verfolgung dieser Interessen nutzen. Arenen sind Räume, in denen mehrere soziale Welten zusammenkommen. Dies kann aus Konflikten und Auseinandersetzungen oder aus gemeinsamen Interessen heraus geschehen. Innerhalb einer Arena gibt es jedoch immer verschiedene soziale Welten, die sich mit unterschiedlichen Anliegen befassen und unterschiedliche Positionen in der Arena einnehmen. Die in Abbildung 10.5 dargestelle Karte ist eine Abstraktion. Sie können sich unter einer Arena jedoch beispielsweise ein Krankenhaus vorstellen, in dem verschiedene soziale Welten zusammenkommen, etwa jene des Krankenhausmanagements, der Krankenpflegerinnen oder der Krankenversicherung. Einige soziale Welten haben mehr Macht, die Arena, das heißt den Bereich des gemeinsamen Interesses und Handelns, zu definieren

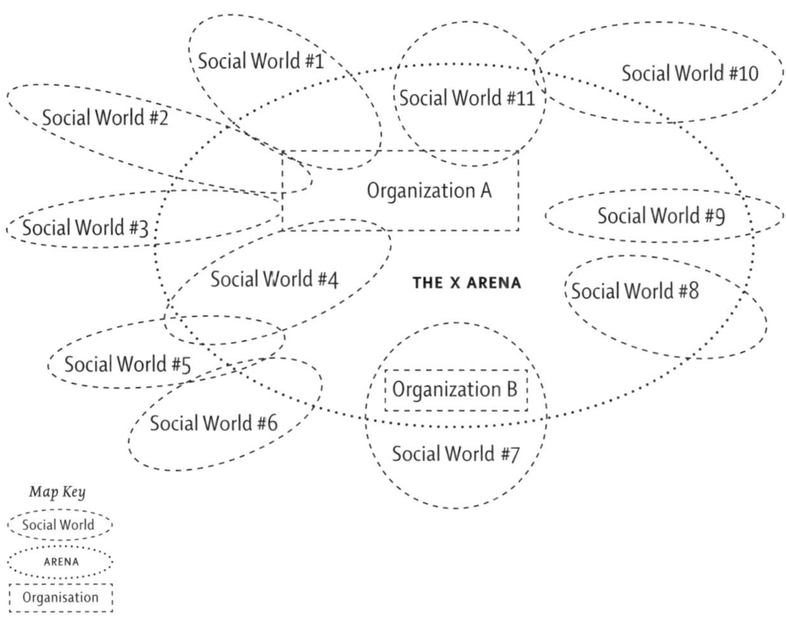

Abb. 10.5: Abstrakte Karte von sozialen Welten und Arenen. Quelle: Clarke, Friese & Washburn (2018, 152). *Situational Analysis: Grounded Theory After the Interpretive Turn.* Copyright 2018 by Sage Publications, Inc. Reprinted with permission

als andere. So hat das Management beispielsweise mehr Macht darüber die Arbeitsabläufe im Krankenhaus zu bestimmen als das Pflegepersonal.

Die strukturierte Beantwortung der Frage, welche soziale Welten mehr Autorität innerhalb einer sozialen Arena haben, war für Anselm Strauss die Schlüsselmethode zur Analyse von Machtverhältnissen. Adele Clarke hat diesen Ansatz weiterentwickelt, indem sie nicht menschliche Akteurinnen integrierte. Dabei hat sie sich unter anderem auf Bruno Latour (2005) und die Akteur-Netzwerk-Theorie sowie Donna Haraway (2016) und ihren Ansatz der Multi-Spezies-Ethnographie bezogen. Adeles Konzeptualisierung der sozialen Welten und Arenen stützt sich auch stark auf die Foucault'sche Diskursanalyse (siehe Kapitel 12). Mithilfe dieser kann die Frage beantwortet werden, wie Menschen und Dinge innerhalb der ausgehandelten Ordnung diskursiv repräsentiert werden. Gemeinsam mit Theresa Montini hat Adele in diesem Zusammenhang das Konzept der „implizierten Akteurin" *(implicated actor)* entwickelt. Dies sind Akteurinnen, die in einer sozialen Welt oder Arena zwar involviert, aber nicht aktiv beteiligt sind – etwa weil sie nicht in der Lage dazu sind, sich selbst zu repräsentieren oder daran gehindert werden.

Adele Clarke und Theresa Montini (1993) entwickelten dieses Konzept, als sie die Kontroversen über Geburtenkontrolle im Kontext der Anti-Choice-Bewegungen in den Vereinigten Staaten untersuchten. Dabei stellten sie fest, dass viele Nutzerinnen der RU486, also der so genannten „Abtreibungspille", nicht die Möglichkeit hatten, ihre eigenen Erfahrungen, Bedürfnisse und Anliegen in der Arena zu repräsentieren. Stattdessen wurden sie immer wieder von anderen Akteurinnen diskursiv konstituiert (also als Phänomen geformt). Dies ist eine der Arten, in denen sich Macht in sozialen Welten und Arenen manifestieren kann.

Beachten Sie, dass die sozialen Welten und die sie verbindende soziale Arena in einer gemeinsamen Karte dargestellt werden. Folgende Fragen können Ihnen beim Erstellen von Karten von sozialen Welten und Arenen behilflich sein:

Fragen zu sozialen Welten:

- Welche sozialen Welten gibt es?
- Wer sind ihre Sprecherinnen? Welche Personen spielen eine zentrale Rolle in den jeweiligen sozialen Welten und repräsentieren diese?
- Gibt es Untergruppen innerhalb einer sozialen Welt? Was hat dazu geführt, dass diese Untergruppen entstanden sind?
- Was sind die Perspektiven der einzelnen sozialen Welten?
- Wie beschreiben sich die sozialen Welten selbst und was ist ihr Selbstverständnis?
- Was sind ihre Haupttätigkeiten?
- Welche Technologien und andere nicht menschliche Akteurinnen sind involviert?
- Welche Einschränkungen, Möglichkeiten und Ressourcen stellen diese nicht menschlichen Akteurinnen dar?
- An welchen Orten ist die soziale Welt lokalisiert?
- Mit welchen anderen sozialen Welten ist diese soziale Welt verbunden? Über welche Arenen sind sie miteinander verbunden?

Fragen zu sozialen Arenen:

- Was ist der Fokus der Arena?
- Was sind zentrale Themen, Debatten und Kontroversen innerhalb der Arena?
- Welche sozialen Welten sind in der Arena präsent und darin selbst aktiv?
- Welche sozialen Welten sind in der Arena präsent und in diesen enthalten (impliziert, aber nicht selbst aktiv)?

- Welche sozialen Welten sind nicht in der Arena präsent und nicht in diese impliziert?
- Welche sozialen Welten überschneiden sich innerhalb der Arena und welche nicht?
- Was sind die überraschenden Lehrstellen?

10.3.3 *Positionskarten*

Die dritte Art von Karten in der SitA sind Positionskarten (siehe Abb. 10.6). Positionskarten sind eine Möglichkeit, die verschiedenen Positionen in einem Diskurs zu einem Thema darzustellen und Diskurse zu analysieren. Anstatt jedoch die Positionen im Diskurs mit spezifischen sozialen Welten und Akteurinnen zu verknüpfen, stellen Sie in dieser Karte die Positionen selbst dar. Hier ist folglich nicht wichtig, wer welche Position vertritt, sondern es geht darum festzuhalten, welche Positionen es in Bezug auf den Forschungsgegenstand überhaupt gibt. Mit der Arbeit an diesen Karten werden Sie in der Regel erst in einem späteren Stadium ihres Forschungsprojekts beginnen. Nämlich dann, wenn Sie schon weiter fortgeschritten mit der Datenanalyse sind und die verschiedenen Positionen zu einem Thema kennen, die in der von Ihnen beforschten Situation relevant sind.

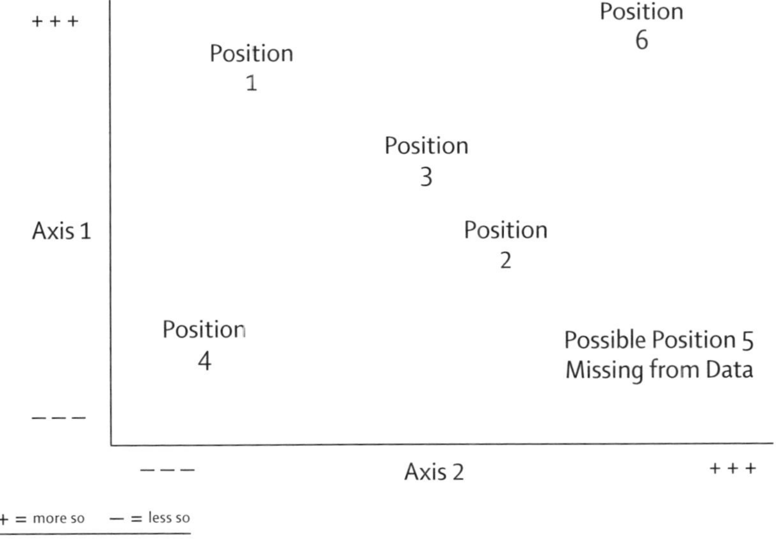

Abb. 10.6: Abstrakte Positionskarte. Quelle: Clarke, Friese & Washburn (2018, 167). *Situational Analysis: Grounded Theory After the Interpretive Turn.* Copyright 2018 by Sage Publications, Inc. Reprinted with permission

Beim Anfertigen von Positionslandkarten ist es das Ziel, alle Positionen zu erfassen, die Akteurinnen zu wichtigen Aspekten des von Ihnen untersuchten Phänomens einnehmen. Um diese Positionen in einer Karte abbilden zu können, müssen Sie sich für zwei diskursive „Achsen" entscheiden, auf denen sich all diese Positionen verorten lassen. Sie müssen folglich überlegen, welche beiden „Achsen" die Debatte bestimmen und es Ihnen ermöglichen, alle Positionen abzubilden. Wie Sie sehen, fehlt auf der Beispielkarte jedoch eine der möglichen Positionen (unten rechts). Positionskarten bieten Ihnen folglich auch die Möglichkeit, nicht vertretene Positionen entlang der beiden Achsen zu kartographieren – ein wichtiger Aspekt in der Analyse von Diskursen.

Positionskarten helfen Ihnen also einerseits aufzuzeigen, welche Positionen eingenommen werden und welche nicht. In Kombination mit Karten von sozialen Welten und Arenen können sie jedoch andererseits zur Beantwortung der folgenden Fragen dienen: Welche Positionen werden stärker vertreten, welche haben mehr Gewicht, und warum könnte das so sein? Sie können jedoch auch fragen: Was ermöglichen die jeweiligen Positionen? Welche Arten von Handlungen werden durch sie möglich? Darüber hinaus können Sie diese Karte zur Unterstützung beim theoretischen Sampling verwenden. Etwa indem Sie sich fragen: Welche Positionen wurden nicht eingenommen? Warum wird diese Position von keiner der Akteurinnen artikuliert? Mit wem müsste ich sprechen, um diese Position zu hören? Während Situationskarten vor allem Ihren eigenen Denkprozess unterstützen, sind Karten von sozialen Welten/Arenen sowie Positionskarten auch für Ihre Leserinnen hilfreich, um die Ergebnisse Ihrer Forschung besser zu verstehen. Damit sind diese Karten für Sie als Forscherinnen eine hilfreiche Unterstützung in der Datenanalyse und für Ihre Leserinnen eine Informationsquelle über Ihr Projekt und Ihre Ergebnisse. Wenn Sie mit SitA arbeiten, empfiehlt es sich, diese beiden Kartentypen auch in Ihren Forschungsbericht aufzunehmen.

ZUSAMMENFASSEND LÄSST SICH SAGEN, dass CGT eine Methode ist, die mit Kodes arbeitet, um grundlegende soziale Prozesse zu untersuchen. SitA arbeitet mit analytischen Karten und kann als Ergänzung zu CGT angewandt werden, um die Situation systematisch zu erfassen, in der sich grundlegende soziale Prozesse abspielen.

Beachten Sie dabei jedoch, dass Ihre Karten keinesfalls einfach Ihre Kodes abbilden sollten. Obwohl CGT und SitA gut miteinander kombinierbar sind, handelt es sich um zwei unterschiedliche Analysemethoden. Die beiden Methoden können an sich auch unabhängig voneinander angewandt werden. Doch es empfiehlt sich, die Situationsanalyse immer in Kombination mit einer anderen Kodiermethode zu verwenden. Beide Methoden eignen sich für die Analyse von qualitativen Daten wie Beobachtungsnotizen, Interview- und Fokusgruppentranskripten sowie bestehenden Text- und Bilddokumenten. CGT und SitA bieten Möglichkeiten, auf neuartige Weise über Forschungsmaterialien nachzudenken und mit ihnen zu arbeiten. Indem sie einen „neuen Blick" auf Ihre Daten ermöglichen, können sie darüber hinaus in vielen Fällen auch aus Schreibblockaden herausführen.

Lernfragen

- Was zeichnet die Methode der *Constructivist Grounded Theory* (CGT) aus?
- Was kennzeichnet die Methode der Situationsanalyse?
- Wie verhalten sich die beiden Methoden zueinander?
- Auf welchen Typen von Karten beruht die Methode der Situationsanalyse und was ist ihre jeweilige Funktion?

Literatur

Charmaz, Kathy (2014). *Constructing grounded theory*. London: Sage.

Clarke, Adele E. (2003). *Situational analyses: Grounded theory mapping after the postmodern turn*. In: *Symbolic Interaction*, 26(4), 553–576.

Clarke, Adele E.; Friese, Carrie & Washburn, Rachel S. (2018). *Situational analysis: Grounded theory after the interpretive turn*. Los Angeles: Sage.

Clarke, Adele & Montini, Theresa (1993). *The many faces of RU486: Tales of situated knowledges and technological contestations*. In: *Science, Technology, & Human Values*, 18(1), 42–78.

Friese, Carry (2013). *Cloning wild life: zoos, captivity, and the future of endangered animals* (Vol. 14). New York: NYU Press.

Friese, Carrie & Clarke, Adele E. (2012). *Transposing bodies of knowledge and technique: Animal models at work in reproductive sciences*. In: *Social Studies of Science*, 42(1), 31–52.

Glaser, Barney G. (2008). *Doing Quantitative Grounded Theory*. Mill Valley: Sociology Press.

Glaser, Barney G. & Strauss, Anselm L. (1967). *The discovery of grounded theory: Strategies for qualitative research*. New York: Adline de Gruyter.

Haraway, Donna J. (2016). *Staying with the trouble: Making kin in the Chthulucene*. Durham: Duke University Press.

Latour, Bruno (2005). *Reassembling the social: An introduction to actor-network-theory.* Oxford: Oxford University Press.

Strauss, Anselm & Corbin, Juliet M. (1997). *Grounded theory in practice.* Thousand Oaks: Sage.

Thompson [Cussins], Charis (1996). *Ontological choreography: Agency through objectification in infertility clinics.* In: *Social Studies of Science*, 26(3), 575–610.

Weiterführende Literatur

Clarke, Adele E. (2011). *Von der Grounded-Theory-Methodologie zur Situationsanalyse.* In: Mey, Günter & Mruck, Katja (Hg.). *Grounded Theory Reader.* Wiesbaden: VS Verlag für Sozialwissenschaften, 207–229.

Clark, Adele E. (2012). *Situationsanalyse: Grounded Theory nach dem Postmodern Turn.* Wiesbaden: Springer VS.

Clarke, Adele E.; Friese, Carrie & Washburn, Rachel (Eds.) (2015). *Situational analysis in practice: Mapping research with grounded theory.* Walnut Creek: Left Coast Press.

11 Visuelle Methoden: Bildtypenanalyse und Visuelle Kontextanalyse

Karin Liebhart & Petra Bernhardt

Dieses Kapitel beschäftigt sich mit der Frage, wie visuelle Methoden im Rahmen qualitativer politikwissenschaftlicher Forschungsdesigns eingesetzt werden können. Anhand eines aktuellen Bildbeispiels sowie anhand von Reaktionen auf das Bild auf dem Kurznachrichtendienst Twitter stellen wir mit der Bildtypenanalyse und der Visuellen Kontextanalyse zwei Auswertungsmethoden für Bildmaterial vor, erklären ihre je spezifischen Vorgehensweisen, gehen auf ihre politikwissenschaftliche Relevanz ein und zeigen methodische Kombinationsmöglichkeiten und Limitationen auf.

Zuallererst gilt es aber die Frage zu klären: Warum setzen wir uns in einem Lehrbuch zu qualitativen Methoden auch mit visuellen Analysen auseinander? Die Antwort darauf lautet: Insofern im Rahmen der visuellen Analyse nicht primär „gezählt" wird – etwa wie häufig bestimmte Motive in einer politischen Kampagne vorkommen – oder nicht andere quantitative Parameter erfasst, sondern stattdessen sinnhafte Bedeutungen rekonstruiert werden, zählen visuelle Methoden zu den Werkzeugen qualitativer Analyse. Wir werden im Folgenden zeigen, welche unterschiedlichen Ansätze qualitativer visueller Analyse es gibt und wie diese die politikwissenschaftliche Forschung bereichern können.

Bildbeispiel

Unser Bildbeispiel (siehe Abb. 11.1) wurde von der Fotojournalistin Alyson McClaran am 19. April 2020 in der US-Metropole Denver (Colorado) aufgenommen. Das Foto zeigt eine Szene an einer Straßenkreuzung, bei der Krankenpflegerinnen in grüner Berufsbekleidung und mit Mund-Nasen-Schutz einem massiven PKW entgegentreten und dessen Weiterfahrt blockieren. Aus dem Fenster des PKWs lehnt eine blonde Frau, die ein Schild gegen die Windschutzscheibe presst und etwas zu rufen scheint. Die Frau im PKW trägt ein weißes Shirt mit der Aufschrift „USA", dessen Ärmel in den Farben der US-Flagge gehalten sind. Die Frau demonstriert gegen Shutdown-Maßnahmen, die im Zuge der Covid-19-Pandemie unter anderem in den USA erlassen wurden. Die Krankenpflegerinnen wiederum stellen sich der Demonstration entgegen.

Bevor wir uns näher mit diesem Foto beschäftigen und damit die Anwendungsmöglichkeiten zweier Zugänge aus dem breit gefächerten Spektrum qualitativer visueller Methoden aufzeigen, wollen wir zunächst noch einen Blick auf das Feld der Visuellen Kommunikationsforschung werfen, das den methodologischen Rahmen absteckt.

Abb. 11.1: Protest gegen Corona-Maßnahmen in Denver (Colorado), 19. 4. 2020. Foto: Alyson McClaran (REUTERS)

11.1 Visuelle Kommunikationsforschung: Analyseperspektiven und Bildbegriff

Wenn von visueller Kommunikation die Rede ist, dann ist damit einerseits ein *Forschungsfeld* gemeint, nämlich die Visuelle Kommunikationsforschung, und andererseits ein spezifischer *Kommunikationsmodus*, nämlich das Kommunizieren von Bedeutungsinhalten mit und durch Bilder (vgl. Geise & Lobinger 2016, 500). Das vergleichsweise junge und expandierende Forschungsfeld beschäftigt sich mit „Strukturen und Prozessen visueller Kommunikation, visueller Wahrnehmung und visueller Informationsverarbeitung" (ebd.). An der Beschäftigung mit diesen Phänomenen wirken unterschiedliche Wissenschaftsdisziplinen mit, wobei die Politikwissenschaft im Vergleich mit der Kommunikationswissenschaft und anderen Sozialwissenschaften oder den Geistes- und Kulturwissenschaften eine eher marginale Rolle einnimmt (vgl. Bleiker 2018; Bernhardt, Liebhart & Pribersky 2019, 45).

Die unterschiedlichen disziplinären Zugänge teilen die Auffassung, dass sich Bilder als Ausdrucksmittel von Text und Sprache unterscheiden. Im Unterschied zur Sprache verfügen Bilder nicht über eine Syntax, und sie werden auch nicht linear, also wie bei einem Text „ein Wort nach dem anderen", sondern als Ganzes erfasst (vgl. Müller & Geise 2015, 14). Über das Prinzip der Assoziation eröffnen sie Möglichkeiten für Analogiebildungen, stellen kausale Zusammenhänge oder auch Verallgemeinerungen auf implizite Weise her: „Daraus folgt, dass Bilder nur dann adäquat, und das bedeutet wissenschaftlich sinnvoll, analysiert und interpretiert werden können, wenn ihr *spezifisches Kommunikationsprinzip* erkannt und theoretisch und methodisch reflektiert wird" (Müller & Geise 2015, 37).

In der Visuellen Kommunikationsforschung lassen sich drei Analyseperspektiven unterscheiden: die Bildproduktionsanalyse, die Bildproduktanalyse sowie die Bildnutzungs-, Rezeptions- und Bildwirkungsanalyse (Müller & Geise 2015, 15–18). Die Bildproduktionsanalyse beschäftigt sich mit „Fragen nach der Selektion, der materiellen Herstellung und Gestaltung sowie der medialen Präsentation des Bildes als visuelles Kommunikat" (Geise & Lobinger 2016, 500). Während „Kommunikation" der Prozess des Mitteilens ist, bezeichnet „Kommunikat" den Inhalt einer Mitteilung. Die Bildproduktanalyse nimmt das Bildmotiv in den Fokus und fragt nach seinen bildimmanenten Bedeutungen (vgl. Müller & Geise 2015, 17). Die dritte Analyseperspektive wiederum „untersucht Formen, Strukturen und Prozesse der Wahrnehmung und Rezeption von Bildern sowie die damit verbundenen Wirkungen" (ebd., 18).

Die Erkenntnisinteressen dieser drei Analyseperspektiven sind unterschiedlich ausgerichtet und bedingen verschiedene methodische Zugänge. Zum Verständnis der Visuellen Kommunikationsforschung sind aber nicht nur ihre Analyseperspektiven relevant, sondern auch ihr Bildbegriff: „Grundsätzlich kann der in der Visuellen Kommunikationsforschung angewandte Bildbegriff dabei in zwei Aspekte unterteilt werden: in immaterielle, geistige Bilder *(mental images)* und in materielle Bilder *(material images)*. Beide Aspekte sind untrennbar miteinander verbunden" (Müller & Geise 2015, 23). Das heißt, dass materielle Abbilder korrespondierende immaterielle Denkbilder aufrufen (vgl. ebd.). Das Funktionsprinzip, auf dem das Verhältnis von Abbildern und Denkbildern basiert, beschreiben die beiden Kommunikationswissenschaftlerinnen Marion G. Müller und Stephanie Geise als Logik der Assoziation (ebd., 37).

Materielle Abbilder können uns in unterschiedlichen *Formen* begegnen, beispielsweise als Fotos, Graphiken, Werke der Malerei, des Films, der bildenden Kunst oder der Architektur (vgl. Müller & Geise 2015, 24). Sie können unterschiedlichen *Produktionskontexten* entstammen, die von Müller und Geise in sieben idealtypische, voneinander nicht trennscharf abgrenzbare Bereiche unterteilt werden: künstlerisch, kommerziell, journalistisch, wissenschaftlich, politisch, privat und religiös (vgl. ebd.). Jeder dieser Bereiche ist mit unterschiedlichen Formen und Routinen der Auswahl von und des Umgangs mit Bildern verbunden. Das eingangs vorgestellte Bildbeispiel stammt aus dem Produktionskontext des Journalismus. Die Photographin, die für ein Medium oder eine Agentur arbeitet, hat an der Demonstration in Denver als Beobachterin teilgenommen und Fotos angefertigt. Bei der *Rezeption* von Bildern wiederum ist eine Kombination aus diesen sieben unterschiedlichen Kontexten denkbar (vgl. Müller & Geise 2015, 25). Das Bildbeispiel aus einem journalistischen Produktionskontext wird beispielsweise hier im Rahmen eines wissenschaftlichen Beitrags rezipiert. Es ist aber auch zum Gegenstand einer politischen Diskussion in sozialen Netzwerken geworden, wo Nutzerinnen es sich angeeignet und verbreitet haben.

11.2 Visuelle Methoden

Visuelle Methoden helfen uns dabei, Bildmaterial unter Berücksichtigung seiner Eigenlogik beschreib- und analysierbar zu machen, indem sie das Bild systematisch in den Forschungsprozess aufnehmen (vgl. Geise & Lobinger 2016, 501). Das Methodenrepertoire ist dabei ebenso facettenreich wie der Forschungsbereich selbst.

Die qualitativen visuellen Methoden lassen sich im Wesentlichen in zwei große Perspektiven einordnen: einerseits in jene Zugänge, die das Bild selbst als *Analyseobjekt* verstehen und sich also mit Bildmaterial auseinandersetzen; andererseits in jene Methoden, die das Bild als *Analyseinstrument* in den Forschungsprozess einbeziehen (vgl. Geise & Lobinger 2016, 502). Letzteres meint, dass nicht das Bild selbst analysiert, sondern dieses in eine andere Methode integriert wird. Dies ist zum Beispiel bei der Fotobefragung der Fall, in deren Rahmen Bilder als Impulse für weitere Befragungen zum Einsatz kommen (vgl. ebd., 506f.). Bilder können aber auch in anderen Formen qualitativer Erhebungen als Stimulus verwendet werden, etwa wenn es darum geht, einen Gesprächsfluss anzuregen, beispielsweise als Einstieg in eine Fokusgruppendiskussion oder um Assoziationen bei Interviewpartnerinnen auszulösen.

Dieser Beitrag folgt der erstgenannten Perspektive qualitativer visueller Methoden. Er geht der Frage nach, wie das *Bild als Analyseobjekt* verstanden und untersucht werden kann. Hier sind sehr unterschiedliche Verfahren möglich, wie die Politische Ikonographie und Ikonologie (vgl. Müller 2011; vgl. Müller & Geise 2015, 183f.), die Visuelle Kontextanalyse (vgl. Müller & Geise 2015, 219f.; Knieper & Müller 2019), die Bildtypenanalyse (vgl. Grittmann 2007; Grittmann & Ammann 2011; Müller & Geise 2015, 211f.), aber auch die Semiotik und die Bildhermeneutik (vgl. etwa Geise & Lobinger 2016, 505f.).

Die Bildtypenanalyse und die Visuelle Kontextanalyse, die in diesem Kapitel im Zentrum des Interesses stehen, basieren beide auf der Ikonographie und der Ikonologie. Sie stellen sich die Frage, wie man Bilder adäquat beschreib- und analysierbar machen kann. Der ikonographisch-ikonologische Ansatz stammt aus der Kunstgeschichte und wurde nicht in sozialwissenschaftlichen Zusammenhängen entwickelt (vgl. Müller 2011). Er konzentriert sich darauf, Bildinhalte systematisch zu beschreiben und über die Rekonstruktion der Form- und Gestaltungstypik auf inhärente Bedeutungspotenziale von Bildern zu schließen (vgl. Geise & Lobinger 2016). Der ikonographisch-ikonologische Ansatz wurde von dem Kulturwissenschaftler Aby Warburg Anfang des 20. Jahrhunderts konzipiert und von dem Kunsthistoriker Erwin Panofsky systematisiert und weiterentwickelt.

Panofsky (1978) schlägt ein Drei-Stufen-Schema im Umgang mit Bildmaterial vor. In einem ersten Schritt soll die präikonographische Beschreibung auf die Frage antworten, *was* eigentlich im Bild dargestellt ist. Die ikonographische Analyse soll in einem zweiten Schritt Aufschluss darüber geben, *wie* etwas dargestellt ist beziehungsweise was dies implizieren könnte. Schließlich soll die ikonologische Interpretation in einem dritten Schritt die Frage beantworten, was dies alles eigentlich bedeutet. Dieses Vorgehen ermöglicht es, intrinsische Bedeutungen von Bildern herauszuarbeiten, also eine synthetische Interpretation auf Basis einer genauen Beschreibung und Einordnung von Bildern zu erstellen. Das genaue *Betrachten* und darauf aufbauend das akkurate *Beschreiben* der Bilder sollte in jede Bildanalyse einfließen, in der das Bild als Analyseobjekt im Vordergrund steht. Das Beantworten der Fragen, was eigentlich auf dem Bild zu sehen ist, welche Personenkonstellationen, welche Aktions- oder Interaktionsformen, welches Setting abgebildet sind, stellt in jedem Fall einen wesentlichen Ausgangspunkt für die wissenschaftliche Arbeit mit Bildern dar.

11.2.1 *Bildtypenanalyse*

Die Bildtypenanalyse ist ein Verfahren, das von Elke Grittmann und Ilona Ammann (2011) systematisiert wurde. Die Methode „kombiniert die Logik der nicht standardisierten ikonographisch-ikonologischen Analyse mit dem Prinzip der standardisierten Inhaltsanalyse und bietet damit einen systematischen Ansatz, um über die Einzelbildanalyse hinaus typische Bildinhalte auch in einem umfangreicheren Materialkorpus zu erfassen, ohne auf die Analyse der Bildbedeutungen verzichten zu müssen" (Geise & Lobinger 2016, 504f.). Die beiden Kommunikationswissenschaftlerinnen nehmen den im vorigen Absatz beschriebenen ikonographisch-ikonologischen Ansatz und damit die Beschreibung, Analyse und Interpretation von Bildern zum Ausgangspunkt einer Typologisierung von Bildmaterial nach wiederkehrenden Motiven. Damit ist mehr gemeint als die Wiederholung einzelner Bildelemente oder spezifischer Darstellungsformen einer Person oder eines Objekts.

DER BEGRIFF DES BILDTYPS DIENT ZUR BESCHREIBUNG eines motivischen Repertoires von sich in politischen Zusammenhängen stetig wiederholenden Bildmotiven, die auf etablierte Darstellungsformen zurückgreifen (vgl. Grittmann 2007 und 2018; Grittmann & Ammann 2011).

Beispiele dafür wären etwa die politische Rede, bei der Politikerinnen im Moment des Sprechens an einem Pult photographiert werden, oder die Medienarbeit, bei der Politikerinnen im Austausch mit Journalistinnen oder in Mediensettings zu sehen sind.

Bildtypen sollten hinsichtlich der unter einem Typus zusammengefassten Bilder möglichst homogen sein, während sich die einzelnen Typen deutlich voneinander unterscheiden sollten (vgl. ebd.). Das Ziel der Systematisierung nach so genannten Bildtypen ist es, Routinen und Auswahlkriterien von Bildern offenzulegen (Grittmann 2012, 135). Diese können sowohl bei der Selbstpräsentation von Politik auftreten, etwa wenn sich eine Politikerin bildhaft auf dem eigenen Instagram-Account inszeniert oder aber wenn offizielle Photographinnen zum Einsatz kommen, die Politikerinnen bei ihren Auftritten photographieren (vgl. Bernhardt & Liebhart 2020, 30–35). Diese Auswahlprozesse sind meist strategisch geplant und umgesetzt, abhängig vom Professionalisierungsgrad politischer Kommunikation. Stehen ein Kommunikationsteam oder eine PR-Abteilung zur Verfügung, wie in der Spitzenpolitik mittlerweile fast schon Standard, dann können bestimmte Motive und Bildtypen auch gezielt forciert werden, um damit Deutungsangebote nahezulegen (vgl. Bernhardt & Liebhart 2020). Selektionskriterien und Auswahlroutinen prägen selbstverständlich nicht nur die Selbstinszenierung von Politik, sondern in hohem Maße auch ihre mediale Präsentation: Wenn Journalistinnen Bildmaterial auswählen, dann greifen sie ebenfalls auf Routinen des Umgangs mit Bildern zurück (vgl. Grittmann 2007).

Das für diesen Beitrag gewählte Beispiel zeigt ein Bildmotiv, das durchaus nicht zum ersten Mal in dieser Form sichtbar wird. Das Motiv gehört nicht nur zum fixen Bildrepertoire politischer Proteste, sondern hat auch eine lange und bedeutsame Motivgeschichte. Bilder, die dieses oder sehr ähnliche Motive zeigen, bilden gemeinsam den Bildtyp eines konfrontativen Widerstands Einzelner. Dieser Bildtyp wird in unterschiedlichen Situationen mit ganz unterschiedlichen Akteurinnen aktualisiert. Ein sehr bekanntes Motiv stammt aus dem Jahr 2016, es hat den prestigeträchtigen World Press Photo Award gewonnen und trägt den Titel *Taking A Stand in Baton Rouge* (siehe Abb. 11.2). Es zeigt eine Demonstrantin gegen Polizeigewalt, die einer Gruppe von ausscherenden Polizisten entgegentritt. Sie ist unbewaffnet, ihr Protest ist still, sie ist im Sommerkleid zu sehen. Dieses Bild ist in den letzten Jahren weit zirkuliert und zu einem ikonischen Foto geworden.

UNTER IKONISCHEN FOTOS sind Bilder zu verstehen, die sich aufgrund ihrer auffälligen Komposition und ihres hohen Wiedererkennungsgrades, ihrer Verbreitung in unterschiedlichen Medien, ihres Emotionalisierungs- und Affizierungspotenzials sowie ihrer Bedeutung, die über das Einzelereignis hinausgeht, von anderen Bildern unterscheiden (vgl. Hariman & Lucaites 2007).

Abb. 11.2: *Taking A Stand in Baton Rouge*, 9.7.2016. Foto: Jonathan Bachman (REUTERS), https://www.worldpressphoto.org/collection/photo/2017/28781/1/2017-jonathan-bachman-ci1

Einer ähnlichen Kompositionslogik folgt auch eine Karikatur, die ebenfalls eine demonstrierende Person in einer konfrontativen Situation zeigt (siehe Abb. 11.3). In dieser Karikatur wird auf die Covid-19-Situation in den USA im Sommer 2020 Bezug genommen. Eine Pflegefachkraft hält ein Schild in der Hand mit der Aufschrift „See you soon" – ein Hinweis darauf, dass das, was die demonstrierenden Personen fordern, nicht das Sinnvollste während einer Pandemie wäre. Die unterschiedlichen Formen von Bildern dieses Bildtyps verweisen offenbar auf ein Denkbild, also ein mentales Bild, das mit politischen Protesten verbunden ist. Dass der Bildtyp eines konfrontativen Widerstands Einzelner so prominent und in so unterschiedlichen Zusammenhängen vorkommt, liegt daran, dass hier jeweils eine symbolische Verdichtung des Gesamtkonflikts in einem einzelnen Bild stattfindet. Betrachterinnen wird der Grundkonflikt einer gesellschaftlichen Konstellation eindrücklich vor Augen geführt.

Das für den Bildtyp eines konfrontativen Widerstands Einzelner konstitutive „David gegen Goliath"-Motiv hat seinen Ursprung in einer biblischen Erzählung über den Kampf ungleicher Gegner. Im Gegensatz zur biblischen Erzählung geht dieser ungleiche Kampf in politischen Konflikten nicht immer siegreich für die offensichtlich schwächere Seite aus. Bildhaft vermittelt wird aber jedenfalls ein moralischer Sieg jener Personen, die sich scheinbar furchtlos einer tatsächlichen oder vermeintlichen Übermacht entgegenstellen. Dieses

Abb. 11.3: Zeichnung des Cartoonisten Bruce Plante, tulsaworld.com

Motiv taucht in ganz unterschiedlichen zeitlichen und räumlichen Zusammenhängen und mit unterschiedlichen Personenkonstellationen auf. Die Bildtypenanalyse ermöglicht es, Varianten dieses Motivs in einem synchron oder diachron ausgerichteten Bildtyp zu bündeln (synchron bedeutet, verschiedene aktuelle Variationen eines Motivs zu analysieren; diachron bedeutet, historische Variationen eines Motives zu analysieren). Außerdem erlaubt diese Methode, über das einzelne Bild hinausgehend, die zugrundeliegende visuelle Botschaft zu verstehen, indem sie auf einen Zusammenhang verweist, der als mentales Bild abgerufen wird und das Verstehen des jeweiligen Einzelbildes ermöglicht.

11.2.2 *Visuelle Kontextanalyse*

Einen weiteren Beitrag zum Verständnis eines Bildes liefert die Visuelle Kontextanalyse (vgl. Knieper & Müller 2019; vgl. Müller & Geise 2015, 219f.; Bock, Isermann & Knieper 2011), eine genuin sozialwissenschaftliche Methode (vgl. Geise & Lobinger 2016, 504), die ebenfalls dem qualitativ-interpretativen Methodenrepertoire zugerechnet werden kann.

DIE VISUELLE KONTEXTANALYSE ist in der Regel multimodal ausgerichtet, das heißt, unterschiedliche kommunikative Modi wie Bild, Text oder Ton werden in die Analyse miteinbezogen. Dies ist vor allem deshalb von Bedeutung, da wir es in den seltensten Fällen ausschließlich mit Bildmaterial zu tun haben, sondern uns Bilder in der Regel eingebettet in textliche oder in sprachliche Zusammenhänge begegnen (vgl. Bernhardt & Liebhart 2020, 25).

Beispiele dafür wären eine Abbildung in einer Zeitung, die vom Text einer Überschrift oder Untertitelung gerahmt wird, oder Nachrichtensendungen im Fernsehen, in denen das Bild als Teaser in ein Thema hineinführt, die Nachrichtensprecherin aber darauf hinweist, dass es tatsächlich um ein anderes Thema geht. Diese Zusammenhänge sind selbstverständlich für die Analyse in hohem Maße relevant.

Die Kommunikationswissenschaftlerinnen Thomas Knieper und Marion Müller (2019) erklären, was die Visuelle Kontextanalyse zum Forschungsfeld Visuelle Kommunikationsforschung beitragen kann. Auch sie beziehen sich auf die drei bereits genannten Ebenen: die Form, in der ein Bild erscheint, den Produktionskontext, in dem es entstanden ist, und den Rezeptionskontext, in dem das Bild wahrgenommen und angeeignet wird (vgl. Knieper & Müller 2019, 518). Die Kontextanalyse verfolgt das Ziel, Bedeutungen nicht nur innerhalb, also auf der Ebene des Bildes, sondern ganz besonders außerhalb des Bildes zu rekonstruieren (vgl. ebd., 525). Sie kann sich mit den Entstehungsbedingungen eines Bildes beschäftigen, aber auch rekonstruieren, wie mit dem Bild umgegangen wurde. Laut Müller und Knieper eignen sich „virale" Bilder, die ein hohes Maß an öffentlicher Aufmerksamkeit generiert und unzählige Diskussionen ausgelöst haben, besonders gut für Kontextanalysen. Dies trifft etwa auf sehr bekannte Bilder der Pressephotographie zu oder auf Bilder, die hohes affektives Potenzial haben (vgl. ebd., 525).

Das von der Photographin Alyson McClaran aufgenommene, eingangs präsentierte Foto tauchte beispielsweise in einem Tweet auf, der vom Kolumnisten Brandon Friedman am 20. April 2020 gepostet wurde (siehe Abb. 11.4). Der Tweet erhielt beachtliche Aufmerksamkeit; die Anzahl der Retweets belief sich nämlich auf 8.345, er wurde 39.249 Mal mit „Gefällt mir" markiert (Stand 3. 9. 2020). Twitter ermöglicht nicht nur das Posten von Textbeiträgen, sondern auch die Einbettung von Bild- und Videomaterial, wovon die Userinnen in diesem Fall intensiv Gebrauch machten. Es ist zu einem Standard der Alltagskommunikation im Netz geworden, dass Userinnen auf Tweets nicht einfach nur in Textform replizieren, sondern oft auch durch das Einfügen einer Bewegt-Graphik (wie zum Beispiel GIFs) oder durch die Einbettung eines Bildes in einen Kommentar. Sie bringen ihre Meinung also pointiert mittels Bildmaterials zum Ausdruck.

Im Fall unseres Bildbeispiels fand Twitter-User Brandon Friedman, dass es sich um ein sehr gelungenes Foto handelt. Er kommentierte es mit „It's worthy of a Pulitzer", also geeignet für einen prestigeträchtigen Journalismuspreis, weil es einen komplexen Zusammenhang in verdichteter Form auf den Punkt bringt. Das sah offenbar nicht nur Friedman so, zahlreiche Kommentatorinnen teilten seine Sichtweise. Im gegenständlichen Fall wurden besonders viele Bilder als Reaktion auf den Ausgangstweet gepostet. Eine Kommentatorin postete etwa das sehr bekannte Foto *Taking A Stand in Baton Rouge* (siehe Abb. 11.2), da Friedmans Tweet sie offenbar an dieses Bild erinnerte. Eine weitere Reaktion zeigt wiederum ein anderes Foto, auf dem sich eine einzelne Person im Zuge einer Demonstration einem Fahrzeug entgegenstellt und die Straße blockiert. Eine Systematisierung des Bildmaterials könnte Aufschluss darüber geben, was die allgemeine Aussage dieser Kommentare und Reaktionen ist.

Abb. 11.4: Tweet des Kolumnisten Brandon Friedman (@BFriedmanDC), 20. 4. 2020, https://twitter.com/BFriedmanDC/status/1252055898819899393

Userinnen beziehen sich auf Friedmans Tweet aber nicht nur mittels zeitlich synchroner Bildkommentare. Vor allem ein historisches Bildbeispiel, das ikonischen Status erlangt hat und den Titel *Tank Man* trägt, wird als Bildkommentar verwendet. Es handelt sich um ein Foto aus dem Jahr 1989, das am Tag des Massakers am Tian'anmen-Platz in Beijing aufgenommen wurde und zu den zentralen Bildikonen über politischen Protest zählt (siehe Abb. 11.5). Im Zuge eines friedlichen Protests gegen Zensur und die Beschränkungen von Freiheits- und Bürgerrechten, der von der chinesischen Regierung letztlich gewaltsam beendet wurde, stellt sich ein einzelner Demonstrant den Panzern der chinesischen Armee entgegen. Durch seine häufige Zitation hat *Tank Man* den Status eines zentralen Bildes im Rahmen des Bildtyps „Konfrontativer Widerstand Einzelner" erlangt. Die Verwendung dieses ikonischen Bildes als Reaktion auf ein Ausgangsbild aus einem aktuellen Zusammenhang verweist auf die assoziative Qualität von Bildern. Diese ermöglicht, dass sich Rezipientinnen beim Betrachten von Bildern an ähnliche Bilder, die sie bereits gesehen haben, oder solche, die sie für ähnlich halten, erinnern. Indem sie das entsprechende Bildmaterial posten, weisen sie auf diesen Zusammenhang hin.

Abb. 11.5: Tweet des Users Junior General (@JuniorGeneral) als Antwort auf Brandon Friedman (@BFriedmanDC) und Alyson McClaran (@McclaranAlyson), 20. 4. 2020, https://twitter.com/JuniorGeneral/status/1252059982448779265

Ein zweiter Reaktionsstrang auf Friedmans Tweet bezieht sich nur auf einen Teil des von ihm geposteten Fotos, und zwar auf die sehr verärgert wirkende demonstrierende Person im Fahrzeug, die sich aus dem Autofenster lehnt. Nutzerinnen nehmen diesen Bildausschnitt etwa zum Ausgangspunkt, die Person als eine stereotypische „Make America Great Again" –, also Donald-Trump-Anhängerin zu qualifizieren oder festzustellen: „This is how the rest of the world sees America". Bilder ermöglichen aufgrund ihrer assoziativen Qualität unterschiedliche Varianten von Bezugnahmen. Sie können politisch kontextualisiert werden, manchmal aber auch einfach spielerischen oder ironischen Charakter haben. Ein Kommentierender fühlt sich etwa an eine Situation in einem Drive-through erinnert, wenn die Person am anderen Ende der Leitung die Sprecherin nicht gut hören kann und diese sich deshalb aus dem Fenster des Fahrzeugs lehnt und in die Anlage schreit.

Im Rahmen einer Visuellen Kontextanalyse könnte an das vorliegende Material beispielsweise die Frage gestellt werden, wie die aktuelle politische Situation in den USA rund um die Corona-Ausgangsbeschränkungen in den Kommentaren thematisiert wird oder welche Verweise in synchroner oder diachroner Perspektive in diesen Kommentaren sichtbar werden. Analysiert werden könnte aber auch, wie einzelne Bildelemente kontextualisiert und diskutiert werden, etwa entlang der Frage, wie Donald-Trump-Anhängerinnen imaginiert und bildhaft repräsentiert werden.

11.2.3 *Politikwissenschaftliche Relevanz*

DIE POLITIKWISSENSCHAFT KONZENTRIERT SICH PRIMÄR auf öffentliche Bilder, die in einem politischen Verwendungszusammenhang zu sehen sind. Dies kann prinzipiell auf jedes materielle Bild zutreffen, das durch „Verwendung, Fragestellung oder Interpretation politisch kontextualisiert wird" (Drechsel 2007, 111). Bilder sind also nicht per se politisch, sie werden vielmehr im Zuge ihrer Verwendung und Kontextualisierung politisiert.

Visualisierungen bilden „Wirklichkeit" nicht einfach ab, sie sind vielmehr „das Ergebnis kulturell geprägter Darstellungs- und Rezeptionsweisen, die Veränderungen unterliegen" (Bernhardt, Liebhart & Pribersky 2019, 46). Aus der Perspektive visueller Politik sind Bilder daher auch nicht als Illustrationen, sondern als Quellenmaterial und Gegenstand der Analyse zu betrachten, da sie einen Zugang zu sozialwissenschaftlich relevanten Informationen ermöglichen (vgl. ebd., 46). In Kommunikationsprozessen gewinnen sie stetig an

Bedeutung und prägen daher die Wahrnehmung und Konstruktion sozialer Wirklichkeit.

Die Kommunikationswissenschaftlerin Elke Grittmann richtet in diesem Zusammenhang die Aufmerksamkeit auf die machtpolitisch relevante Frage, „warum welches politische Angebot wie überhaupt öffentlich sichtbar wird" (Grittmann 2009, 34). Sie spricht damit an, dass visuelle Phänomene eine Voraussetzung für die Wahrnehmung und Sichtbarkeit beziehungsweise Unsichtbarkeit politischer Bedeutung sind. Visualität zählt daher zu den wichtigen Ressourcen politischen Handelns (vgl. Bernhardt, Liebhart & Pribersky 2019, 46).

11.3 Methodische Kombinationsmöglichkeiten und Limitationen

Dieser Beitrag hat sich anhand eines aktuellen Bildbeispiels mit der Frage beschäftigt, wie qualitative visuelle Methoden in politikwissenschaftliche Forschungsdesigns integriert werden und wie sie uns bei der Einordnung und Analyse von Bildern helfen können. Die vorgestellten Zugänge der Bildtypenanalyse und der Visuellen Kontextanalyse stellen dabei nur zwei mögliche Auswertungsmethoden aus einem ganzen Bündel an Ansätzen dar. Sie eignen sich allerdings auch für die Beschreibung, Einordnung und Analyse von Bildmaterial, das – anders als das von der Photographin Alyson McClaran aufgenommene Bild – keinen „viralen" Status erlangt und nicht so breit diskutiert wurde wie dieses Foto. Während die Visuelle Kontextanalyse sowohl den Entstehungs- als auch den Rezeptionskontext von Einzelbildern erfassen kann, konzentriert sich die Bildtypenanalyse in der Regel auf Bildsammlungen, die nach Typen systematisiert und gegebenenfalls vor dem Hintergrund ihrer Motivgeschichte interpretiert werden.

Welche Auswertungsmethode aus dem vielfältigen Spektrum visueller Methoden zum Einsatz kommt, hängt stets vom *Erkenntnisinteresse*, der forschungsleitenden *Fragestellung* und dem *(visuellen) Materialbestand* ab. So könnten etwa zur Beantwortung einer entsprechenden politikwissenschaftlichen Fragestellung Reaktionen auf politische Bilder (beispielsweise Kommentare oder Bildhandlungen in sozialen Netzwerken) erhoben und entlang wiederkehrender Bildtypen systematisiert werden. Dies ist bereits in einigen Studien geschehen, beispielsweise zu Hashtag-Protesten.

Selbstverständlich lassen sich die beiden in diesem Beitrag vorgestellten Ansätze mit anderen qualitativen Methoden (zum Beispiel der Diskursanalyse), aber auch mit quantitativen Ansätzen (beispielsweise standardisierten Inhaltsanalysen oder Visuellen Frame-Analysen) gut verbinden, wenn die Beantwortung einer komplexen Forschungsfrage einen multimethodischen Zugang nahelegt. Für eine Triangulation mit quantitativen Methoden eröffnet insbesondere die Bildtypenanalyse interessante Anknüpfungspunkte.

Mit ihrer Fokussierung auf Bildkontexte, Bildinhalte und die damit verbundenen Bedeutungen weisen die beiden Ansätze selbstverständlich auch Limitationen auf. Während die Visuelle Kontextanalyse Aussagen über Verwendungsformen und Bildhandlungen und die Bildtypenanalyse Aussagen über die Struktur eines visuellen Materialbestands ermöglicht, kann die Dimension der Bild*wirkung* auf Rezipientinnen mit den beiden Methoden nicht erfasst werden. Für diesen Gegenstandsbereich sind alternative Forschungsansätze notwendig.

Lernfragen

- Welche drei Analyseperspektiven kennt die Visuelle Kommunikationsforschung?
- Was ist mit der Unterscheidung in immaterielle und materielle Bilder gemeint?
- Was ist unter dem Begriff Bildtyp zu verstehen und was wären Beispiele für Bildtypen?
- Was sind ikonische Fotos?
- Was ist mit der Aussage gemeint, dass die Visuelle Kontextanalyse in der Regel multimodal ausgerichtet ist?

Literatur

Texte, die sich explizit auf die Darstellung beziehungsweise Anwendung visueller Methoden beziehen, sind mit * gekennzeichnet.

Bernhardt, Petra & Liebhart, Karin (2020). *Wie Bilder Wahlkampf machen.* Wien: Mandelbaum.

Bernhardt, Petra; Liebhart, Karin & Pribersky, Andreas (2019). *Visuelle Politik. Perspektiven eines politikwissenschaftlichen Forschungsbereichs.* In: *Österreichische Zeitschrift für Politikwissenschaft,* 48(2), 43–54.

Bleiker, Roland (Ed.) (2018). *Visual Global Politics.* London/New York: Routledge/Taylor & Francis Group.

Bock, Annekatrin; Isermann, Holger & Knieper, Thomas (2011). *Ikonologische Kontextanalyse.* In: Peterson, Thomas & Schwender, Clemens (Hg.). *Die Entschlüsselung der Bilder. Methoden zur Erforschung visueller Kommunikation.* Köln: Herbert von Halem, 56–71.

Drechsel, Benjamin (2007). *Was ist ein politisches Bild? Einige Überlegungen zur Entwicklung der Politikwissenschaft als Bildwissenschaft.* In: Mitterbauer, Helga & Tragatschnig, Ulrich (Hg.). *Kulturwissenschaftliches Jahrbuch Moderne (Themenschwerpunkt: Iconic Turn).* Innsbruck: Studienverlag, 106–120.

Geise, Stephanie & Lobinger, Katharina (2016). *Nicht standardisierte Methoden Visueller Kommunikationsforschung.* In: Averbeck-Lietz, Stefanie & Meyen, Michael (Hg.). *Handbuch nicht standardisierte Methoden in der Kommunikationswissenschaft.* Wiesbaden: Springer Fachmedien, 499–512.

*Grittmann, Elke (2007). *Das politische Bild. Fotojournalismus und Pressefotografie in Theorie und Empirie.* Köln: Herbert von Halem.

Grittmann, Elke (2009). *Das Bild von Politik. Vom Verschwinden des entscheidenden Moments.* In: *Aus Politik und Zeitgeschichte,* 31, 33–38.

*Grittmann, Elke (2012). *Der Blick auf die Macht. Geschlechterkonstruktionen von Spitzenpersonal in der Bildberichterstattung.* In: Lünenborg, Margreth & Röser, Jutta (Hg.). *Ungleich mächtig. Das Gendering von Führungspersonen aus Politik, Wirtschaft und Wissenschaft in der Medienkommunikation.* Bielefeld: Transcript, 127–171.

*Grittmann, Elke (2018). *Grounded Theory und qualitative Bildanalyse. Die Analyse visueller Geschlechterkonstruktionen in den Medien.* In: Pentzold, Christian; Bischof, Andreas & Heise, Nele (Hg.). *Praxis Grounded Theory. Theoriegenerierendes empirisches Forschen in medienbezogenen Lebenswelten. Ein Lehr- und Arbeitsbuch.* Wiesbaden: Springer, 191–210.

*Grittmann, Elke & Ammann, Ilona (2011). *Quantitative Bildtypenanalyse.* In: Petersen, Thomas & Schwender, Clemens (Hg.). *Die Entschlüsselung der Bilder. Methoden zur Erforschung visueller Kommunikation. Ein Handbuch.* Köln: Herbert von Halem, 163–178.

Hariman, Robert & Lucaites, John Louis (2007). *No Caption Needed: Iconic Photographs, Public Culture, and Liberal Democracy.* Chicago: University of Chicago Press.

*Knieper, Thoma & Müller, Marion G. (2019). *Zur Bedeutung von Bildkontexten und Produktionsprozessen für die Analyse visueller Kommunikation.* In: Lobinger, Katharina (Hg.). *Handbuch Visuelle Kommunikationsforschung.* Wiesbaden: Springer Fachmedien, 515–526.
*Müller, Marion G. (2011). *Ikonografie und Ikonologie, visuelle Kontextanalyse, visuelles Framing.* In: Petersen, Thomas & Schwender, Clemens (Hg.). *Die Entschlüsselung der Bilder. Methoden zur Erforschung visueller Kommunikation. Ein Handbuch.* Köln: Herbert von Halem, 28–55.
*Müller, Marion G. & Geise, Stephanie (2015). *Grundlagen der Visuellen Kommunikation.* 2., überarbeitete Auflage. Konstanz/München: UVK.
Panofsky, Erwin (1978). *Sinn und Deutung in der Bildenden Kunst.* Köln: Dumont.

12 Diskurse analysieren

Barbara Prainsack, Mirjam Pot & Hendrik Wagenaar

12.1 Was sind Diskurse und Diskursanalysen?

Viele jener diskursanalytischen Ansätze, die für politikwissenschaftliche Forschung von Bedeutung sind, verstehen einen Diskurs als soziale Praxis, die nicht nur Texte und gesprochene Worte umfasst, sondern auch soziale Strukturen und andere Teile der materiellen Welt. Es ist die Summe dessen, was zu einem bestimmten Thema sinnvoll sag-, denk- und machbar ist. In anderen Disziplinen und Forschungsansätzen gibt es jedoch andere Definitionen von Diskurs sowie eine Anzahl unterschiedlicher Zugänge zu deren Analyse. Achten Sie folglich immer darauf, welche Definition von Diskurs einer bestimmten Methode zugrunde liegt. Wir orientieren uns in diesem Kapitel zunächst am Diskursbegriff von Michel Foucault und besprechen in weiterer Folge die Grundzüge der Methode der *Critical Discourse Analysis* (CDA), die unter anderem von Norman Fairclough und Ruth Wodak begründet und entwickelt wurde.

WAS BEDEUTET ES, WENN WIR EINEN DISKURS als die Summe dessen definieren, was zu einem Thema sinnvoll sag-, denk- und machbar ist? Dies klingt zunächst sehr weit, bedeutet jedoch nicht, dass alles, was Ihnen einfällt und was Sie an sich denken, sagen oder tun können, Teil eines Diskurses ist. Denn das Gesagte muss *sinnvoll* an das Thema anschließen.

Wenn beispielsweise vom Diskurs über Klimaschutz die Rede ist, dann wäre die Aussage „Gurken sind grün" oder „Erdbeeren sind rot" nicht sinnvoll mit dem Thema Klimaschutz verbunden. Eine Zuhörerin könnte diese Aussagen nicht mit Klimaschutz in Verbindung bringen. Was allerdings schon sinnvoll an das Thema anschließt, sind Aussagen wie „Klimawandel gibt es gar nicht wirklich, das ist eine Erfindung". „Sinnvoll" bedeutet hier nämlich nicht, dass eine Aussage faktenbasiert, logisch oder nachvollziehbar sein muss, sondern lediglich, dass sie in einem erkennbar sinnhaften Bezug zu dem jeweiligen Thema stehen muss.

Wie erwähnt bestehen Diskurse nicht nur aus Text, also geschriebener oder gesprochener Sprache, sondern auch aus anderen sinnhaften Äußerungen und sozialen Praktiken. Auf einer politischen Kundgebung beispielsweise sind nicht nur die Dinge, die die Rednerinnen über Mikrofon kundtun oder die Schilder und Plakate der Teilnehmerinnen Teil des Diskurses, sondern auch ihr Klatschen oder „Buh"-Rufen – und manchen Autorinnen zufolge sogar die Dramaturgie der Veranstaltung. Es ist jedoch nicht Teil des Diskurses, wenn eine Teilnehmerin über einen Randstein stolpert und vor Schmerz aufschreit – weil Phänomene, die Teil eines Diskurses sind, eben sinnhaft mit dem Thema in Verbindung stehen müssen.

Gleichzeitig ist ein Diskurs in der Regel nicht auf einzelne Situationen oder Äußerungen beschränkt. Angenommen, es handelt sich um eine Kundgebung für mehr Klimaschutz: In diesem Fall sind die genannten Äußerungen Teil des Diskurses zum Klimaschutz, der unter anderem auch in politischen Positionspapieren, Klimakonferenzen, medialer Berichterstattung, Bildern und Symbolen etc. sichtbar wird. In der Diskursanalyse wird jedoch davon ausgegangen, dass politische Phänomene nicht nur durch Sprache vermittelt werden – sondern durch Sprache überhaupt erst konstituiert werden. Eine diskursanalytische Untersuchung von Klimaschutz würde also sagen, dass Klimaschutz das Phänomen ist, das durch den Diskurs über Klimaschutz produziert wird (siehe dazu auch Kapitel 2).

Für die praktische Durchführung einer Diskursanalyse brauchen Sie, wie für jedes Forschungsprojekt, eine adäquat eingegrenzte Forschungsfrage. Mit der Forschungsfrage spezifizieren Sie, welchen konkreten Aspekt innerhalb eines Diskurses Sie untersuchen. Mit einer geeigneten Sampling-Strategie wählen Sie im Anschluss aus, welches Material Sie zur Untersuchung des Diskurses heranziehen. Dazu können Sie auf vielfältiges Datenmaterial zurückgreifen wie Policy-Papiere, Zeitungsartikel und Bildmaterial sowie Daten, die Sie mittels Beobachtungen, Interviews oder Fokusgruppen generiert haben. In Diskursanalysen werden oftmals verschiedene Formen von Daten analysiert.

Behalten Sie vor Augen, dass Sie untersuchen, wie sich ein Diskurs in diesem Material manifestiert. Eine Textanalyse von Policy-Papieren oder Social-Media-Postings ist an sich noch keine Diskursanalyse (obwohl diese ein Teil einer Diskursanalyse sein kann). Auch die Nacherzählung einer Debatte, in der Sie die Positionen der involvierten Akteurinnen wiedergeben, die Zusammenfassung einer Diskussion oder einer Handvoll von Zeitungsartikeln sind keine Diskursanalysen. Es handelt sich also nicht um eine Diskursanalyse, wenn Sie darstellen, welche Positionen verschiedene NGOs, das Umweltministerium und die Aktivistinnen der „Fridays for Future"-Bewegung in Bezug auf den Klimawandel vertreten (dies wird als Inhaltsanalyse bezeichnet).

Eine Diskursanalyse – sowie jede andere Form interpretativer Analyse – ist nie nur eine Zusammenfassung des Gesagten, Geschriebenen oder Getanen. Die Diskursanalyse zeigt auf, mit welchen Mitteln ein politisches Phänomen diskursiv konstruiert wird und welche Effekte dies hat. So kann beispielsweise der Diskurs um staatlichen Handlungsspielraum in Bezug auf Klimapolitik untersucht werden: Wir akzeptieren, dass Staaten bestimmte Klimaschutzmaßnahmen als umsetzbar und andere als nicht umsetzbar erachten. Doch mit Rückgriff auf welche Daten, Argumentationsmuster etc. definieren staatliche Akteurinnen „Umsetzbarkeit" und „Nicht-Umsetzbarkeit"? Und welche Implikationen auf klimapolitisches Handeln hat diese spezifische Grenzziehung?

12.2 Diskurse und Macht

In jenen Formen der Diskursanalyse, die durch die Forschungen von Michel Foucault (1980, 1982) geprägt sind, spielt die Analyse von Machtverhältnissen immer eine wichtige Rolle. Dies hat damit zu tun, dass sich Macht – nach Foucault – weitgehend in Diskursen ausdrückt. Diskursanalysen eignen sich folglich gut dafür, um Machtverhältnisse zu analysieren.

Foucaults Verständnis von Macht zeichnet sich dadurch aus, dass er Macht nicht nur als repressiv, sondern auch als produktiv begreift. Das bedeutet, dass Macht nicht nur unterdrückend wirkt, sondern bestimmte Dinge ermöglicht und erschafft (so wie bestimmtes Wissen, bestimmte soziale Beziehungen, bestimmte Identitäten etc.). Wenn Wissenschafterinnen klimatische Veränderungen feststellen, die negative Auswirkungen für menschliches Leben auf der Erde haben und auf Basis dieser Messungen klimapolitische Maßnahmen getroffen werden, drückt sich darin eine Autorität aus, die mit der scheinbar natürlichen Autorität modernen, wissenschaftlichen Wissens verknüpft ist. Die Tatsache, dass wissenschaftliche Forschungsergebnisse mehr Gewicht haben als beispielsweise die Erfahrungsberichte von Menschen, die in Gegenden leben, die bereits sehr stark vom Klimawandel betroffen sind, drückt bereits ein Machtverhältnis aus. Die produktive Wirkung der Macht erstreckt sich also auch auf die Reproduktion bestehender Hierarchien und Herrschaftsverhältnisse.

Die Ausübung von Macht findet darüber hinaus nicht durch eine zentrale Instanz (wie den Staat) von „oben nach unten" statt, sondern Macht ist Bestandteil alltäglicher Praktiken und kommt in den Beziehungen der Menschen untereinander sowie in deren Verhältnis zu Institutionen wie Schul-, Gesundheits- und Sozialsystem, Arbeitswelt, Freizeit- und Kulturindustrie etc. zum Ausdruck. Bei der Wirkweise von Macht spielt Wissen eine zentrale Rolle; Macht und Wissen sind eng miteinander verknüpft. Um beispielsweise ein modernes Schulsystem zu implementieren und am Laufen zu halten, bedarf es organisatorisches Wissen darüber, wie ein solches System auf nationaler Ebene koordiniert werden kann, pädagogisches und didaktisches Wissen von Seiten der Lehrerinnen, Wissen über Schülerinnen (etwa: Wie viele gibt es und was können sie?), Wissen aus Evaluationen, das Aufschluss darüber gibt, ob das Schulsystem seine Funktion gut erfüllt usw.

Dass diese spezifischen Wissensformen über eine scheinbar selbstverständliche Autorität verfügen, ist ein Ausdruck von Macht. Die Festlegung dessen, was als „gutes", solides, faktenbasiertes Wissen gilt, spiegelt gesellschaftliche, ökonomische und disziplinäre Hierarchien wider. Auch die Praktik des Benotens generiert eine spezifische Form von Wissen, die bestehende Machtverhältnisse ausdrückt und vertieft. Das Wissen, das durch die Übersetzung individuellen Könnens in Zahlen entsteht, macht Schülerinnen oder Studierende vergleichbar und ermöglicht es, eine Hierarchisierung unter ihnen vorzunehmen.

Das Schaffen von Hierarchien ist ein weiteres Beispiel für den produktiven Charakter von Macht. Macht in diesem Sinne unterdrückt nicht einfach, sondern strebt danach, dass die Menschen vorherrschende Werte, Ziele, Kategorien und Identitäten übernehmen und internalisieren. Das zeigt sich dann etwa darin, dass die meisten Menschen es als erstrebenswert ansehen, auf einen Schul- oder Universitätsabschluss und gute Noten hinzuarbeiten. (Die Implikationen, die es mit sich bringt, einen oder keinen Schulabschluss zu haben, verdeutlichen, dass Diskurse reale und materielle Auswirkungen haben – und auch dass es als plausibel angesehen, akzeptiert und unterstützt wird, das eigene Können sowie jenes anderer in Zahlen zu messen und dementsprechend soziale Hierarchien zu erstellen.) Tests, Benotungen und öffentliche Diskussionen darüber (beispielsweise über das gute oder schlechte Abschneiden eines Landes beim PISA-Test) sind Teile des Diskurses über das Schulsystem. Macht wirkt folglich weitgehend über Diskurse, in denen immer bestimmte Formen von Wissen relevant und dominant sind, während andere Formen von Wissen nicht wahrgenommen oder explizit ausgeschlossen werden. Über Diskurse werden Menschen heute regiert und regieren sich selbst.

Von Foucault inspirierte Diskursanalysen zeichnen sich dadurch aus, dass sie nachzeichnen, wie sich ein Diskurs entwickelt hat – dies wird als Genealogie bezeichnet. Zudem analysieren sie, wie bestimmte Formen von Wissen und Positionen Verbreitung und Vorherrschaft erlangt haben. Die wichtigsten Fragen, die damit in den Blick genommen werden, sind:

- Was sind die dominanten Positionen in einem Diskurs?
- Welche Positionen werden gehört, welche Positionen werden nicht gehört?
- Warum werden bestimmte Positionen gehört und andere nicht?
- Was gilt als anerkannte Wahrheit?
- Was gilt als relevantes Wissen? Was wird als Nicht-Wissen gesehen?
- Wer produziert Wissen?
- Welche Machtverhältnisse beeinflussen, welche Positionen gehört werden und welche nicht, was als Wissen gilt und was nicht?
- Wie drückt sich die Verbindung von Macht und Wissen aus (etwa in neuen Berufen, in Gesetzen und Regulationen, in Architektur, in neuen sozialen Kategorien etc.)?

12.3 Kritische Diskursanalyse

Die von den Linguistinnen Norman Fairclough und Ruth Wodak entwickelten *Kritische Diskursanalyse (Critical Discourse Analysis, CDA)* (Fairclough 1992, 2001, 2003; Fairclough & Wodak 1997; Wodak & Meyer 2015) ist für die Politikanalyse wichtig, weil sie Macht, Konflikt und Auseinandersetzung in den Mittelpunkt ihres analytischen Ansatzes stellt.

ÄHNLICH WIE FOUCAULT SEHEN die Vertreterinnen der Kritischen Diskursanalyse in unserer Sprache und unseren Praktiken, die die Welt auf scheinbar neutrale Weise darstellen, Ausdrucksformen unterschiedlicher Machtverhältnisse. Vertreterinnen der Kritischen Diskursanalyse haben eine nuancierte und anspruchsvolle Diskurstheorie entwickelt, die unter anderem das Verhältnis von Text und sozialer Praxis artikuliert.

Die Kritische Diskursanalyse bietet ein systematisches Verfahren zur Analyse von Texten als „Fenster" zu (Auseinandersetzungen zwischen) Ideologien und sozialen Praktiken. Fachkundig durchgeführte Kritische Diskursanalysen sind in der Lage, die verborgenen Widersprüche und Spannungen aufzudecken, die sich aus strukturellen Machtunterschieden in alltäglichen politischen und sozialen Praktiken ergeben.

Wie schon mehrmals betont, ist Diskurs allerdings nicht gleichbedeutend mit Text. Texte – die geschrieben oder gesprochen sein können – sind nur ein Teil eines Diskurses. Der Diskurs ist der gesamte Prozess sozialer Interaktion, der Texte – aber auch nicht textuelle Phänomene wie Architektur, Prozesse und Abläufe – produziert. Wenn Sie Texte – wie etwa Medienberichte, Interviews oder Policy-Dokumente – als Teil einer Diskursanalyse untersuchen, dann ist es Teil Ihrer Aufgabe, diese Texte in eine Beziehung zu anderen Elementen der sozialen Wirklichkeit zu setzen, die Teil desselben Diskurses sind. Damit gelingt es, Aspekte der Texte zu sehen (und ultimativ auch zu erklären), die bei oberflächlicher Betrachtung nicht sichtbar sind.

Fairclough definiert Diskurs als „language as social practice determined by social structures" (Fairclough 2001, 14). Das bedeutet, dass Sprache und Gesellschaft nicht unabhängig voneinander, sondern eng miteinander verbundene Phänomene sind. Sprache ist ein Teil der Gesellschaft: Sprachliche Praktiken sind damit immer auch soziale Praktiken; und soziale Praktiken sind zum Teil linguistisch (in dem Sinn, dass die Art, wie wir über die Welt sprechen und denken, auch unsere Realität formt).

In seinem Buch *Analyzing Discourse* (2003) fasst Fairclough das dynamische Verhältnis zwischen Sprache und Gesellschaft wie folgt zusammen (siehe Abb. 12.1).

Sozialer Bereich	**Sprachlicher Bereich**
Soziale Strukturen	Sprache
Soziale Praktiken	Ordnung des Diskurses
Soziale Ereignisse	Texte

Abb. 12.1: Das Verhältnis zwischen Sprache und Gesellschaft. Quelle: Fairclough 2003, 24; adaptiert

In der Gesellschaft üben *soziale Strukturen* (denken Sie an eine Wirtschaftsordnung oder eine bestimmte institutionelle Struktur) ihren Einfluss auf soziale Akteurinnen aus, indem sie Handlungsmöglichkeiten definieren. Allerdings ist die Beziehung zwischen der Menge der strukturellen Möglichkeiten und dem, was tatsächlich geschieht – also zwischen der Struktur und dem tatsächlichen Ereignis –, weder direkt noch linear. Diese Beziehung wird durch soziale Praktiken vermittelt. *Soziale Praktiken*, so argumentiert Fairclough, „can be thought of as ways of controlling the selection of certain structural possibilities and the exclusion of others, and the retention of these selections over time" (Fairclough 2003, 24). Ähnlich wie in der Gesellschaft verhält es sich im sprachlichen Bereich: Ein bestimmter *Text* (etwa ein politisches Dokument oder ein Zeitungsartikel) ist wie ein soziales Ereignis. Er wird durch die soziale Struktur und durch die Sprache geformt, aber nicht auf eine lineare, deterministische Weise.

Die sprachlich vermittelnde Struktur ist die „Ordnung des Diskurses". Dieser Begriff ist zentral für die Kritische Diskursanalyse. Wenn wir beispielsweise über Wirtschaft sprechen, greifen wir dazu auf die professionelle Sprache von Wirtschaftsforscherinnen zurück. Die Rede ist von Markt, Budget, Inflation, Defizit, Wachstum und so weiter. Die Erfahrungssprache gewöhnlicher Menschen hingegen hat keinen Platz in diesem Diskurs. Deshalb hören wir in diesem Zusammenhang nicht von finanzieller Not, Schwierigkeiten die Miete zu zahlen, langen Arbeitstagen, niedriger Bezahlung etc., obwohl diese Seite ebenso ein Aspekt des wirtschaftlichen Lebens ist. Fairclough definiert Diskursordnung als ein „network of social practices in its language aspect (...) (that) control linguistic variability for particular areas of social life" (Fairclough 2003, 24). Stellen Sie sich Diskursordnungen als den sprachlichen Ausdruck von institutionalisierten Bereichen sozialer Aktivität vor. Wenn man nicht die „richtige Sprache" spricht, wird man nicht als legitimes Mitglied einer bestimmten sozialen Gruppe akzeptiert. Auf diese Weise organisieren, erhalten und reproduzieren Diskursordnungen die gesellschaftliche Ordnung.

Fairclough fasst das Ziel der Kritischen Diskursanalyse wie folgt zusammen: „So in seeing language as discourse and as a social practice, one is committing oneself not just to analysing texts, nor just to analysing processes of production and interpretation, but to analysing the relationship between texts, processes, and their social conditions, both the immediate conditions of the situational context and the more remote conditions of institutional and social structures. Or (...) the relationships between *texts*, *interactions*, and *contexts*" (Fairclough 2001, 21; kursiv im Original).

12.4 Macht, Ideologie und Konflikt

MACHT, IDEOLOGIE UND KONFLIKT SIND zentrale Kategorien in der Kritischen Diskursanalyse. Fairclough argumentiert, dass soziale Interaktion, einschließlich sprachlicher Interaktion, durch alle möglichen Arten von Konventionen geprägt sind. Diese Konventionen erscheinen den beteiligten Akteurinnen als „normal", als dem gesunden Menschenverstand entsprechend; tatsächlich drücken sie jedoch Machtverhältnisse aus.

Ein Beispiel wäre die Art und Weise, wie wir uns am Arbeitsplatz (entweder als Angestellte oder als Chefin) oder an der Universität (entweder als Studentin oder Professorin) verhalten. In diesen Fällen füllen wir ziemlich klar umrissene soziale Rollen auf eine Weise aus, die uns zu kompetenten Mitgliedern einer bestimmten Gesellschaft machen. (Um eine Vorstellung von dem Ausmaß zu bekommen, in dem solche Konventionen jeden Aspekt des Lebens durchdringen, denken Sie an die Verwirrung, die wir erleben, wenn wir uns in einer anderen Kultur wiederfinden.)

Fairclough argumentiert, dass solche Konventionen für die Diskursanalyse aus einer Reihe von Gründen von Bedeutung sind. Erstens drücken sie Machtverhältnisse in unserer Gesellschaft aus. Zwischen einer Ärztin und einer Patientin oder einer Chefin und ihren Mitarbeiterinnen gibt es klare Unterschiede in Bezug auf Macht und Einfluss. Zweitens sind diese Machtunterschiede meist verdeckt. (Selbst in Gesellschaften, die sich als egalitär verstehen, haben Ärztinnen, Konzernchefinnen und Professorinnen mehr Einfluss auf die Gestaltung sozialer Interaktionen als Patientinnen, Angestellte und Studentinnen.) Drittens wirkt die verborgene Natur dieser Machtunterschiede durch Ideologie.

Ideologien normalisieren und legitimieren Machtgefälle. Ein wichtiges Mittel, um dies zu tun, ist die Sprache – genauer gesagt: sprachliche Praktiken. So war es bis vor einiger Zeit eine akzeptierte Praxis, dass Frauen beruflich nicht aufsteigen. Dies wurde damit legitimiert (oftmals durch Frauen selbst), dass es die Rolle von Frauen sei, sich um Kinder und Haushalt zu kümmern, oder dass sie „zu emotional" seien, um den Aufgaben in höheren Positionen gerecht zu werden. Dieses Machtgefälle wurde (und wird es zum Teil noch immer) durch sprachliche Praktiken naturalisiert, etwa durch die Verwendung ausschließlich männlicher Berufsbezeichnungen oder sexistischer Witze. Wie das Beispiel zeigt und wie wir oben ausgeführt haben, wird Macht in der modernen Gesellschaft diskursiv ausgeübt. Sie funktioniert durch eine Fülle von Praktiken und Techniken, die alle miteinander verknüpft und Ausdruck der größeren sozialen Ordnung sind (Fairclough 1992, 55). In der Tat verleiht die Kombination aus der scheinbar selbstverständlichen (und genau deshalb oft nicht sichtbaren) Natur der Macht und ihrer Verankerung in einem dichten Netzwerk verwandter sozialer Praktiken ihr einen hegemonialen Charakter. In ihrer wirksamsten, hegemonialen Form erscheint uns die Macht als die natürliche Ordnung.

Für die Zwecke der Diskursanalyse ist es wichtig, zwischen Macht *im* Diskurs und Macht *hinter* dem Diskurs zu unterscheiden (Fairclough 2001, 36). Macht im Diskurs bezieht sich auf all die kleinen grammatikalischen Hinweise in einem Text, die der Leserin signalisieren, wie sie diesen Text zu interpretieren hat. Der Soziolinguist James Gee spricht von „Kontextualisierungssignalen", die er als Hinweise darauf definiert, „as to what the speaker takes the context to be and how the speaker wants the hearer to construct that context (where by 'context' I mean what the speaker assumes the world – including places, people, and their minds – to be like in relation to the current communication" (Gee 1990, 106). Zum Kontext gehören auch Signale, wie die Sprecherin möchte, dass wir sie sehen; das Bild oder der Eindruck, den sie vermitteln möchte (ebd.). Die Bedeutung der Kontextualisierungssignale in der Diskursanalyse liegt darin, dass sie Informationen signalisieren, die nicht in den inhaltlichen Informationen des Textes enthalten sind.

Fairclough nennt das Beispiel eines Austauschs zwischen einem Arzt und einer Gruppe von Studierenden der Medizin (Fairclough 2001, 37f.). Die grammatikalischen Formen, in denen der Arzt seine Fragen formuliert, die pointierten Pausen in strategischen Momenten, die spezifischen Momente, in denen der Arzt die Initiative ergreift, tragen alle dazu bei, die unterschiedlichen Rollen und Identitäten zu vermitteln, die diese Situation als Teil einer Mentorinnen-Schülerinnen-Beziehung strukturieren. Nach Fairclough haben viele dieser Kontextualisierungssignale eine einschränkende Wirkung. Sie formen den Inhalt dessen, was gesagt oder getan wird, die sozialen Beziehungen, die Menschen eingehen, und die Subjektpositionen, die sie einnehmen können (Fairclough 2001, 39).

Damit Macht jedoch wirklich effektiv sein kann, muss sie auch „hinter" dem Diskurs stehen. Ein gutes Beispiel für diese besondere Form der diskursiven Macht ist die Erhebung bestimmter Sprech- und Schreibweisen zur allgemein akzeptierten Standardsprache. Die Standardsprache wird dann mit Konnotationen wie zivilisiert, korrekt, rational, das erforderliche Bildungsniveau demonstrierend etc. besetzt, während alle anderen Varianten der Sprache als minderwertig oder defizitär und daher weniger legitim angesehen werden. Diesem Phänomen begegnet man oft in Interaktionen zwischen Bürgerinnen und Beamtinnen oder anderen Fachleuten. In solchen

Begegnungen haben es Bürgerinnen oft schwer, ihren Standpunkt zu vermitteln, weil sie nicht die „richtige" Sprache verwenden – wobei „richtig" hier formale oder technische Fachsprache meint. Allgemeiner ausgedrückt bezieht sich die Macht hinter dem Diskurs auf die Fähigkeit, der jeweiligen Situation eine bestimmte Form sozialer Interaktion aufzuerlegen. Im obigen Beispiel hat der Arzt die Fähigkeit, allen Beteiligten in der Situation (einschließlich Krankenpflegerinnen und Patientinnen) das Format einer Mentorinnen-Schülerinnen-Begegnung aufzuerlegen. Er könnte aber auch die Situation ändern, indem er zum Beispiel signalisiert, dass er eine informellere und kollegialere Art der Interaktion bevorzugt.

Macht im und hinter dem Diskurs geht an manchen Stellen ineinander über. Eine der wichtigsten Funktionen von Kontextualisierungshinweisen ist, dass sie der Leserin oder Hörerin eines Textes Annahmen auferlegen. Jede Leserin oder Hörerin muss diese Annahmen akzeptieren – auch wenn sie ihnen nicht zustimmt –, um den Sinn eines Textes zu erfassen (Fairclough 2001, 69). Wenn zum Beispiel in einem Zeitungsbericht über eine Bürgerinnenversammlung steht: „Die Beteiligung war enttäuschend gering. Nur wenige Einwohnerinnen der Stadt X waren bereit, sich auf eine Debatte mit den Beamtinnen über Y einzulassen", dann strotzen diese Sätze förmlich vor Annahmen. Die Verbindung von geringer Anwesenheit und geringer Motivation legt eine Erklärung nahe, die darauf hinausläuft, dass die Bürgerinnen im Allgemeinen nicht sehr interessiert an Regierungsangelegenheiten sind.

Dies passt zu einer Reihe von seit Langem bestehenden Einwänden gegenüber der partizipativen Demokratie, in denen Bürgerinnen immer wieder so dargestellt werden, als fehlten ihnen die notwendigen Kenntnisse, Fähigkeiten und die Motivation, sich an der Lösung der komplexen Probleme der modernen Gesellschaft zu beteiligen. Die alternative Möglichkeit, dass das Treffen vielleicht schlecht organisiert war, dass das Format so unattraktiv war, dass es sich für die meisten Bürgerinnen nicht lohnte, ihre kostbare Zeit darauf zu verwenden, oder dass die Bürgerinnen wussten, dass die Sache bereits beschlossen war, wird durch die besondere Art und Weise ausgeschlossen, wie diese Sätze verfasst wurden.

Wir begreifen die Bedeutung von Texten, weil wir einen gemeinsamen Hintergrund haben. Der gemeinsame Hintergrund ist jedoch nicht einfach da – er wird von uns gemeinsam in jeder Situation und jeder Sekunde unserer Interaktion mit anderen geschaffen und aufrechterhalten, wobei manche Menschen mehr Einfluss haben als andere. Wie Fairclough feststellt: „(T)he capacity to exercise social power, domination and hegemony includes the capacity to shape to some significant degree the nature and content of this 'common ground'" (Fairclough 2003, 55). Die häufigste Art und Weise, den gemeinsamen Hintergrund in einem Diskurs zu erkennen, ist die Analyse verschiedener Arten von Annahmen. Dies sind etwa existenzielle Annahmen (über das, was existiert), propositionale Annahmen (über das, was der Fall ist, sein kann oder sein wird) und Wertannahmen (darüber, was gut, schlecht, wünschenswert oder unerwünscht ist). Jede dieser Annahmen wird bei der Leserin oder Hörerin durch die sprachlichen Merkmale eines Textes hervorgerufen.

Solche Annahmen in einem Text (häufig durch die Manipulation des geteilten Hintergrundwissens des Publikums) sind ein Beispiel für die Arbeit der Macht. Je besser die Autorin die angenommene Welt des Textes als gesunden Menschenverstand darstellen kann, desto effektiver ist ihre inhaltliche Botschaft. Und je mehr eine Autorin in der Lage ist zu suggerieren, dass die Annahmen des Textes universell sind, desto mehr ist es ihr gelungen, ihre Botschaft zu „hegemonisieren". In diskursiven Begriffen ist Ideologie „common sense in the service of unequal relations of power" (Fairclough 2001, 70).

Lernfragen

- Was sind Diskurse?
- Inwiefern unterscheiden sich Diskursanalyen von Text- oder Inhaltsanalysen?
- Wie lässt sich der Begriff „Macht" nach Michel Foucault beschreiben?
- Welche Rolle spielt Michel Foucaults Machtbegriff in der Diskursanalyse?
- Wie hängen (nach Norman Fairclough) Sprache und soziale Praxis zusammen?

Literatur

Fairclough, Norman (1992). *Discourse and social change.* Cambridge: Polity Press.

Fairclough, Norman & Wodak, Ruth (1997). *Critical Discourse Analysis. An Overview.* In: Dijk, Teun A. van (Ed.). *Discourse as Social Interaction,* Vol. 2. London: Sage, 258–284.

Fairclough, Norman (2001). *Language and power.* Harlow: Longman.

Fairclough, Norman (2003). *Analysing discourse: Textual analysis for social research.* London: Routledge.

Foucault, Michel (1980). *Power/knowledge: Selected interviews and other writings, 1972–1977*. New York: Pantheon Books.
Foucault, Michel (1982). *The subject and power*. In: *Critical Inquiry*, 8(4), 777–795.
Gee, James (1990). *Social linguistics and literacies: Ideology in discourses*. London: Falmer Press.
Wodak, Ruth & Meyer, Michael (Eds.) (2015). *Methods of critical discourse studies*. Los Angeles: Sage.

Weiterführende Literatur

Bacchi, Carol Lee (1999). *Women, policy and politics: The construction of policy problems*. London: Sage.
Jäger, Siegfried (2015). *Kritische Diskursanalye. Eine Einführung*. Münster: Unrast.
Jäger, Margarete & Jäger, Siegfried (2007). *Deutungskämpfe. Theorie und Praxis kritischer Diskursanalyse*. Wiesbaden: VS Verlag für Sozialwissenschaften.
Keller, Reiner (Hg.) (2010). *Handbuch Sozialwissenschaftliche Diskursanalyse. Teil 2: Forschungspraxis*. Wiesbaden: VS Verlag für Sozialwissenschaften.
Keller, Reiner (Hg.) (2011). *Handbuch Sozialwissenschaftliche Diskursanalyse. Teil 1: Theorien und Methoden*. Wiesbaden: VS Verlag für Sozialwissenschaften.
Lemke, Thomas (2016). *Biopolitik zur Einführung*. Hamburg: Junius.
Mills, Sara (2007). *Der Diskurs: Begriff, Theorie, Praxis*. Tübingen: Francke.

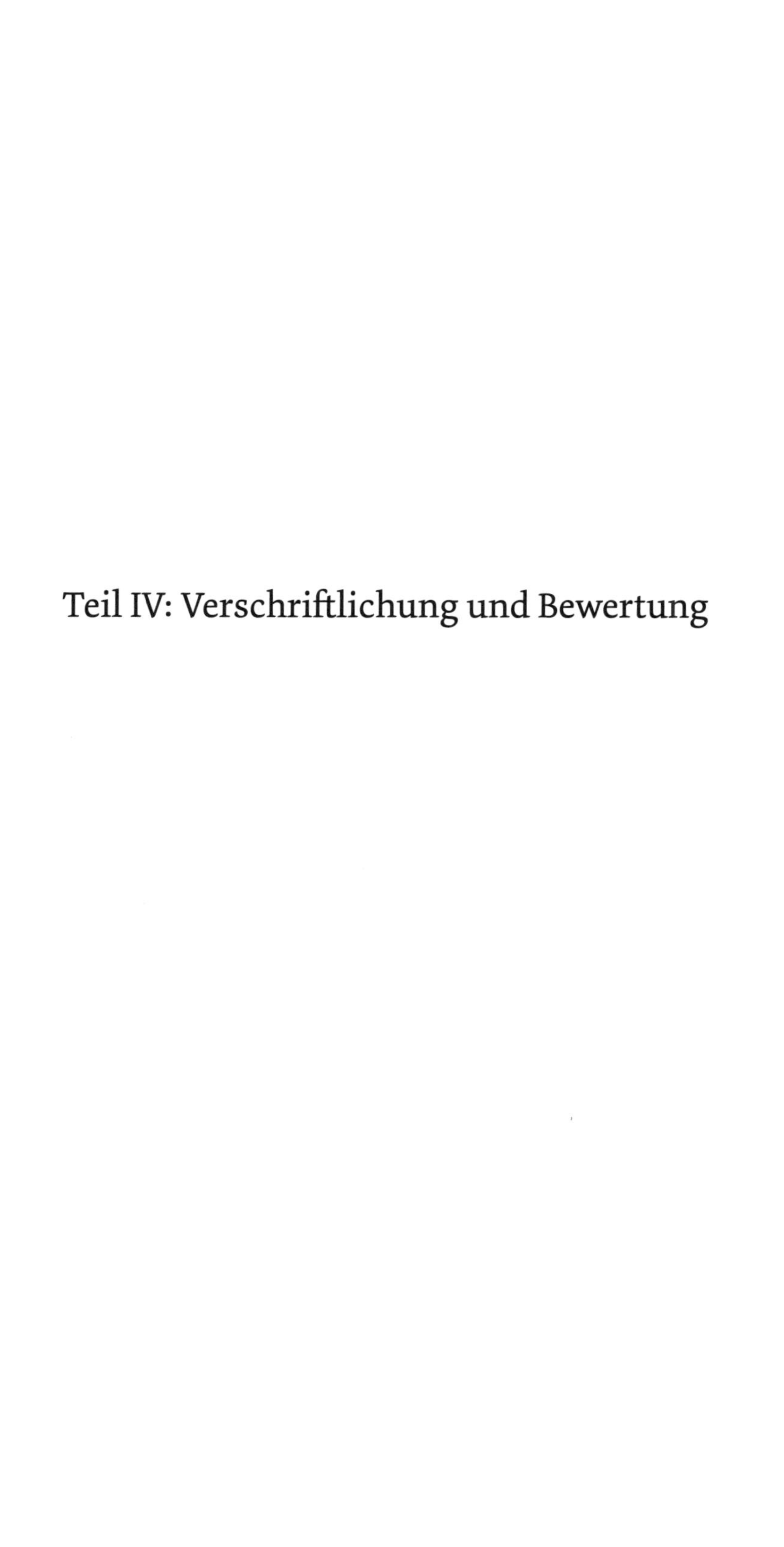

Teil IV: Verschriftlichung und Bewertung

13 Forschungsberichte verfassen

Barbara Prainsack & Mirjam Pot

13.1 Schreiben als Teil der Analyse

Forschungsberichte dienen dazu, andere Personen über Ihre Forschung zu informieren. Wir verwenden den Begriff Forschungsbericht als Sammelbegriff für Seminararbeiten, Abschlussarbeiten im Studium, Artikel in Fachzeitschriften oder Berichte für Förder- und Auftraggeberinnen, die auf der Basis empirischer Forschung erstellt werden. In diesen Berichten beschreiben Sie, was Sie warum gemacht haben, wie Sie vorgegangen sind, was die Resultate Ihrer Arbeit sind und was diese bedeuten.

Wie Sie mittlerweile wissen, sind die Datenerhebung und die Analyse in der qualitativen Forschung für gewöhnlich ineinander verschränkt; sie sind keine strikt getrennten, aufeinanderfolgenden Phasen. Dies gilt auch für die Datenanalyse und das Verfassen des Forschungsberichts. Natürlich machen Sie nicht alles, von der Datenerhebung bis zum Schreiben, auf einmal, doch der Anfang der Analysephase überlappt mit der Datenerhebung und das Ende der Analyse mit dem Erstellen des Berichts. Dies liegt daran, dass Schreiben oftmals ein Denk- und Analyseprozess ist. Manche Gedanken und Argumente bringt man erst durch das Schreiben gänzlich zu Ende. Dasselbe gilt für die Analyse. Während Sie Ihre ersten Ergebnisse verschriftlichen, werden Sie merken, dass diese hie und da noch nicht ganz akkurat die Essenz Ihres Datenmaterials fassen. Dies merkt man jedoch oftmals erst, wenn man beginnt, die ersten Ideen aus der Analyse aufzuschreiben.

Das bedeutet, dass das Schreiben ein iterativer Prozess ist. Dies trifft auch auf die Datenerhebung und -analyse zu und bedeutet, dass dies wiederkehrende Phasen sind. Sie generieren Daten, beginnen mit der Analyse, merken, dass Sie weitere Daten benötigen, und generieren weitere Daten. Dasselbe gilt für die Analyse und das Verschriftlichen Ihrer Ergebnisse. Sie analysieren, verschriftlichen, kehren zur Analyse zurück, dann wieder zum Text. Dies wiederum impliziert, dass Sie eher früher als später mit dem Schreiben beginnen sollten.

DER FORSCHUNGSBERICHT IST nicht nur das Endprodukt Ihrer Forschung, sondern die Arbeit daran unterstützt auch Ihre Analyse. Beginnen Sie also zu schreiben, sobald Sie eine ungefähre Ahnung haben, in welche Richtung sich Ihre Analyse bewegt.

Die Details der Analyse erarbeiten Sie sich teilweise im Schreibprozess. Das bedeutet jedoch auch, dass Sie Ihren Text im Laufe dieses Prozesses öfters überarbeiten und ändern müssen; doch dies ist ein normaler Bestandteil des Verfassens wissenschaftlicher Arbeiten im Allgemeinen.

13.2 Aufbau und Stil des Forschungsberichtes

Wir besprechen weiter unten die einzelnen Teile, aus denen ein Forschungsbericht besteht. Die grobe Struktur von Forschungsberichten ist an sich immer gleich. Ein Forschungsbericht besteht normalerweise aus folgenden Teilen beziehungsweise Kapiteln:

1. Einleitung (inklusive eines Überblickes über die bestehende Literatur zum Thema),
2. Methodenteil (inklusive Reflexion über Forschungsethik),
3. Ergebnisteil,
4. Diskussion,
5. Zusammenfassung und Conclusio.

Je nach Kontext und Art Ihres Berichts werden Sie darüber hinaus jedoch auch spezifische Richtlinien zum Aufbau beachten müssen. So kann sich die Gewichtung der einzelnen Teile unterscheiden. Oder es kann sein, dass Sie die einzelnen Teile in mehrere Kapitel aufgliedern müssen. Machen Sie sich deshalb rechtzeitig mit den konkreten Vorgaben der Studienprogrammleitung, Ihrer Fördergeberin oder der Zeitschrift vertraut, in der Sie veröffentlichen möchten. Neben der Beschäftigung mit den formalen Kriterien sollten Sie sich, bevor Sie mit der Verschriftlichung beginnen, auch nochmals vor Augen führen, was das Ziel Ihres Berichtes ist. Überlegen Sie: Was sind meine wichtigsten Ergebnisse? Wem möchte ich sie mitteilen? Warum möchte ich sie mitteilen? Was möchte ich damit erreichen?

INSBESONDERE DIE FRAGE DANACH, für welche Leserinnen Sie schreiben und wer die Zielgruppe Ihrer Arbeit ist, sollten Sie vor Beginn des Schreibens eindeutig beantworten können. Dies ist relevant, da Sie Ihren Bericht in Struktur, Aufbau und inhaltlichem Detail an Ihre Leserinnen anpassen sollten.

Überlegen Sie, warum sich Ihre Leserinnen für Ihre Forschung interessieren. Wenn Sie für die Person schreiben, die Ihre Arbeit benotet, geht es wahrscheinlich darum zu demonstrieren, dass Sie imstande sind, eigenständig wissenschaftlich zu arbeiten, das heißt, ein überzeugendes Forschungsprojekt zu konzipieren und umzusetzen. Wenn Sie für die Leserinnen einer Fachzeitschrift schreiben, geht es in erster Linie darum, neue und interessante Ergebnisse zu präsentieren. In der angewandten Forschung hingegen steht die praktische Implementierung Ihrer Resultate im Vordergrund. Aus dem Erkenntnisinteresse Ihrer Leserinnen ergibt sich für Sie auch eine Anleitung für die Strukturierung des Berichts und die Frage, wie lange die unterschiedlichen Teile gestaltet sein sollen.

Außerdem können Sie von Ihrer Leserinnenschaft darauf schließen, welcher Schreibstil angemessen ist. Um Ihren Leserinnen entgegenzukommen (letztlich ist dies jedoch in Ihrem eigenen Interesse), sollten Sie Ihren Bericht so verfassen, dass er gut verständlich und ansprechend ist. Es wird davon abgeraten, einen komplizierten, wissenschaftlich klingenden Schreibstil nachzuahmen, der allzu oft substanzielle Inhalte ersetzt. Selbstverständlich müssen Sie in der Lage sein, Fachbegriffe richtig zu verwenden, doch zu viel Jargon und abstrakte Begrifflichkeiten beeinträchtigen die Verständlichkeit des Textes. (Dies haben Sie vermutlich beim Lesen wissenschaftlicher Texte auch selbst bereits erfahren.) Generell gilt: Wenn Sie einen komplizierten Zusammenhang oder ein komplexes Phänomen in einfacher Sprache darstellen können, dann zeigen Sie der Leserin, dass Sie die Materie durchdrungen haben und wirklich verstehen.

Versuchen Sie deshalb, Ihre Ergebnisse in einfachen Worten darzustellen und auch die Inhalte der existierenden Literatur in Ihren eigenen Worten wiederzugeben. Gleichzeitig verständlich und mit analytischer Tiefe zu schreiben – das ist nicht einfach und muss geübt werden. Sie werden sehen, dass es mit zunehmender Schreiberfahrung leichter wird. Dabei kann es hilfreich sein, qualitative Forschungsartikel, die Sie besonders ansprechend geschrieben finden, durchzulesen und sich bewusst anzusehen, wie diese sprachlich und vom Aufbau her gestaltet sind. Sie können auch Ihre Betreuerin um Empfehlungen bitten.

Wenn Sie wissenschaftliche Abschlussarbeiten im Rahmen Ihres Studiums verfassen, ist es oftmals so, dass Ihre Arbeit nur von einer oder einigen wenigen Personen gelesen wird. In diesem Zusammenhang kann es nützlich sein, wenn Sie sich darüber hinaus weitere konkrete Leserinnen vorstellen. Überlegen Sie, wem Sie gerne von Ihrer Forschung und dem, was Sie herausgefunden haben, erzählen möchten. Dies kann eine interessierte Freundin sein, die Autorin eines Buches, mit dem Sie sich beschäftigt haben, oder eine Politikerin. Auch wenn nicht alle Leserinnen, die Sie sich vorstellen, Ihren Forschungsbericht tatsächlich lesen werden, kann dieses Gedankenexperiment hilfreich sein, um einen lebendigeren Text zu verfassen.

13.3 Die Einleitung

Der inhaltliche Teil jedes Forschungsberichts beginnt mit einer Einleitung. Vor der Einleitung besteht der Bericht aus einem Deckblatt und dem Inhaltsverzeichnis, gegebenenfalls auch noch aus einem Abbildungsverzeichnis sowie einem Vorwort (manchmal mit Danksagungen) – in dieser Reihenfolge. Überlegen Sie sich auch eine ansprechende Überschrift, die auf einen Blick deutlich macht, worum es in Ihrem Bericht geht. In den meisten Fällen ist es nicht ratsam, die Forschungsfrage als Titel zu verwenden, weil sie zu lang und oft „technisch" formuliert ist. Obwohl der Forschungsbericht mit der Einleitung beginnt, schreiben manche Wissenschafterinnen die Einleitung erst ganz am Ende. Dies hängt damit zusammen, dass sich der Fokus der Analyse und des Berichts während der Verschriftlichung noch etwas verändern kann. Da es wichtig ist, dass die einzelnen Teile des Berichts gut zusammenpassen und aufeinander aufbauen, kann es notwendig sein, die Einleitung nochmals umzuschreiben, wenn Sie sie ganz am Anfang des Schreibprozesses verfassen. Bezüglich der Länge gilt, dass Einleitungen ungefähr zehn bis zwanzig Prozent des gesamten Textes ausmachen sollten.

JEDE EINLEITUNG SOLLTE drei Aspekte abdecken: Einführung in das Thema, Darstellung des aktuellen Forschungsstands und Darstellung der Forschungslücke, zu deren Schließung Sie beitragen möchten.

Im ersten Abschnitt der Einleitung beschreiben Sie das Thema, in dem Ihre Forschung verortet ist. Einleitungen beginnen oftmals mit einem Verweis auf ein aktuelles politisches Ereignis oder eine gesellschaftliche Entwicklung, die der Leserin vertraut ist und mit der das untersuchte Phänomen in Zusammenhang steht. Sie geben einen kurzen Überblick über das Phänomen, beschreiben, welche Aspekte das Phänomen kennzeichnen, wie es sich entwickelt hat etc. Selbst wenn sich Ihr Forschungsbericht an Wissenschafterinnen in Ihrem eigenen Fachgebiet richtet, sollte die Einleitung so geschrieben sein, dass auch Personen, die selbst nicht genau in diesem Themenbereich forschen, klar nachvollziehen können, worum es geht. Nehmen Sie Ihre Leserinnen also Schritt für Schritt bei der Hand und führen Sie sie durch Ihr Thema. Fangen Sie beim Allgemeinen an und arbeiten Sie sich zum Spezifischen vor.

Im zweiten Abschnitt der Einleitung geben Sie einen kurzen Überblick darüber, was andere Forscherinnen bisher zu Ihrem Thema gesagt haben. (Dieser Teil Ihres Berichts ist manchmal auch ein eigenes Kapitel, das auf die Einleitung folgt.) Hier fassen Sie die wichtigste wissenschaftliche Literatur zu Ihrem Thema zusammen, das heißt, Sie geben den aktuellen Forschungsstand wieder. Achten Sie darauf, dass Sie bei der Darstellung der bestehenden Literatur nicht zu sehr ins Detail gehen, sondern Ihren Leserinnen tatsächlich einen Überblick verschaffen. Dabei sollten Sie nicht einfach nur auflisten, wer was gesagt hat, sondern die Literatur sinnvoll gruppieren. Eine solche Gruppierung können Sie nach verschiedenen Kriterien vornehmen, beispielsweise nach bisher untersuchten Aspekten des Themas, nach verwendeten Methoden oder entlang der theoretischen Perspektiven der anderen Autorinnen. Beiträge in Sammelbänden, Hand- und Lehrbüchern bieten oftmals Übersichten über den Forschungsstand, an denen Sie sich orientieren können. Der Überblick über die bestehende Literatur dient nicht nur dazu festzuhalten, was die Wissenschaft schon alles über das Phänomen weiß, sondern auch, was sie noch nicht weiß. Ein zentraler Punkt dieses Abschnitts ist es, eine oder mehrere Forschungslücken zu identifizieren.

Im dritten Abschnitt der Einleitung erklären Sie, was Sie im vorliegenden Bericht machen und warum dies relevant ist. Hier schließen Sie an eine in der Literatur identifizierte Lücke an. Aus der jeweiligen Lücke ergibt sich Ihre Forschungsfrage, welche Sie ebenfalls in diesem Teil der Einleitung explizit nennen. Das heißt, es reicht nicht einfach aus, das Thema Ihrer Forschung zu beschreiben, sondern die Forschungsfrage muss als tatsächliche Frage formuliert werden. Zusätzlich geben Sie hier an, was Ihre Annahmen über das Phänomen sind, und erklären den theoretischen und konzeptionellen Rahmen Ihrer Studie. Beachten Sie, dass es sich bei den Annahmen nicht um Hypothesen handelt; Hypothesen werden nur in der quantitativen Forschung formuliert. Bei Annahmen in der qualitativen Forschung geht es darum offenzulegen, welche Dinge Sie als gegeben annehmen und nicht näher untersuchen, und auch (wenn dies zutrifft) welche Vermutungen Sie vor dem Beginn der Forschungsarbeit hinsichtlich Ihrer Ergebnisse hatten.

Mit theoretischem und konzeptionellem Rahmen ist gemeint, dass Sie angeben, in welcher größeren theoretischen Tradition Ihre Arbeit verortet ist. Ist Ihr Blick auf das Phänomen beispielsweise durch poststrukturalistische, marxistische oder Annahmen der Politische-Kultur-Forschung geprägt? Wenn Sie induktiv forschen (was in der qualitativen Forschung meist der Fall ist und woran sich auch dieses Lehrbuch orientiert; siehe Kapitel 1), ist es das Ziel Ihrer Forschung, auf Basis Ihrer Daten einen Beitrag zur Theorieentwicklung zu leisten. Es geht an dieser Stelle also nicht darum, vorab eine detaillierte Theorie zu präsentieren, die Sie auf Ihre Daten anwenden, sondern transparent zu machen, was Ihre grundlegenden theoretischen Annahmen über ein Phänomen sind. Das Gleiche gilt, wenn Sie mit bestimmten Konzepten arbeiten, etwa Gerechtigkeit, Solidarität, Rassismus oder Geschlecht. In diesem Fall machen Sie zu Beginn (und mittels Bezugs auf theoretische Literatur) klar, was Sie unter diesen Begriffen verstehen. Doch auch hier gilt, dass Sie damit nur offenlegen, was Ihre Ausgangsposition ist. Ausführungen zum theoretischen und konzeptionellen Rahmen werden manchmal in einem eigenen Kapitel dargestellt.

Die Einleitung endet damit, dass Sie verdeutlichen, warum die Beantwortung Ihrer Forschungsfrage relevant ist. Um die Relevanz Ihrer Forschung zu bestimmen, sollten Sie sich überlegen, warum, für wen und wie die Beantwortung Ihrer Forschungsfrage wichtig ist. Sie füllen damit wahrscheinlich eine Forschungslücke. Doch warum ist es wichtig, diese Lücke überhaupt zu schließen?

13.4 Methoden und Forschungsethik

Im Methodenteil stellen Sie dar, wie Sie bei der Durchführung Ihrer Forschung methodisch vorgegangen sind. Sie sollten dabei alle im Folgenden genannten Punkte abdecken und jeweils beschreiben, was Sie gemacht haben, und erklären, warum Sie dies gemacht haben.

- Forschungsdesign: Was ist Ihre Analyseeinheit (zum Beispiel eine politische Maßnahme, ein Politikfeld, ein Diskurs, eine politische Organisation)? Führen Sie eine vergleichende Studie durch? Wie viele und welche Fälle vergleichen Sie?
- Sampling: Wie sind Sie bei der Auswahl des Falles beziehungsweise der Fälle, die Sie untersuchen, vorgegangen? Bei der Auswahl der

Forschungsteilnehmerinnen? Welche wichtigen Merkmale weisen der Fall beziehungsweise die Fälle und die Teilnehmerinnen auf?
- Kontaktaufnahme und Rekrutierung: Wie sind Sie mit Ihren Forschungsteilnehmerinnen in Kontakt getreten? Wie haben Sie sie zur Teilnahme motiviert? Wie viele Personen haben Sie kontaktiert und wie viele haben letztlich teilgenommen?
- Methode(n) der Datengenerierung: Welche Methode(n) verwenden Sie zur Datengenerierung (eventuell auch in welcher Reihenfolge)? Warum haben Sie sich für diese Methode(n) entschieden?
- Beschreibung des Datenmaterials: Woraus setzt sich Ihr empirisches Material zusammen? Welchen Umfang hat es? Welche Merkmale weist es auf? Beispielsweise: Von wem wurden die Dokumente, die Sie analysieren, veröffentlicht? Wie sind Sie aufgebaut und wie lang sind sie?
- Forschungsinstrumente: Welche Forschungsinstrumente verwenden Sie und wie sind diese gestaltet? Beispielsweise: Verwenden Sie einen Interviewleitfaden? Wie ist dieser thematisch aufgebaut?
- Analysemethode(n): Welche Methode(n) wenden Sie zur Analyse Ihrer Daten an (eventuell auch in welcher Reihenfolge)? Warum haben Sie sich für diese Methode(n) entschieden?
- Mögliche Limitationen: Was können Sie mit Ihren Daten und der angewandten Methoden nicht herausfinden? Warum?
- Forschungsethik: Welche forschungsethischen Fragen wirft Ihre Forschung auf? Wie sind Sie damit umgegangen?

Wir gehen an dieser Stelle nicht weiter auf die genannten Punkte ein, da diese in den einzelnen Kapiteln dieses Buches ausführlich besprochen werden. Beachten Sie jedoch, dass sich in studentischen Forschungsprojekten nicht alle methodisch idealen Vorgangsweisen immer zur Gänze umsetzen lassen. Dies kann insbesondere bei der theoretischen Sättigung der Fall sein, weil Sie in Ihrem Forschungsprojekt dazu eventuell nicht genug Zeit haben. Wenn Sie hier Kompromisse eingehen, sollten Sie diese jedoch auf jeden Fall in Ihrem Forschungsbericht als solche kenntlich machen und begründen. Das hilft Ihren Leserinnen, einerseits die Ergebnisse Ihrer Forschung besser einschätzen zu können, andererseits zeigen Sie damit, dass Sie zumindest wissen, welches methodische Vorgehen im Idealfall geboten wäre.

Beim Verfassen des Methodenteils unterstützen Sie jedoch nicht nur die vorangegangenen Kapitel, sondern vor allem auch Ihr Forschungstagebuch. Das Forschungstagebuch ist ein Notizbuch (oder eine Textdokument), in dem Sie alle Ideen, Überlegungen und Entscheidungen zu Ihrer Forschung festhalten. Es ist wichtig, die Entscheidungen vor und während der Datenerhebung und -analyse unmittelbar zu dokumentieren, da Sie damit sicherstellen, dass Sie beim Verfassen des Berichts alle wichtigen Schritte rekonstruieren können. Erwähnt sei an dieser Stelle noch, dass die Beschreibung der Methoden der Datengenerierung allein nicht ausreicht. Ein vollständiger Methodenteil enthält immer auch eine Beschreibung der Analysemethoden. Betreffend den Umfang können Sie sich daran orientieren, dass der Methodenteil ungefähr zehn Prozent des gesamten Berichts ausmachen soll. Ihre Reflexionen zu ethischen Aspekten der Forschung können als eigener Abschnitt in den Methodenteil integriert sein oder in einem eigenen Kapitel präsentiert werden. Doch jeder qualitative Forschungsbericht sollte an irgendeiner Stelle die ethischen Fragen diskutieren, die das jeweilige Projekt aufwirft.

13.5 Empirische Forschungsergebnisse

IM ERGEBNISTEIL PRÄSENTIEREN SIE die wichtigsten Erkenntnisse Ihrer empirischen Forschung, also die Ergebnisse Ihrer Analyse. Dieser Teil ist das Herzstück Ihres Berichts und wird für gewöhnlich in mehrere inhaltlich organisierte Unterkapitel unterteilt. Themen, die Sie in der Analyse identifiziert haben, können Ihnen hier als Gliederung dienen.

Beim Verschriftlichen dieses Teils Ihrer Arbeit sollten Sie Ihre Forschungsfrage immer vor Augen haben. Denn das Ziel ist es, alle relevante empirische Evidenz zu präsentieren, auf deren Basis Sie Ihre Forschungsfrage beantworten. Gleichzeitig sollten Sie darauf achten, nur jene Ergebnisse zu verwenden, die Sie auch tatsächlich zur Beantwortung der Frage benötigen. Das bedeutet, dass der Ergebnisteil nicht einfach alles beinhalten sollte, was Sie im Zuge Ihrer Forschung herausgefunden haben, sondern eben nur jene Informationen, mit denen die Frage beantwortet werden kann. Es gilt hier folglich, einerseits auf Vollständigkeit, andererseits auf Sparsamkeit und Notwendigkeit zu achten. Am Ende des Ergebnisteils beantworten Sie Ihre Forschungsfrage.

Der Ergebnisteil besteht hauptsächlich aus Fließtext, in dem Sie die wichtigsten Resultate der Analyse beschreiben und erklären. Doch ein wichtiger Bestandteil der empirischen Kapitel ist auch die Präsentation von ausgewähltem Datenmaterial, das heißt direkten und indirekten Zitaten. Dies dient einerseits dazu, den Teilnehmerinnen eine Stimme zu geben sowie die Ergebnisse „greifbarer" zu machen und lebendiger zu vermitteln. Andererseits helfen Zitate, Ihre Schlussfolgerungen beispielhaft zu untermauern.

Doch Sie sollten Zitate gezielt und selektiv einsetzen. Zur Orientierung: Eine Seite kann ungefähr zu einem Drittel aus Zitaten bestehen. Wichtig ist vor allem, dass die Verwendung von Zitaten die Analyse nicht ersetzen kann. Sie können also nicht einfach ein paar Zitate ohne Erklärung aneinanderreihen und dies als Ihre Analyse präsentieren. Zitate dienen immer nur der Illustration einzelner Aspekte Ihrer Analyse. Das bedeutet auch, dass Zitate immer gut in den Text, der die Analyse präsentiert, eingebettet sein müssen. Achten Sie darauf, dass das Zitat auch genau jene Aspekte der Analyse illustriert, die Sie im Text schon geschildert haben. Selbst wenn es Ihnen offensichtlich scheint, wofür einzelne Zitate stehen, müssen Sie immer erklären, was das jeweilige Zitat aussagt. Sie können Zitate also nicht für sich selbst sprechen lassen oder Ihre Argumente ausschließlich in Form von Zitaten präsentieren.

Gleichzeitig ist es wichtig, dass Sie jedes Zitat so präsentieren, dass Ihren Leserinnen klar ist, ob dieses Zitat typisch ist für das, was Sie gefunden haben, oder aber eine Abweichung darstellt. Darüber hinaus sollten Sie immer die zentralen Charakteristika der Person angeben, von der das Zitat stammt. Im Fließtext kann dies beispielsweise so aussehen: „Eine Regionalpolitikerin mit langjähriger Erfahrung in verschiedenen Vorfeldorganisationen der Partei beschreibt die Situation wie folgt …" Hier kann nun ein direktes oder indirektes Zitat folgen. So wie bei Zitaten aus wissenschaftlicher Literatur müssen Sie auch bei Zitaten aus Ihrem Datenmaterial Quellenangaben hinzufügen. Dazu können Sie in Klammer das Pseudonym der jeweiligen Teilnehmerin angeben, das Sie sich überlegt haben, oder einfach die Interviewnummer, also beispielsweise „Zitat" (Interview 7) oder „Zitat" (Hannah). Nicht immer können Sie die wichtigsten Aussagen im Ergebnisteil mit Zitaten zu untermauern. Manche Ergebnisse sind auf einem zu hohen Abstraktionsniveau, um mit Zitaten adäquat illustriert zu werden. Wenn Sie also für eine wichtige Behauptung kein passendes Zitat finden, bedeutet dies nicht notwendigerweise, dass die Behauptung nicht zutrifft.

Bezüglich der Verwendung von Tabellen und Zahlen gilt Folgendes: Tabellen dienen der übersichtlichen Darstellung von Informationen. In quantitativen Studien werden Tabellen oftmals für die Präsentation von Ergebnissen verwendet. In qualitativen Berichten können Sie ebenfalls Tabellen verwenden, doch sie eignen sich hier nicht für die Darstellung der Ergebnisse selbst, sondern nur zur Unterstützung dessen, was Sie im Fließtext erläutern. So eignen sich Tabellen beispielsweise dafür, um alle Interviewpartnerinnen sowie deren wichtigste Merkmale, die im Kontext der Forschung relevant sind (wie Parteizugehörigkeit oder berufliche Position), aufzulisten und anschaulich darzustellen. Tabellen und andere Formate, wie Diagramme, können sich aber auch für die übersichtliche Darstellung Ihrer Forschungsergebnisse eignen.

Achten Sie jedoch darauf, dass Sie solche Formate nur dann verwenden, wenn sie Ihren Leserinnen helfen, komplexe Inhalte schneller und besser zu verstehen, und wenn sie den Lesefluss nicht zu sehr unterbrechen.

Wie Sie mittlerweile wissen, beschäftigt sich die qualitative Forschung nicht mit der Frage nach der Verteilung von Phänomenen in der Bevölkerung. Ihre Ergebnisse werden deshalb auch nicht in Zahlen ausgedrückt werden. Selbst wenn Sie beispielsweise 80 Interviews durchführen, sollte Sie in Ihrem Bericht keine Aussagen treffen wie „20 Prozent sagen A, 20 Prozent sagen B". Dafür gib es quantitative Forschung. Trotzdem kann es manchmal wichtig sein, dass Sie Ihren Leserinnen einen Eindruck davon vermitteln, wie verbreitet bestimmte Aspekte Ihrer Analyse sind. Dazu reicht es jedoch, ungefähre Größen anzugeben, etwa „eine große Mehrheit" oder „nur eine kleine Minderheit". Insbesondere von Prozentsätzen sollte abgesehen werden, da diese fälschlicherweise suggerieren können, dass es sich um statistisch repräsentative Angaben handelt.

13.6 Diskussion und Zusammenfassung

WÄHREND ES IM ERGEBNISTEIL darum geht, die Resultate zu präsentieren, geht es in der Diskussion darum, die Resultate vor dem Hintergrund der bestehenden Literatur zu besprechen und ihre Relevanz zu erörtern.

Die Diskussion wird manchmal in einem gemeinsamen Kapitel mit den Ergebnissen vorgestellt, manchmal als eigenes Kapitel nach den Ergebnissen und manchmal gemeinsam mit der Zusammenfassung. Informieren Sie sich diesbezüglich über die formalen Vorgaben für Ihren Bericht (von Seiten der Studienprogrammleitung, der Zeitschrift, in der Sie publizieren möchten, etc.). In der Diskussion evaluieren Sie den Beitrag Ihrer Forschung. Dies bedeutet zunächst zu erläutern, inwiefern Sie Ihre Forschungsfrage mittels der präsentierten Ergebnisse beantworten können. Können Sie die Forschungsfrage vollständig beantworten oder nur teilweise? Auf welche Aspekte können Sie eine Antwort geben, auf welche nicht und warum? Welche Fragen werfen Ihre Ergebnisse auf?

Die Ergebnisse Ihrer Analyse werden immer bestimmte Fragen aufwerfen, die Sie mit Ihrem empirischen Material selbst nicht beantworten können. Das ist in jeder Studie der Fall. Angenommen, Sie haben eine Studie über Menschen in prekären Beschäftigungsverhältnissen durchgeführt. Dabei haben Sie herausgefunden, dass die prekär beschäftigten Menschen in Ihrer

Studie sich einer Sprache bedienen, die Effizienz in den Mittelpunkt stellt. Sie sprechen davon, dass sie gerne „gut funktionieren“ möchten. Diese Ergebnisse würden die Frage aufwerfen, warum das so ist. Warum stellen Menschen es als ein Ideal dar, effizient zu sein und „gut zu funktionieren“, obwohl sie eventuell auch genau darunter leiden und zusätzlich schlecht bezahlt werden? Wenn Sie dies erklären möchten, das mit Ihren Daten jedoch nicht möglich ist, greifen Sie auf bestehende empirische oder theoretische Literatur zurück. Achten Sie dabei jedoch darauf, dass Sie sich nicht zu weit von Ihren eigenen Ergebnissen entfernen. Das bedeutet, es macht in diesem Beispiel Sinn, Literatur heranzuziehen, die die Verinnerlichung neoliberaler Werte thematisiert, nicht jedoch Literatur, die die Entwicklung des Kapitalismus im 20. Jahrhundert nachzeichnet (obwohl dies im weiteren Sinne auch damit zu tun hat). Manchmal werden Sie in der Literatur mehrere Erklärungen finden. In diesem Fall sollten Sie dies im Forschungsbericht darstellen und abwägen, welche Aspekte Ihrer Daten vor dem Hintergrund welcher Erklärung am meisten Sinn ergeben.

In der Diskussion beziehen Sie sich nicht nur auf die bestehende Literatur, um Erklärungen für die Ergebnisse Ihrer Analyse darzulegen. Sie bringen Ihre Ergebnisse auch in einen Dialog mit der bestehenden Literatur. Das heißt, hier verbinden Sie Ihre Ergebnisse mit der Literatur, die Sie bereits im Einleitungsteil präsentiert haben, können hier nun jedoch mehr ins Detail gehen. Es geht darum, dass Sie Ihre Ergebnisse im Zusammenhang mit der bestehenden Literatur besprechen und erläutern, wie sich Ihre Forschung zum Literaturstand verhält. Können Sie durch die Beantwortung der Forschungsfrage die in der Einleitung dargestellte Forschungslücke füllen? In welchen Aspekten ergänzen, bestätigen oder widersprechen Ihre Ergebnisse der bestehenden Literatur? Arbeiten Sie heraus, wie sich Ihre Forschung in bestehende Literatur einfügt, wo es Überschneidungen und wo es Abweichungen gibt. Mit diesen Ausführungen zeigen Sie, welchen Beitrag Ihre Studie in wissenschaftlicher Hinsicht leistet. Doch auch die praktischen Implikationen sollten am Ende der Diskussion Erwähnung finden. Überlegen Sie also, für welche Personen und in welchen Kontexten Ihre Ergebnisse von Interesse sein könnten. Sind diese beispielsweise für Ihre Teilnehmerinnen (beziehungsweise die soziale Gruppe, die sie repräsentieren) von Bedeutung oder lassen sich daraus eventuell Schlüsse für die Politikgestaltung ziehen?

Die Zusammenfassung bildet den inhaltlichen Abschluss eines jeden Forschungsberichts. In der Zusammenfassung präsentieren Sie kurz die wichtigsten Ergebnisse Ihrer Forschung, beantworten nochmals explizit die Forschungsfrage (oder stellen dar, warum diese nicht gänzlich beantwortet werden konnte) und streichen abermals Ihren Beitrag zur bisherigen Literatur hervor.

Sie zeigen in diesem Teil, was Sie im vorangegangenen Bericht gemacht haben. Abhängig vom Thema Ihrer Forschung und der Zielgruppe Ihres Berichts kann es geboten sein, in der Zusammenfassung praktische Empfehlungen zu formulieren, etwa für inhaltliche Politikgestaltung. Auf jeden Fall sollten Sie am Ende der Zusammenfassung noch erwähnen, welche neuen Fragen Ihre Forschung aufgeworfen hat und wo zukünftige Forschung anschließen kann. Auf die Zusammenfassung folgen noch die Bibliographie sowie etwaige Anhänge wie beispielsweise der Interviewleitfaden, den Sie verwendet haben. (Die transkribierten Interviews – insofern Sie nicht dazu aufgefordert werden diese zu inkludieren – sind für gewöhnlich nicht Teil des Anhangs.)

Lernfragen

- Wann sollte man mit dem Verfassen des Forschungsberichtes beginnen? Warum?
- In welcher Hinsicht spielt die Zielgruppe beim Schreiben des Forschungsberichts eine Rolle?
- Aus welchen inhaltlichen Teilen setzt sich ein Forschungsbericht zusammen und was wird in den einzelnen Teilen abgedeckt?
- Was gilt es bei der Verwendung von Zitaten aus dem empirischen Material im Forschungsbericht zu berücksichtigen?
- Aus welchen Elementen (neben den inhaltlichen Teilen) besteht ein Forschungsbericht noch?

Weiterführende Literatur

Booth, Wayne C.; Colomb, Gregory G.; Williams, Joseph M.; Bizup, Joseph & FitzGerald, Wiliam T. (2016). *The craft of research.* Chicago: University of Chicago Press.

Kruse, Otto (2018). *Lesen und Schreiben. Der richtige Umgang mit Texten im Studium.* Konstanz: UVK.

Stykow, Petra (2020). *Politikwissenschaftlich arbeiten.* Paderborn: Wilhelm Fink.

Weiss, Robert S. (1995). *Learning from strangers: The art and method of qualitative interview studies.* New York: The Free Press.

Wolfsberger, Judith (2016). *Frei geschrieben. Mut, Freiheit und Strategie für wissenschaftliche Abschlussarbeiten.* Wien: Böhlau.

14 Bewertungskriterien in der qualitativen Forschung

Barbara Prainsack & Mirjam Pot

In diesem letzten Kapitel sehen wir uns an, anhand welcher Kriterien die Qualität qualitativer Forschung beurteilt wird. Diese Überlegungen können Ihnen einerseits dabei helfen, Ihre eigene empirische Forschung zu verbessern. Es zahlt sich deshalb aus, sich mit den Inhalten dieses Kapitels bereits in einer frühen Phase Ihres Forschungsprojektes vertraut zu machen. Andererseits können Sie anhand dieser Kriterien die Qualität wissenschaftlicher Arbeiten anderer Forscherinnen einschätzen und beurteilen. Adäquate Einschätzungen hinsichtlich der Vorgehensweisen und Resultate wissenschaftlicher Forschung treffen zu können, ist eine zentrale Kompetenz in Studium, Beruf und darüber hinaus.

Die qualitative und quantitative Forschung greifen auf Qualitätskriterien zurück, die zwar ähnliche Aspekte in den Blick nehmen, im Kontext dieser beiden Forschungsrichtungen jedoch Unterschiedliches bedeuten. Auch die Begrifflichkeiten, mit denen qualitative und quantitative Forschung in diesem Zusammenhang operieren, unterscheiden sich.

AUFGRUND IHRER JEWEILIGEN EIGENHEITEN macht eine direkte Übertragung von quantitativen Qualitätskriterien auf die qualitative Forschung und umgekehrt wenig Sinn. Bei der Bewertung qualitativer Forschung ist es folglich wichtig, sich ihre Spezifika vor Augen zu halten und sich nochmals zu vergegenwärtigen, worauf qualitative Forschung abzielt sowie was sie zu leisten vermag und was nicht (siehe Kapitel 1).

Im Folgenden besprechen wir die Kriterien Glaubwürdigkeit, Übertragbarkeit, Nachvollziehbarkeit und Reflexivität (siehe Abb. 14.1) sowie was es bedeutet, sie zur Bewertung qualitativer Forschung heranzuziehen.

Kriterien	**Fragen**
Glaubwürdigkeit	Stehen die Ergebnisse in einem glaubwürdigen Zusammenhang mit den Daten? Zusätzliche Formen der Überprüfung von Glaubwürdigkeit: *Members checking:* Machen die Ergebnisse für die Forschungsteilnehmerinnen Sinn? Katalytische Glaubwürdigkeit: Wie gut eignen sich die Ergebnisse dazu, in konkrete Maßnahmen und Handlungen überführt zu werden und gewünschte praktische Änderungen zu erzielen?
Übertragbarkeit	Sind die Ergebnisse auf andere ähnliche Fälle und Kontexte übertragbar?
Nachvollziehbarkeit	Ist es nachvollziehbar und gut begründet, wie die Forscherin bei der Datenerhebung und -analyse vorgegangen ist und wie sie zu ihren Ergebnissen gelangt ist?
Reflexivität	Hat die Forscherin ihre eigene Positionalität und Rolle im Forschungsprozess reflektiert?

Abb. 14.1: Kriterien zur Beurteilung qualitativer Forschung

14.1 Sind die Resultate glaubwürdig?

NACH DER GLAUBWÜRDIGKEIT der Resultate zu fragen, bedeutet danach zu fragen, ob die Ergebnisse in einem glaubwürdigen Zusammenhang mit den verwendeten Daten stehen. Glaubwürdigkeit bezieht sich darauf, ob in einer Studie tatsächlich untersucht wurde, was behauptet wird.

Damit kann überprüft werden, ob die Forschungsfrage, die Methoden, die Daten und die Ergebnisse „zusammenpassen". In der quantitativen Forschung ist in diesem Kontext von interner Validität die Rede, was so viel wie Gültigkeit bedeutet. Stellen Sie sich ein Fieberthermometer vor. Das Fieberthermometer ist valide, um Körpertemperatur zu messen. Es ist nicht valide, um die Außentemperatur und das Wetter zu bestimmen. Es geht also bei Gültigkeit beziehungsweise interner Validität darum zu überprüfen, ob mit den gewählten Methoden und Daten die Forschungsfrage sinnvoll beantwortet werden kann.

Das folgende, etwas zugespitzte Beispiel soll verdeutlichen, was dies in der qualitativen Forschung bedeutet: Angenommen, Sie behaupten untersucht zu haben, wie sich die Bedeutung der kulturellen Diplomatie zwischen Österreich und Russland seit 1990 entwickelt hat und präsentieren entsprechende Ergebnisse. Wenn sich Ihr Datenmaterial jedoch nur auf den Zeitraum ab dem Jahr 2000 bezieht, sind Ihre Ergebnisse nicht glaubwürdig. Denn Sie ziehen Schlussfolgerungen bezüglich eines Zeitraums, den Sie aufgrund Ihres Datenmaterials gar nicht erfasst haben. Um sicherzustellen, dass Ihre Forschungsergebnisse glaubwürdig sind, sollten Sie sich fragen, ob Sie passende Methoden angewandt und die „richtigen" Daten generiert und analysiert haben, um die Forschungsfrage zu beantworten. Ein weiteres Beispiel für nicht glaubwürdige Forschung ist, wenn Sie untersuchen möchten, warum die Arbeitslosigkeit in Deutschland in einem bestimmten Zeitraum gestiegen ist und Sie dafür Interviews mit arbeitslosen Personen durchführen und auswerten. Da sich Ihre Frage mit den von Ihnen generierten Daten nicht beantworten lässt, wäre Ihr Forschung nicht glaubwürdig (dafür hätten Sie andere Datenquellen heranziehen müssen).

Manchmal merkt man erst mitten im Forschungsprozess, dass man zwar spannendes Datenmaterial generiert hat, damit aber die Forschungsfrage nicht beantworten kann. Wichtig ist, dass Sie in einem solchen Fall nicht starr an Ihrer ursprünglichen Frage festhalten und vorgeben, diese zu beantworten, obwohl dies mit Ihren Daten nicht möglich ist. Stattdessen sollten Sie sich überlegen, welche relevante Frage Sie mit Ihrem Material sehr wohl beantworten können und die Frage folglich anpassen (und dies, wie immer, in Ihrem Forschungstagebuch festhalten). Beispielsweise, in dem Sie die Bedeutung der kulturellen Diplomatie zwischen Österreich und Russland ab dem Jahr 2000 untersuchen. Bei Änderungen Ihrer Frage im Laufe des Forschungsprozesses ist es jedoch wichtig darauf zu achten, dass diese sinnvoll begründbar sind. In unserem Beispiel müssten Sie argumentieren, warum eine Untersuchung des Phänomens ab dem Jahr 2000 sinnvoll ist. Dies lediglich damit zu begründen, dass Sie kein anderes Datenmaterial haben, ist in den meisten Fällen nicht überzeugend.

Um festzustellen, ob die Ergebnisse Ihrer Forschung glaubwürdig sind, sollten Sie sich fragen, ob sich Ihr Datenmaterial tatsächlich dazu eignet, um zu den von Ihnen gezogenen Schlüssen zu gelangen. Für gewöhnlich gelten die Ergebnisse qualitativer Forschung dann als glaubwürdig, wenn andere Expertinnen auf dem jeweiligen Gebiet sie als glaubwürdig einstufen. Wenn Wissenschafterinnen, die zum selben Thema forschen, auf Basis der Darstellung Ihrer Forschung (der Frage, der Methoden, der Daten) Vertrauen in Ihre Ergebnisse haben, dann ist das ein Zeichen von Glaubwürdigkeit. Tauschen Sie sich deshalb regelmäßig mit Kolleginnen, Betreuerinnen oder anderen erfahrenen Forscherinnen aus. Wenn sich dies für Ihr Forschungsprojekt eignet, können Sie zusätzlich auf die folgenden beiden Arten der Überprüfung von Glaubwürdigkeit zurückgreifen.

Die erste zusätzliche Form der Überprüfung von Glaubwürdigkeit bezieht sich darauf, ob die Studienergebnisse für die Forschungsteilnehmerinnen Sinn ergeben und diese zu ihnen sprechen. Dies wird als *members checking* bezeichnet und beinhaltet, dass Sie den Teilnehmerinnen die Ergebnisse Ihrer Studie präsentieren und danach fragen, ob sie ihre Lebenswelt, Praktiken und Bedeutungszuschreibungen darin abgebildet sehen. Es geht nicht darum zu fragen, ob die Ergebnisse den Teilnehmerinnen gefallen, sondern darum, ob sie sich in Ihrer Darstellung wiederfinden können – ob sie für sie eine Bedeutung haben (siehe Kapitel 2). Diese Form Glaubwürdigkeit zu überprüfen, kann für weniger erfahrene Forscherinnen schwierig sein, sie eignet sich auch nicht für jedes wissenschaftliche Projekt. Denn die Glaubwürdigkeit kann selbst dann hoch sein, wenn Ihre Ergebnisse auf Ablehnung stoßen. (Denken Sie beispielsweise daran, dass Sie verschiedene Formen von Alltagsrassismus untersuchen und die Teilnehmerinnen mit ihren unbewussten Rassismen konfrontieren.)

Wenn die Teilnehmerinnen eine starke Reaktion zeigen – egal ob zustimmend oder ablehnend –, ist dies oftmals ein Zeichen dafür, dass Ihre Forschung glaubwürdig ist; was es genau bedeutet, müssen Sie im Dialog mit den Teilnehmerinnen erörtern. Wenn den Teilnehmerinnen Ihre Ergebnisse jedoch egal sind, also bedeutungslos, könnte dies auf ein Problem hinsichtlich der Glaubwürdigkeit hindeuten. Die zweite Möglichkeit bezieht sich auf die Überprüfung der katalytischen Glaubwürdigkeit (angelehnt an den Begriff der katalytischen Validität). Dies ist vor allem bei Forschungsprojekten sinnvoll, die auf unmittelbare Umsetzung und Verbesserungen in der Praxis abzielen (*Action Research*, weil die Forschung auf bestimmte Aktion, etwa politische Aktion, abzielt). Wenn Sie beispielsweise mit suchtkranken Menschen forschen und es Ihr vordergründiges Ziel ist, die Services und Betreuungsangebote für diese Gruppe zu verbessern, betreiben Sie *Action Research*. Die Bestimmung der katalytischen Glaubwürdigkeit bezieht sich folglich auf die Frage, wie gut sich Ihre Forschung dazu eignet, in konkrete Maßnahmen und Handlungen überführt zu werden und die gewünschten Änderungen zu erreichen.

14.2 Sind die Ergebnisse übertragbar?

Qualitative Forschung hat den Anspruch Aussagen zu treffen, die über den konkret untersuchten Fall (oder die untersuchten Fälle) hinausgehen. Das heißt, es ist ein Qualitätsmerkmal Ihrer Forschung, wenn Ihre Ergebnisse auf andere Fälle und Kontexte übertragbar sind. Während in der qualitativen Forschung von Übertragbarkeit die Rede ist, spricht die quantitative Forschung von Generalisierbarkeit oder externer Validität. Beide Begriffe beziehen sich darauf, ob die Forschungsergebnisse für eine bestimmte Population als Ganzes („alle Wählerinnen" in einem Land) oder alle Fälle eines Phänomens verallgemeinerbar sind. In der qualitativen Forschung bezieht sich Übertragbarkeit jedoch auf politische Dynamiken und Prozesse. Bezugnehmend auf unser Beispiel bedeutet dies, dass qualitativer Forschung nicht daran gelegen ist, Aussagen über die Rolle kultureller Diplomatie in allen zwischenstaatlichen Beziehungen zu treffen. Doch sie hat zum Ziel, Aussagen zu treffen, die über das Fallbeispiel der Rolle kultureller Diplomatie zwischen Österreich und Russland hinausgehen. Sie sollte folglich neue Erkenntnisse über die diplomatischen Beziehungen jener Länder generieren, die strukturelle Ähnlichkeiten mit dem Fall Österreich/Russland aufweisen, von einer ähnlichen Dynamik geprägt sind oder eine ähnliche historische Entwicklung durchlaufen haben. Diesen Aspekt gilt es zu berücksichtigen, wenn Sie die Fälle auswählen, die Sie in Ihrem Forschungsprojekt untersuchen möchten (siehe Kapitel 4). Denn Ihre Fälle sollten immer ein Beispiel für ein weitergefasstes Phänomen sein und Aussagen über dieses ermöglichen.

DIE ÜBERTRAGBARKEIT QUALITATIVER Forschungsergebnisse auf andere Fälle und Settings ergibt sich aus der Theorie, die Sie auf Basis Ihrer empirischen Daten entwickeln. Theoriebildung bedeutet immer Aussagen zu treffen, die vom konkret untersuchten Fall abstrahieren und ebenso auf andere Fälle anwendbar sind. Durch eine hochwertige, in den Daten verankerte Theorie (siehe Kapitel 9) stellen Sie die Übertragbarkeit Ihrer Ergebnisse sicher.

Zwei weitere Begriffe, die im Zusammenhang mit Übertragbarkeit manchmal genannt werden, sind Relevanz und Wert. Diese beziehen sich jedoch auf ähnliche Aspekte. Qualitative Forschung ist relevant, wenn sie uns dabei hilft, politische Phänomene – über die untersuchten Einzelfälle hinaus – besser zu verstehen. Wenn dies gegeben ist, hat die Studie auch einen wissenschaftlichen Wert. Der mögliche praktische Wert einer Studie bezieht sich auf ihren konkreten Nutzen, um eine Veränderung zu bewirken. Damit andere den Wert Ihrer Studie einschätzen können, ist es wichtig anzugeben, an wen sich Ihre Studie richtet. Zu welcher wissenschaftlichen Community sprechen Sie mit Ihrer Forschung? Oder aber: Welches praktische Problem wollen Sie lösen? Ihre Forschung muss keinen unmittelbaren praktischen Nutzen haben, um wertvoll zu sein, doch geben Sie an, wem Sie eventuell nutzen könnte.

14.3 Ist die Forschung nachvollziehbar?

Ein weiterer zentraler Aspekt in der Bewertung qualitativer Forschung ist ihre Nachvollziehbarkeit. Diese spielt in der Einschätzung der Glaubwürdigkeit und Übertragbarkeit der Forschungsergebnisse eine wichtige Rolle, ist darüber hinaus jedoch auch wichtig, um das Vorgehen der Forscherinnen im Allgemeinen bewerten zu können.

UM NACHVOLLZIEHBARKEIT in Ihrer eigenen Forschung zu gewährleisten, gilt es genau zu dokumentieren und zu begründen, wie Sie bei der Datengenerierung und -analyse vorgegangen sind.

Ihren Entscheidungsprozess explizit zu machen und zu begründen, bedeutet auch festzuhalten, welche unerwarteten Ereignisse im Lauf Ihres Forschungsprozesses eingetreten sind, die Sie dazu veranlasst haben, Ihre Forschungsstrategie zu ändern. Wenn Sie beispielsweise ursprünglich vorhatten, für Ihre Forschung Beobachtungen und Interviews vor Ort durchzuführen, aber aufgrund der Corona-Pandemie nur Online-Interviews durchführen konnten, dann sollte dies offen gesagt werden, anstatt so zu tun, als hätten Sie immer schon Online-Interviews geplant. Ein transparenter Umgang mit Ihren eigenen Entscheidungen bedeutet, für andere nachvollziehbar zu machen, warum Sie sich aus einer Reihe von Möglichkeiten für ganz bestimmte Lösungen entschieden haben.

Manchmal kommt es vor, dass man im Laufe des Forschungsprozesses Entscheidungen trifft, die sich im weiteren Verlauf als ungünstig erweisen, oder man gelangt am Ende des Projekts zu der Einsicht, dass ein anderes Vorgehen im Nachhinein schlüssiger gewesen wäre. Sie sollten auch mit potenziellen Fehlern oder falschen Einschätzungen transparent umgehen. Damit zeigen Sie, dass Sie sich des Verbesserungspotenzials Ihrer Forschung bewusst sind und dass Sie es im nächsten Forschungsprojekt besser machen können (wenn Sie es nicht schon selbst im Laufe Ihres eigenen Forschungsprojektes korrigiert hatten). Zudem ermöglichen Sie es dann auch anderen, von Ihren Fehlern zu lernen.

In der quantitativen Forschung ist Transparenz und Nachvollziehbarkeit darüber hinaus auch wichtig, um Forschungsergebnisse reproduzierbar zu machen. Bei der Reproduzierbarkeit geht es darum, ob, wenn man die gleiche Studie, im gleichen Setting, mit den gleichen Methoden nochmals durchführt, auch zu den gleichen Ergebnissen kommt. Wenn man dann die gleichen Ergebnisse nochmals erzielen kann, spricht man von der Reliabilität der Methoden. Denken Sie wieder an das Fieberthermometer. Wenn Unterschiede in der angezeigten Temperatur darauf zurückzuführen sind, dass die Personen, deren Temperatur man gemessen hat, unterschiedlich warm sind, und nicht auf Messfehler, dann ist das Erhebungsinstrument (hier: das Thermometer) reliabel.

Reproduzierbarkeit und Reliabilität im engeren Sinn spielen in der qualitativen Forschung keine große Rolle, da qualitative Studien so gut wie nie eins-zu-eins wiederholt werden. Im weiteren Sinne ist es jedoch auch in der qualitativen Forschung wichtig, reliable Erhebungs- und Analyseinstrumente zu haben; so sollte etwa ein Interviewleitfaden so gestaltet sein, dass die damit generierten Daten (gleich gute Interviewerinnen und ein gleichwertiges Sample vorausgesetzt) letzten Endes zu denselben Ergebnissen führen. Auch die Methode der Datenanalyse sollte so gestaltet sein, dass sie, wenn unterschiedliche Menschen dieselben Daten analysieren, zu denselben Ergebnissen führt. Genau aus diesem Grund ist es übrigens so wichtig, Datenanalyse nicht einfach als Nacherzählung des Gesagten misszuverstehen; wäre es das, würden Interviews mit unterschiedlichen Personen ja immer zu anderen Ergebnissen führen. Erst durch die fachkundige Anwendung von Analysemethoden, die die Daten auf ein höheres Abstraktionsniveau bringen, ist es möglich, eben auf diesem höheren Abstraktionsniveau auch aus Interviews mit unterschiedlichen Personen gleiche Erkenntnisse zu erzielen.

Hier kommt die Objektivität qualitativer Forschung wieder ins Spiel. Im Idealfall sollten Sie Ihre empirischen Daten nicht gänzlich allein analysieren, sondern zumindest Auszüge davon gemeinsam mit anderen. Damit stellen Sie sicher, dass Ihre Analyse auf Bedeutungen fokussiert, die von anderen Menschen geteilt und eben nicht „subjektiv" sind. Dabei ist es besonders empfehlenswert, die Analyse in kleinen Teams (bestehend aus circa zwei bis vier Personen) durchzuführen. Das Ziel ist es dabei, zu Interpretationen zu gelangen, welche für mehrere Personen die bestmögliche und schlüssigste Deutung der Daten darstellen. Auch wenn es nicht möglich ist, das gesamte Datenmaterial gemeinsam mit anderen zu analysieren, so sollten Sie dies doch für zumindest einen Teil der Daten tun. Dies tun Sie etwa um zu sehen, ob Ihre Kolleginnen bezüglich der verwendeten Kodes zu denselben Ergebnissen kommen; Diskrepanzen in der Kodierung sollten besprochen und die Kodes entsprechend angepasst werden. Auf diese Weise können Sie abklären, ob Ihre eigenen Interpretationen für andere schlüssig sind oder die Interpretationen stark voneinander abweichen. Das Ziel ist es, Kodes zu generieren und Analysen zu erstellen, die nicht nur Sie, sondern auch Ihre Kolleginnen überzeugend finden. Insbesondere bei Stellen in Ihrem Material, die Ihnen sehr wichtig scheinen, kann der Austausch mit anderen wertvoll sein, um die Essenz Ihrer Daten adäquat zu fassen und letztlich überzeugendere Analysen zu generieren.

14.4 Ist die Forschung reflexiv?

Qualitative Forschung zeichnet sich dadurch aus, dass sie die aktive Rolle der Forscherin im Forschungsprozess anerkennt, sei es in der Datengenerierung oder in der Analyse. Die Forscherin „sammelt" nicht einfach nur Daten, sondern generiert diese gemeinsam mit den Teilnehmerinnen – und auch eine Analyse ist ohne ihr Zutun und ihre Interpretationen gar nicht möglich.

QUALITATIVE FORSCHUNG HAT FOLGLICH nicht zum Ziel, im herkömmlichen Sinne objektiv zu sein. Das heißt, sie gibt nicht vor, dass die Forscherin gänzlich losgelöst von ihrem Forschungsgegenstand ist und diesen als unbeteiligte Außenstehende beschreibt. Auch erkennt die qualitative Forschung die Tatsache an, dass Forscherinnen immer in soziale und kulturelle Kontexte eingebettet sind und folglich nicht vollkommen objektiv – im Sinne einer unbeteiligten, neutralen Beobachterin – sein können. Deshalb ist es nicht Ziel, die eigene Subjektivität und ihren Einfluss auf die Forschung zu negieren, sondern über die eigene Positionalität und Rolle in der Forschung zu reflektieren.

Überlegen Sie, wie sich Ihr Verhältnis zum Untersuchungsgegenstand und den Forschungsteilnehmerinnen gestaltet und wie Ihre Ansichten und Ihre Annahmen über das Phänomen Ihre Forschung eventuell beeinflussen. Dies kann beispielsweise beinhalten, ob und wie Ihr Bildungsgrad beeinflusst, wie Sie von Forschungsteilnehmerinnen wahrgenommen werden und was sie Ihnen in Interviews erzählt haben. Diese Überlegungen zu Ihrer eigenen Positionalität sollten Sie auch in Ihren Forschungsbericht aufnehmen. Für gewöhnlich inkludieren Sie Ihre Reflexionen in den Methodenteil des Forschungsberichts.

Trotzdem strebt die qualitative Forschung neben dem Erkennen, Benennen und Reflektieren auch danach, offensichtliche Faktoren, die die Daten und Ergebnisse nachteilig beeinflussen, wo möglich zu reduzieren. Dies bedeutet vor allem, dass man den Forschungsgegenstand ausgewogen untersucht, indem man alle relevanten Aspekte, Akteurinnen und Positionen in die Forschung inkludiert, anstatt ausgewählte Akteurinnen gegenüber anderen zu privilegieren oder jene Positionen, die einem selbst sympathischer sind, in den Vordergrund zu stellen. Ziel ist es, offensichtliche soziale, kulturelle oder ideologische Verzerrungen zu minimieren. Überlegen Sie deshalb, welche Akteurinnen und Positionen Ihre Forschung eventuell dominieren beziehungsweise welche Akteurinnen und Positionen nicht gehört wurden – und warum dies der Fall ist. Überlegen Sie auch, ob Sie bestimmte Aspekte des

Untersuchungsgegenstandes bisher übersehen oder ausgeblendet haben. (Dies ist jedoch nicht zu verwechseln mit der in Kapitel 4 besprochenen Eingrenzung der Forschungsfrage.)

14.5 Wie kann ich meine qualitative Forschung weiter verbessern?

Um die Qualität Ihrer Forschung zu gewährleisten, sollten Sie sich in erster Linie an die Regeln guter wissenschaftlicher Praxis halten. Dazu gehört der Bezug auf etablierte Methoden, ihre systematische und transparente Anwendung sowie die Berücksichtigung der in diesem Kapitel besprochenen Qualitätskriterien. Ein respektvoller Umgang mit den Forschungsteilnehmerinnen sowie die Beachtung von forschungsethischen Richtlinien und gesetzlicher Bestimmungen, wie beispielsweise der EU-Datenschutzgrundverordnung (DSGVO) (siehe Kapitel 3), ist in diesem Zusammenhang nicht weniger wichtig. Darüber hinaus werden die folgenden Punkte tendenziell zu einer höheren Qualität Ihrer Forschung beitragen.

Umfangreiches Datenmaterial und ein gut ausgewähltes Sample machen Ihre Forschung überzeugender. Dies kann die Anzahl der Interviews und Fokusgruppen betreffen, die Aufenthaltsdauer im Feld sowie die Detailliertheit Ihrer Forschungsnotizen. Grundsätzlich gilt in der qualitativen Forschung, so lange und so viele Daten zu erheben, bis Sie theoretische Sättigung erreicht haben. Trotzdem wirken mehr Daten oftmals überzeugender. Dies liegt wohl auch daran, dass manchmal fälschlicherweise quantitative Maßstäbe für die Beurteilung qualitativer Forschung herangezogen werden. In der qualitativen Forschung ist mehr nicht gleich besser. Dennoch empfehlen wir Ihnen, nicht zu zurückhaltend bei der Datengenerierung zu sein. Machen Sie – wenn Sie die Möglichkeit dazu haben – lieber eine Fokusgruppe oder ein paar Interviews mehr und bleiben Sie ein paar Tage länger im Feld, um Beobachtungen zu machen. Somit können Sie sichergehen, dass Sie die theoretische Sättigung in Ihrem Projekt tatsächlich erreicht haben und sich durch die Generierung weiterer Daten keine neuen Erkenntnisse ergeben. Bewahren Sie Ihr empirisches Datenmaterial auf jeden Fall auch über die Fertigstellung Ihres Projektes hinaus auf. Dies sollten Sie zu Ihrer eigenen Absicherung tun, für den Fall, dass jemand Ihre Forschungsergebnisse anzweifelt.

Doch nicht nur ein größerer Datenkorpus, sondern auch Daten, die Sie mittels verschiedener Methoden generieren, können zur hohen Qualität

Ihrer Forschung beitragen. In einem Forschungsprojekt auf verschiedene Methoden zurückzugreifen wird als Triangulation bezeichnet. Dies kann sowohl die Datengenerierung als auch die Analyse betreffen. So kann es sinnvoll sein, Beobachtungen mit Interviews zu kombinieren oder *Constructivist Grounded Theory* mit einer Situationsanalyse. Lediglich verschiedene Formen von Daten nebeneinander zu präsentieren, ist jedoch noch keine Triangulation und führt im schlimmsten Fall zu mehr Verwirrung anstatt zu einem größeren Erkenntnisgewinn. Die Herausforderung bei der Triangulation ist es, Methoden sinnvoll miteinander zu kombinieren und die verschiedenen Daten auf eine Art und Weise miteinander in Verbindung zu setzen, sodass dadurch ein vollständigeres Bild des untersuchten Phänomens entsteht. Unabhängig davon, ob Sie eine Kombination an verschiedenen Methoden verwenden oder nicht, sollten Sie mit einer gewissen Offenheit an die Wahl der Methoden gehen und nicht starr einer bestimmten Vorstellung davon folgen, welche Methoden Sie anwenden möchten und welche nicht. Die Wahl der Methoden ergibt sich aus der Forschungsfrage und Ihrem Erkenntnisinteresse. Gute qualitative Forschung zeichnet sich dadurch aus, dass sie sich an den Erfordernissen der Forschung orientiert und auf jene Methoden zurückgreift, die sich dafür eignen, den Forschungsgegenstand bestmöglich zu verstehen.

Hinsichtlich der Analyse können sich die Arbeit mit Softwareprogrammen für die qualitative Datenanalyse sowie die Arbeit in Analysegruppen positiv auf die Qualität Ihrer Forschung auswirken (siehe Kapitel 9). Auch ganz allgemein trägt der Austausch mit Kolleginnen dazu bei, die Qualität Ihrer Forschung zu verbessern. Am besten ist es, Sie holen sich in verschiedenen Stadien Ihrer Forschung Rückmeldungen von Personen ein, denen Sie vertrauen und die Ihnen wohlwollendes, aber kritische Feedback geben können. In regelmäßigen Abständen kollegiales Feedback zum eigenen Projekt einzuholen ist unersetzlich, da der Blick von außen Ihnen unweigerlich Schwachstellen, aber vor allem auch Stärken Ihres Projektes aufzeigen kann, die Sie selbst nicht vor Augen haben. In diesem Sinn erhöht Peer-Feedback nicht nur die Qualität Ihrer Arbeit, sondern kann oftmals aus vermeintlichen Sackgassen führen und helfen, Motivationstiefs zu überwinden.

Ganz am Ende möchten wir auf eine Liste an Fragen verweisen, die dazu dienen, die Qualität qualitativer Studien zu beurteilen. Das so genannte *Critical Appraisal Skills Programme* (CASP) enthält zehn Fragen, die Ihnen dazu dienen sollen, qualitative Studien systematisch auf ihre Qualität zu überprüfen (siehe Abb. 14.2). Sie können diese Fragen dazu verwenden, um die Qualität von Studien zu beurteilen, die andere Forscherinnen verfasst haben; und natürlich können Sie sie auch zur Überprüfung der Qualität Ihres eigenen Forschungsdesigns (und später Ihres Forschungsberichtes) verwenden.

Critical Appraisal Skills Programme:

1. Sind die Ziele der Forschung klar?
2. Ist die Methodenwahl akkurat?
3. Ist das Forschungsdesign dazu geeignet, die Frage zu beantworten?
4. War die Rekrutierungsstrategie (Samplingstrategie) adäquat für die Forschungsziele?
5. Wurden die Daten in einer Weise erhoben, dass sich aufgrund dieser Daten die Forschungsfrage beantworten lässt?
6. Wurde die Beziehung zwischen Forscherin und Teilnehmerinnen adäquat berücksichtigt (ethisch und methodisch)?
7. Wurden ethische Aspekte ausreichend berücksichtigt?
8. Wurden die Daten kompetent analysiert (ist etwa die Analysemethode angegeben)?
9. Sind die Ergebnisse klar und verständlich dargestellt?
10. Wie wertvoll ist die Studie (und für wen)?

Abb. 14.2: Das Critical Skills Appraisal Programme zur Überprüfung der Qualität qualitativer Forschung. Quelle: https://casp-uk.net/wp-content/uploads/2018/03/CASP-Qualitative-Checklist-2018_fillable_form.pdf

Lernfragen

- Welche Kriterien zur Bewertung qualitativer Forschung kennen Sie und was bedeuten diese?
- Warum hat qualitative Forschung nicht den Anspruch, „objektiv" zu sein? Welchen Wert vertritt sie stattdessen?
- In welchem Zusammenhang stehen Theoriebildung und Qualität in der qualitativen Forschung?
- Welche Herangehensweisen können Ihnen helfen, die Qualität Ihrer Forschung zu verbessern?
- Was bedeutet Triangulation?

Weiterführende Literatur

Flick, Uwe (2019). *Gütekriterien qualitativer Sozialforschung.* In: Baur, Nina & Blasius, Jörg (Hg.). *Handbuch Methoden der empirischen Sozialforschung.* Wiesbaden: Springer VS, 473–488.

Long, Andrew F. & Godfrey, Mary (2004). *An evaluation tool to assess the quality of qualitative research studies.* In: *International Journal of Social Research Methodology*, 7(2), 181–196.

Seale, Clive (1999). *Quality in qualitative research.* In: *Qualitative Inquiry,* 5(4), 465–478.

Strübing, Jörg; Hirschauer, Stefan; Ayaß, Ruth; Krähnke, Uwe & Scheffer, Thomas (2018). *Gütekriterien qualitativer Sozialforschung. Ein Diskussionsanstoß.* In: *Zeitschrift für Soziologie,* 47(2), 83–100.

Die Autorinnen

Petra Bernhardt ist Lektorin am Institut für Politikwissenschaft an der Universität Wien. Sie beschäftigt sich mit der strategischen Verwendung von Bildern in der Politik. Ihre Forschungs-, Lehr- und Publikationsschwerpunkte umfassen visuelle politische Kommunikation in digitalen Öffentlichkeiten, politische Kampagnen und visuelle Methoden.

Adele Clarke ist emeritierte Professorin für Soziologie und die Geschichte der Gesundheitswissenschaften an der University of California, San Francisco. Sie arbeitet im Bereich der Wissenschafts-, Technologie- und Medizinforschung, mit einem Fokus auf Biomedikalisierung und Technologien für Frauen. Seit mehreren Jahrzehnten verwendet und lehrt sie Grounded Theory, welche sie zur Situationsanalyse weiterentwickelt hat.

Carrie Friese ist Associate Professor für Soziologie an der London School of Economics and Political Science. Sie hat zu Reproduktionstechnologien für Menschen und gefährdete Arten geforscht, inklusive dem Klonen von Tieren in Zoos, und arbeitet aktuell zum Thema Tierhaltung und -pflege für wissenschaftliche Zwecke. Gemeinsam mit Adele Clarke und Rachel Washburn hat sie die Methode der Situationsanalyse weiterentwickelt.

Karin Liebhart ist Senior Lecturer am Institut für Politikwissenschaft der Universität Wien und Mitglied des Forschungsschwerpunkts Visual Studies in den Sozialwissenschaften. Sie ist Associate Professor am Institut für Soziologie der Universität Trnava und im Leitungsteam des Universitätslehrgangs Global Citizenship Education der Universität Klagenfurt. Ihre Forschungsschwerpunkte sind visuelle politische

Kommunikation, diskursive und visuelle Repräsentationen des Politischen, Rechtspopulismus und Rechtsextremismus, Gedächtnispolitiken und Erinnerungskulturen sowie visuelle Methoden.

Mirjam Pot ist Universitätsassistentin und Dissertantin am Institut für Politikwissenschaft der Universität Wien und Mitglied des Centre for the Study of Contemporary Solidarity. Sie forscht zu Gesundheitspolitik sowie zu gesellschafspolitischen Implikationen von Entwicklungen in Medizin und Gesundheitsversorgung und lehrt seit einigen Jahren qualitative Methoden.

Barbara Prainsack ist Professorin für Vergleichende Politikfeldanalyse und Qualitative Methoden am Institut für Politikwissenschaft sowie Leiterin der Forschungsplattform Governance of Digital Practices an der Universität Wien. Zu ihren Forschungsschwerpunkten zählen Medizin- und Gesundheitspolitik, Praktiken und Institutionen der Solidarität sowie datenintensive Medizin und Forschung. Darüber hinaus ist sie Mitglied zahlreicher Beratungsgremien und berät u. a. die Europäische Kommission zur Ethik neuer Technologien.

Wanda Spahl ist Universitätsassistentin und Doktorandin am Institut für Politikwissenschaft der Universität Wien. Ihre Arbeitsschwerpunkte sind Sozial- und Gesundheitspolitik, Kritische Migrationsforschung und Qualitative Methoden. In ihrer Dissertation forscht sie zu Gesundheitsbedürfnissen geflüchteter Menschen. Darüber hinaus arbeitet sie an einem Projekt zur Implementierung von Forschungsethik an der Fakultät für Sozialwissenschaften der Universität Wien.

Meropi Tzanetakis ist Senior Postdoc Fellow (FWF) am Institut für Politikwissenschaft der Universität Wien. Sie war Gastwissenschaftlerin an der Universität Essex, der Universität Oslo und am Berliner Alexander von Humboldt Institut für Internet und Gesellschaft. Davor war sie u. a. als Senior Researcher am Vienna Centre for Societal Security tätig. Ihre Forschungsschwerpunkte sind Digitalisierung und sozialer Wandel, Governance illegaler Märkte, Sicherheitsforschung und digitale Forschungsmethoden. Aktuell leitet sie ein vom FWF finanziertes Forschungsprojekt zur sozialen Ordnung von illegalen Drogenmärkten im Darknet.

Hendrik Wagenaar ist akademischer Berater an der International School for Government am King's College London, Adjunct Professor am Institute for Governance and Policy Analysis an der Universität Canberra und Fellow am Institut für Höhere Studien in Wien. Bis 2017 war er Professor an der Universität Sheffield. Seine Arbeitsschwerpunkte sind Bürgerinnenpartizipation, deliberative Policy-Analyse, Prostitutionspolitik, Praxistheorie und interpretative Methoden. Seine Bücher *Deliberative Policy Analysis* (Cambridge University Press 2003, mit Maarten Hajer) und *Meaning in Action* (Routledge 2011) sind anerkannte Klassiker in ihrem Feld.

Rachel Washburn ist Associate Professor für Soziologie sowie Direktorin des Health and Society Program an der Loyola Marymount University in Los Angeles. Sie arbeitet zur Politik des Human-Biomonitorings und der Forschung über Gesundheitseffekte von Pestiziden auf Menschen. Zusammen mit Adele Clarke und Carrie Friese hat sie die Methode der Situationsanalyse weiterentwickelt.